Mediale Dialogkompetenz

Birgit Knatz
Stefan Schumacher

Mediale Dialogkompetenz

Umgang mit schwierigen Gesprächssituationen am Telefon und im Chat

Springer

Birgit Knatz
TelefonSeelsorge Hagen-Mark
Hagen, Deutschland

Stefan Schumacher
TelefonSeelsorge Hagen-Mark
Hagen, Deutschland

ISBN 978-3-662-58720-1 ISBN 978-3-662-58721-8 (eBook)
https://doi.org/10.1007/978-3-662-58721-8

Die Deutsche Nationalbibliothek verzeichnet diese Publikation in der Deutschen Nationalbibliografie; detaillierte bibliografische Daten sind im Internet über http://dnb.d-nb.de abrufbar.

Fotonachweis Umschlag: © ptnphotof/stock.adobe.com
Umschlaggestaltung: deblik Berlin

Springer ist ein Imprint der eingetragenen Gesellschaft Springer-Verlag GmbH, DE und ist ein Teil von Springer Nature
Die Anschrift der Gesellschaft ist: Heidelberger Platz 3, 14197 Berlin, Germany

Geleitwort

Dass Birgit Knatz und Stefan Schumacher Zeit für dieses Buch hatten, ist erstens erstaunlich und zweitens ein Glücksfall. Denn die beiden sind für gewöhnlich tagsüber so mit Zuhören beschäftigt, dass sie vermutlich in der Nacht geschrieben haben. Ich werde sie fragen.

Aber nun ist es ja fertig. Es ist ein wichtiges Buch, weil sich unsere Art miteinander zu sprechen, vollkommen verändert hat, privat wie beruflich. Wir reden mit den Fingerkuppen, tippen unsere Ansichten zum öffentlichen Diskurs in kleine Computer, klicken gereckte Daumen an, wenn wir etwas gut finden, schießen Mitmenschen per gesenktem Daumen ab und plappern pausenlos in Minimikrophone.

Irgendwas in der Bahn liegenlassen? Bitte rufen Sie unsere Hotline an. Probleme mit der Telekom? Sie werden mit dem nächstfreien Mitarbeiter verbunden! Ihre Meinung zur Kanzlerschaft? Mailen Sie an unsere Redaktion! Seelenkrise? Unsere Beraterinnen warten auf Sie im Chatroom.

Das Gute an diesem Buch: Knatz/Schumacher kümmern sich um die am anderen Ende der Leitung. Die es manchmal mit freundlichen Fragern zu tun haben, denen leicht zu antworten ist. Die aber oft den ganzen Frust abkriegen, weil die Anrufer ewig in der Leitung hingen und erstmal Dampf ablassen wollen. Wie schaffen es diese MitarbeiterInnen, zugewandt zu bleiben und nicht zurückzuschnauzen? Wie können Beschäftigte in Callcentern lernen, nicht die Fassung zu verlieren? Wie macht die Seelsorgerin im Chat klar, dass nun alles gesagt ist?

Darauf haben Birgit Knatz und Stefan Schumacher schlüssige Antworten. Das weiß ich, weil ich sie beim Weltkongress der Telefonseelsorge in Aachen kennengelernt habe und von ihrer Fähigkeit zuzuhören und zu reden fasziniert war.

Deshalb ist ihr Buch ein Glücksfall für alle, die mit Menschen reden müssen.

Gisela Steinhauer
Moderatorin WDR/Deutschlandfunk Kultur

Vorwort

Nicht nur die Aufforderung zum Tanz ist eine Herausforderung, auch Themen und Menschen in der Begleitung und im Dialog sind es. „Ich bin nicht kompliziert, sondern eine Herausforderung!“ ist die Devise.

Dieses Buch ist gedacht als ein Ratgeber, Handwerkskoffer und eine Ressource-Schatulle für alle, die über Chat und Telefon Dialoge führen, besonders für Beraterinnen und Seelsorger, für Mitarbeitende in Call-Centern, in Behörden und Firmen, die im Kundendialog stehen und für Journalistinnen und Journalisten bei Call-In-Sendungen.

In vielen Berufsfeldern findet zwischenmenschlicher Dialog nicht „face to face“ statt, sondern durch Schreiben und Lesen und Sprechen und Hören – im Chat, am Telefon, in Messenger Diensten oder über Voicemails. Seelsorgerliche Begleitung, Krisenbegleitung, Lebensberatung, aber auch unterschiedlichste Angebote für den Kundenservice am Telefon und im Chat, Kontakte mit Rundfunk und Fernsehen und ein Meinungsaustausch finden über Technologien statt, die uns über Entfernungen hin vielfach anonymisiert miteinander verbinden. Diese Art miteinander in Kontakt zu sein ist niederschwellig, ortsunabhängig und jederzeit verfügbar. Doch diese Möglichkeiten der zwischenmenschlichen Kommunikation sind auch eine Herausforderung – herausfordernd, überhaupt in Kontakt zu kommen, in Beziehung zu gehen, Missverständnisse zu vermeiden, Grenzen zu setzen oder Emotionen zu balancieren. Sicherlich hat schon jede und jeder, die bzw. der einen Messenger Dienst wie WhatsApp nutzt, die Erfahrung gemacht, wie schnell Eskalationen in Einzel- oder Gruppenchats entstehen können. Schriftliche und mündliche Dialogkompetenz am Telefon und im Chat erfordern zugleich Technik und Kunst zwischenmenschlicher Kommunikation. Um im Bild des Tanzens zu bleiben: Schritttechnik und auch die Fähigkeit von Nähe und Distanz, von Führen und Folgen, von Resonanz und Einfühlung sind entscheidend. Genauso verhält es sich auch mit der Dialogkompetenz.

In unserem Buch beschreiben wir herausfordernde Gesprächsanlässe im Chat oder am Telefon, in denen Menschen beispielsweise über ihre Gewalterfahrung erzählen oder ankündigen sich das Leben zu nehmen. Andere befinden sich gerade in einer schweren Krise oder ihre Gefühle fahren mit ihnen Achterbahn. Wir erzählen von Kommunikationsschurken, die die Kommunikation vergiften, von Besserwisserinnen, die möglichst ihre Meinung auf belehrend-aufdringliche Art und Weise kundtun. Wir schildern Beispiele aus Telefonaten und Chats von Menschen, die Logorrhoe-ähnliche Phänomene haben, die permanent jammern, reden oder texten. Und wir zeigen Möglichkeiten und Strategien für den begleitenden Umgang damit.

Häufig werden wir gefragt: Was macht eine „gute“ Beraterin oder einen „guten“ Berater aus? Was wirkt in der Begleitung und im Dialog am Telefon und per Chat? Wie kann ich in meiner Rolle gleichzeitig mitfühlend und authentisch sein, wenn ich völlig anderer Meinung bin? Für einen „guten Umgang“ mit herausfordernden Themen und Menschen sind Theorie und Wissen eine Voraussetzung. Mit unserem Buch liefern wir wichtige theoretische Grundlagen. Dabei veranschaulichen wir ebenfalls die medienspezifischen Merkmale der Telefon- und Chatberatung, die durch den Wegfall von Mimik und Gestik als Informationsquelle entstehen.

Es ist kein Geheimnis: Menschen in beratenden Berufen sowie im Bereich von Kundendienst und Servicediensten werden häufiger mit schweren Situationen und Schicksalen konfrontiert als in anderen Berufen. Oft hinterlässt dies Spuren bei den Begleitpersonen, und das Risiko zu erkranken ist hoch. Wir entwerfen Möglichkeiten, Grenzen zu setzen, sich zu entlasten und liefern Werkzeuge für die Psychohygiene. Praxisnah, wissenschaftlich fundiert und aktuell analysieren wir Telefonate und Chats, um dann alternative Handlungsmöglichkeiten aufzuzeigen. So ist das Buch eine Mischung aus Praxis und Theorie, wobei Theorie und Praxis aufeinander bezogen sind. Dafür bedanken wir uns besonders bei den Mitarbeiterinnen und Mitarbeitern, dem Supervisorenteam und den Auszubildenden der TelefonSeelsorge Hagen-Mark für ihre Fallbeispiele und ihre fachkundige Unterstützung. Die geschilderten Fallbeispiele sind natürlich anonymisiert.

■ Zum Inhalt und Aufbau des Buches

In ► Kap. 1 erhalten Sie Grundlagenwissen für den Chat und Telefondialog. Die Besonderheiten sinneskanalreduzierter Kommunikation werden beleuchtet, die Merkmale und Techniken guten Zuhörens sowie emotional sensibler Begleitung. Zudem erfahren Sie, was eine wertschätzende und zugleich wahrhaftige Dialogfähigkeit ausmacht.

In ► Kap. 2 beschreiben wir herausfordernde Gesprächsanlässe, wie sie uns in der Beratungspraxis vielfältig begegnen. Es sind Menschen in Krisensituationen, in instabilen emotionalen Zuständen oder die aufgrund biographischer Einflüsse wenig Ressourcen und Stabilität in der Dialogfähigkeit besitzen. Hier erfahren Sie, wie Sie sich in solchen Dialogsituationen sinnvollerweise verhalten.

In ► Kap. 3 geht es um Herausforderungen durch Kommunikationsschurkerei. Damit meinen wir Menschen, die fahrlässig oder vorsätzlich, bewusst oder unbewusst den Dialog vergiften, durch ihre Art zu sprechen oder zu texten. Sie lernen die wichtigsten Gifte der Kommunikation kennen und welche Gegengifte zum Einsatz kommen können, um sich zu schützen und die toxische Wirksamkeit zu verringern.

In ► Kap. 4 – Selbstsorge und Selbstmanagement bei herausfordernden Kontakten – stellen wir Ihnen praktische Übungen vor, wie Sie sich vor Belastungen schützen und wie Sie sich bei mentaler oder emotionaler Belastung im Dialog mit anderen innerlich wieder ausbalancieren können. Es dient als Wellness für Ihre Seele und als Frischluftzufuhr für den stickigen Geist nach herausfordernden Dialogsituationen.

Birgit Knatz
Stefan Schumacher

Inhaltsverzeichnis

Über die Autoren

Birgit Knatz

leitet seit 1996 die „TelefonSeelsorge Hagen-Mark" (▶ www.telefonseelsorge-hagen-mark.de). Für die TelefonSeelsorge im deutschsprachigen Raum hat sie als erste, gemeinsam mit ihrem Kollegen, ein integriertes Ausbildungskonzept für die mediengestützte Beratungsarbeit entwickelt, das sowohl die mündliche Telefonarbeit als auch den synchronen Chat und die zeitversetze Mailberatung in den Blick nimmt. Birgit Knatz ist als Supervisorin und Ausbilderin für verschiedene Einrichtungen tätig und in unterschiedlichen nationalen und internationalen Weiterbildungen, Schulungen, Expertisen und Vorträgen aktiv. Sie gehörte viele Jahre dem Gründungsvorstand der Deutschsprachigen Gesellschaft für Online-Beratung e. V. (DGOB) (▶ www.dg-onlineberatung.de) an. Seit 2003 ist sie Geschäftsführerin des Instituts für Online-Beratung (▶ www.schreiben-tut-der-seele-gut.de). 2011 übernahm sie die Aufgabe der verantwortlichen Redakteurin der Zeitschrift der TelefonSeelsorge Deutschlands (▶ www.24-7-telefonseelsorge.de)

Birgit Knatz ist Diplom Sozialarbeiterin, Supervisorin (DGSv) und zertifizierte Ausbilderin der Deutschsprachigen Gesellschaft für Online-Beratung (DGOB).

Kontakt: ▶ www.Birgit-Knatz.de

Stefan Schumacher

leitet seit 1998 die TelefonSeelsorge Hagen-Mark (▶ www.telefonseelsorge-hagen-mark.de). Für die TelefonSeelsorge im deutschsprachigen Raum hat er als erster, gemeinsam mit seiner Kollegin, ein integriertes Ausbildungskonzept für die mediengestützte Beratungsarbeit entwickelt, das sowohl die mündliche Telefonarbeit, den synchronen Chat und die zeitversetze Mailberatung in den Blick nimmt. Stefan Schumacher ist als Trainer und Ausbilder für verschiedene Einrichtungen tätig und in unterschiedlichen nationalen und internationalen Weiterbildungen, Schulungen, Expertisen und Vorträgen aktiv. Er war sechs Jahre Präsident des Internationalen Verbandes für medienvermittelte Krisenhilfe IFOTES (▶ www.ifotes.org). Seit 2002 ist er als Referent und Supervisor für die Deutsche Arbeitsgemeinschaft für Jugend und Eheberatung (DAJEB) (▶ www.dajeb.de) tätig.

Seit 2015 ist er Projektleiter des EU-geförderten Forschungsprojekts für Zuhörkompetenz (▶ www.listening-skills.eu/de) sowie Mitbegründer und Geschäftsführer des Instituts für Listening Skills (▶ www.listeningskills.de)

Dr. Stefan Schumacher ist Diplom-Theologe und promovierter Sozialwissenschaftler, NLP Lehrtrainer und Coach (DVNLP) und Master of Brief Strategic Therapy (G. Nardone).

Kontakt: ▶ www.DrSchumacher.de

Grundlagen für eine Dialogkompetenz

B. Knatz, S. Schumacher, *Mediale Dialogkompetenz*,
https://doi.org/10.1007/978-3-662-58721-8_1

1.1 Einleitung

In diesem Kapitel schreiben wir über das Basiswissen von Kommunikation, das Grundhandwerkszeug für eine gelingende Gesprächsführung, wie sie am Telefon und im Chat gestaltet werden kann. Sie ist dialogisch in der Wechselwirkung von Nähe und Distanz, von eigener Wertebewusstheit und Annahme fremder Werte und ist getragen von Fürsorge und zugleich Selbstsorge.

Dialog vermeidet Verharmlosung, Fundamentalisierung oder Vereinnahmung. Dialog verstehen wir als Gleichzeitigkeit von Technik und Kunst menschlicher Kommunikation. Sie hat zum Ziel, das Eigene und das Fremde, ähnlich zweier Landkarten, zu übersetzen und miteinander in Beziehung zu bringen. Phänomenologisch gesprochen entfaltet sich ein gelungener Dialog im Chat und am Telefon durch sorgfältiges Wahrnehmen, Abgleichen und Anerkennen der jeweiligen Lebenswelten. Dieser Dialog geschieht auf gleicher Augenhöhe und ist geprägt von der Maxime der Menschenfreundlichkeit (Schumacher et al. 2003).

Dialog generiert sich aus einer immensen Fülle verschiedenster Wahrnehmungen und wird im Gehirn zu möglichst stabilen, sinnstiftenden „Wirklichkeiten" synthetisiert. Jene Konstruktion erfolgt weder wertfrei noch objektiv, sondern ist von unserer individuellen mentalen Struktur, unseren Zielen, Wünschen und Erwartungen bestimmt (Schumacher 1999). Watzlawick (2006) unterscheidet daher die Wirklichkeit erster Ordnung (die direkte Wahrnehmung) sowie die Wirklichkeit zweiter Ordnung (die Zuschreibung von Bedeutung, Sinn und Wert). Keine Erzählung, die wir am Telefon hören oder im Chat lesen, kann daher in den Kategorien „wahr oder erfunden", „gut gemeint oder schlecht erdacht", „echt oder unecht" in Bezug auf die objektive Welt oder gar meine Welt bewertet werden.

Die Einsicht, dass unsere Wirklichkeit eine Konstruktion ist, darf jedoch keinesfalls zu einer sich selbst genügenden Haltung führen. Francisco Varela hat daher vorgeschlagen, anstelle des unfruchtbaren Wahr-Falsch-Schemas, die Frage zu stellen, „ob ein Weg, die Welt aufzufassen, gangbar, möglich, oder wirkungsvoll ist" (Varela 1982). In der kreativen Auseinandersetzung mit einem Gegenüber können wir unsere Wirklichkeitskonstruktionen relativieren. Das ist aus unserer Sicht der Auftrag eines Dialogs – sei es per Telefon oder Chat: die kommunikative Begegnung mit dem Ziel, mich und den oder die andere im Blick zu behalten. Dabei bedarf es zweier Kernkompetenzen, die ich zur Verfügung haben muss:

1. Ich brauche einen „guten Zustand" am Telefon und an der Tastatur, der sich quasi aus den Basisvariablen von Rogers (1972) als einer Mischung von Entspanntheit – Aufmerksamkeit – Zuwendung und Selbstsorge ergibt.
2. Ich brauche eine angemessene Haltung, getragen von Respekt – Wertebewusstheit – Unterscheidungsfähigkeit und Relativität, in der ich mich nicht als Ursache (als Manipulator) für die Veränderung anderer begreife, sondern als Anlass (als Katalysator), der die Rahmenbedingungen für die Entwicklung anderer zur Verfügung stellt.

Die besondere Herausforderung des Dialogs in der medienvermittelten Kommunikation ist das Fehlen des visuellen Zugangs. Nonverbale Kommunikation, die im direkten Gespräch eine wichtige Funktion für die Kommunikation emotionaler Erlebnisinhalte hat, kann nicht übertragen werden. Und während in einem Telefonat immerhin noch die Stimmqualität hörbar ist, die ebenfalls emotionales Erleben widerspiegelt, haben wir beim Chatten nur die „nackte" Sprache vor uns – ohne Tonalität und ohne

Gestik – in digitaler Form. Sie bildet die Oberflächenstruktur einer Mitteilung. Darunter verbergen sich die „tatsächlich gemeinten" Aussagen in einer Tiefenstruktur. Zwischen der gemeinten Schilderung und der niedergelegten sprachlichen Konkretisierung können Welten liegen. So gesehen ist Sprache nicht wohlgeformt im Hinblick auf das subjektive Erleben, d. h. sie verkürzt und vereinfacht das eigentliche Anliegen – so auch (leider;-) bereits in diesen ersten geschriebenen Zeilen – ganz erheblich. Die Vokabeln und Begriffe, die wir benutzen, sind nicht für jeden Menschen in gleicher Weise nachvollziehbar. Je nach Kultur, Beruf, Bildungsgrad oder Geschlecht gibt es unterschiedliche „Sprachspiele", die auf entsprechenden Spielregeln basieren.

Die aus unserer Erfahrung wichtigsten Aspekte gelungenen Dialogs haben wir in diesem Kapitel zusammengestellt, indem wir uns mit den Merkmalen der medialen Kommunikation auseinandersetzen und die Essentials des guten Zuhörens untersuchen (Listening Skills). Darüber hinaus werden wir die Eigenschaften einer kongruenten und wertschätzenden Kommunikation beschreiben (SET-Kommunikation) und die Basiskompetenzen für das Heraushören und Herauslesen von Emotionen und Gefühlszuständen (ABC der Gefühle).

1.2 Medienkommunikation – Besonderheiten des Telefon- und Chatdialogs

Telefonieren und Chatten über Messenger-Dienste gehören zu den beiden beliebtesten Formen der medienvermittelten Kommunikation. Dabei telefonieren ältere Menschen mehr und jüngere Menschen seltener und kürzer. Rund die Hälfte der Jugendlichen hält gute Gespräche auch online für möglich, so die Ergebnisse der Allensbacher Studie „Gesprächskultur 2.0: Wie die digitale Welt unser Kommunikationsverhalten verändert".

Durch Niederschwelligkeit, unbegrenzte Öffnungszeiten wie bei der TelefonSeelsorge und anderen 24/7 Hotlines, wenig Zeitaufwand und geringe Kosten, verringern die Hemmschwelle zur Kontaktaufnahme.

In diesem Kapitel stellen wir die Besonderheiten des medienvermittelten Telefon -und Chatdialogs vor. Viele der Merkmale finden sich in beiden Kommunikationsformen wieder, mit zwei Ausnahmen: der Stimme beim Telefonieren und dem Schreiben beim Chatten.

Chatten und Telefonieren finden mehr oder weniger zeitgleich statt und sind dialogisch ausgerichtet. Sie gehören zur Kategorie der synchronen Kommunikation – im Gegensatz zur asynchronen Kommunikation, wie das Mailen. Auch wenn beide Kommunikationsformen kanalreduziert stattfinden, bestehen Unterschiede. Beim Chatten entfallen das Hören der Stimme, der Worte, das Atmen und das Schweigen.

Telefonieren und Chatten finden häufig anonym statt. Ein Merkmal beider Kommunikationsformen ist der Wegfall von Mimik und Gestik als Informationsquelle. Bekanntermaßen senden wir mit unserem Gesicht und Körper Signale aus, selbst wenn wir glauben, keine Miene zu verziehen. In Gesichtern zu lesen, ist in vielen Fällen nicht schwer. Eindeutige Gefühlsregungen wie Freude, Trauer, Abscheu, Wut oder Langeweile sind leicht zu erkennen, da sie mit anderen Körpersignalen einhergehen. Sowohl beim Telefonieren als auch beim Chatten „ersetzen" Beraterinnen und Begleiter das fehlende Vorhandene. Die reale Präsenz entfällt, anstelle dessen tritt eine phantasierte Mimik, angeregt durch Tonfall (auditiv analog) oder Wortwahl (auditiv digital).

▪ Merkmal: Anonymität

Die Anonymität hilft vielen Menschen sich zuzugestehen, dass sie alleine nicht mehr weiterkommen. Die Anonymität macht es möglich, die Angst oder die Scham auszusprechen oder aufzuschreiben, da man nicht den Blicken der Beraterin oder des Beraters ausgesetzt ist.

Man muss keine Angst haben, das Gesicht zu verlieren, Ansehen einzubüßen, jemandem unter die Augen zu treten oder jemanden anzuschauen (Wurmser 1993). Man muss sich nicht schämen rot zu werden, denn es sieht ja niemand. Diese Art der Anonymität hat einen enthemmenden Effekt und bietet gleichzeitig einen Schutzraum.

Wir können es vielleicht mit einem Gespräch im Zug vergleichen, in dem wir manchmal mehr von uns offenbaren, als Freundinnen und Freunden gegenüber. So ist es häufig der Fall, dass am Telefon und noch mehr im Chat Emotionen, Gefühle, Bewertungen, Urteile oder Überzeugungen viel direkter angesprochen werden als in einem Face-to-Face-Gespräch.

Ein Chatter schrieb: *„Ich habe ein Anliegen, bei dem ich mit niemandem persönlich reden kann und deshalb hier Hilfe suche. Ich bin in Behandlung und habe Hilfe, aber ich habe konkrete Pläne wann und wie ich mich umbringen möchte. Entscheide ich mich dazu, mit meiner Therapeutin darüber zu reden, entscheide ich mich gegen diesen Plan und davor habe ich Angst, weil ich Angst vor diesem Leben habe"*.

Zudem ist die Angst vor Interventionen geringer. Drogenabhängige können ohne Angst vor strafrechtlicher Verfolgung Beratung in Anspruch nehmen, Menschen mit psychischen Erkrankungen müssen keine Zwangsmaßnahmen befürchten und Personen mit Verdacht auf eine Krebserkrankung werden nicht unmittelbar mit operativen Eingriffen oder einer Chemotherapie konfrontiert. Anders ausgedrückt wahren Ratsuchende im Schutze der Anonymität in vollem Maße ihre Autonomie und Entscheidungsfreiheit, ohne sozialem Erwartungsdruck oder gar Zwangsmaßnahmen ausgesetzt zu werden (Schaeffer und Schmidt-Kaehler 2011).

▪ Merkmal: Nähe durch Distanz

Manchmal kann der Kontakt in einem Telefonat oder Chat so echt und real sein, dass es kaum auszuhalten ist. Diese Form der Kommunikation ist eine Art Zaubermaschine! Sie hält die Nähe fern und zieht die Ferne in die Nähe (Genth und Hoppe 1986). Die Distanz ermöglicht Beziehung. Beim Telefonieren und Chatten entsteht die paradoxe Situation einer Nähe durch Distanz. Eine Beraterin drückte es so aus: *Sich annähern – einander nahekommen – nahe sein ohne sich zu nahe zu treten – beim Abschied sagen können: Deine Nähe hat mir ebenso gutgetan wie deine Distanz!*

Die Erfahrungen der TelefonSeelsorge und anderer anonymer Beratungsstellen, wie z. B. der Aidshilfe, bestätigen dies. Kontakte per Telefon und Chat sind emotional und intensiv. Wie auch beim Briefeschreiben äußern sich Menschen oft freier, da sie alleine sind (Knatz 2013). Das Chatten und Telefonieren ist sozusagen eine Art „Versicherungsmaschine gegen das Risiko, in Begegnungen durch zu viel fremde Nähe bedrängt zu werden und womöglich enttäuscht zu werden" (Genth und Hoppe 1986, S. 6).

Wird ein Gespräch oder ein Chat zu nah oder unangenehm, ist es leichter aufzulegen oder einen Chat abzubrechen, als von Angesicht zu Angesicht. Telefonieren und chatten lässt durch die Aufrechterhaltung gleichzeitiger Distanz eine abgesicherte und risikofreie Nähe zu und kommt damit dem Schutzbedürfnis der Ratsuchenden entgegen. Dies bewirkt eine größere Offenheit, eigene Probleme anzusprechen. Telefonieren und Chatten erlaubt Menschen mit einer Scheu vor direktem und spontanem Kontakt ein vorsichtiges Herantasten und Ausprobieren und gewährt gleichzeitig Schutz. Der Wegfall von Hemmungen über die medienvermittelte Kommunikation ermöglicht es, Unangenehmes mitzuteilen und auszusprechen, obwohl es schwerfällt. Sie kennen es bestimmt aus eigener Erfahrung: Wir haben mehr Mut, da wir die erwartete Reaktion in unmittelbarer Nähe nicht zu fürchten brauchen. Und so können tabuisierte Themen wie Fragen zur Sexualität, Gewalterfahrungen, grenzverletzendes Verhalten oder der Wunsch sterben zu wollen, ausgesprochen oder aufgeschrieben werden. So schrieb eine Frau: *„Guten Tag, ich bin Frauke. Helfen, ich glaube das kann keiner. Ich muss weiterhin die Schläge von meinem Mann aushalten und ich kann mit niemandem sprechen".*

▪ Merkmal: Niederschwelligkeit

Chatten und Telefonieren als medienvermittelte Begleitung ist ein niederschwelliges Kommunikationsangebot. Es ermöglicht, dass sich auch ängstliche, vorsichtige und scheue Menschen Hilfe und Unterstützung suchen. Ein Ratsuchender im Chat drückte es so aus: *„Ich kann mit niemandem drüber reden, aber ich kann es auch nicht für mich behalten. Also schreibe ich".*

Telefonieren und chatten kann fast jeder! Und über das Smartphone ist beides allzeit verfügbar. 78 % der deutschen Bevölkerung nutzen ein Smartphone. Die Beliebtheit, besonders bei älteren Menschen, wächst. 2017 nutzten laut dem Branchenverband der deutschen Informations- und Telekommunikationsbranche 54 Mio. der Deutschen im Alter ab 14 Jahren ein Smartphone. Die Anwendung ist einfach, der Aufwand gering. Flatrates, WhatsaApp und andere Messenger-Dienste verursachen kaum Kosten. Ohne ein sichtbares Gegenüber, welches die Stirn runzelt und damit Missfallen ausdrücken könnte, können beim Telefonieren und Chatten Gemütsbewegungen einfacher gezeigt werden. Man muss sich weniger kontrollieren. Affekte entfalten sich freier. Durch den Wegfall eines visuellen Gegenübers können Phantasiebilder gefördert werden (Pauser 1995).

Die Kontaktaufnahme kann von jedem Ort, unabhängig wie laut oder leise, öffentlich oder privat aufgenommen werden. Zum Beispiel im Bus:

Silence	Hallo
Viktoria	Hallo. Was kann ich tun?
Silence	Ich hab glaub ich gerade eine Panikattacke oder so…ich bin im Bus und hier sind so viele Menschen um mich rum und viel zu nah…Ich bekomme kaum Luft und hab Herzrasen und mir ist schlecht
Viktoria	Und das Schreiben klappt?
Viktoria	Müssen Sie denn noch weit fahren?
Silence	10 oder 15 min noch
Viktoria	Wenn Ihnen schlecht ist, gehen Sie in Richtung Tür, um ein bisschen mehr Luft zu bekommen. Und gucken am besten nach vorne, damit Ihnen nicht noch schlechter wird
Silence	Ich kann es versuchen…

Silence	Aber hier sind so viele Menschen…ich hab Angst
Viktoria	Machen Sie das. Und wenn es gar nicht geht, steigen Sie aus und nehmen den nächsten Bus, wenn das terminlich möglich ist
Silence	Der nächste fährt erst in einer Stunde und dann komm ich zu spät
Viktoria	Dann tatsächlich Richtung Tür. Und meistens bleibt es nicht die ganze Zeit so voll, halten Sie ein paar Stationen aus, es wird sicher gleich leerer
Silence	Ich versuche es, aber mir ist schwindelig und so
Viktoria	Ja, glaube ich, packen Sie das Handy jetzt mal weg und gucken Sie nach vorne. Dann wird's gleich besser.

Oder in der Klinik:

Lena	Telefonieren, besonders mit Mitpatienten auf dem Zimmer, ist da immer schwierig. (Eine Stimme hören wäre natürlich noch „dichter/realer" entschuldigen Sie den Ausdruck, ich weiß nicht, wie ich es sonst nennen könnte). Aber Schreiben hilft mir auch sehr

Somit bietet das Smartphone eine äußerst niederschwellige Möglichkeit der Kontaktaufnahme zum Hilfesystem von jedem Ort.

■ Besonderheiten des telefonischen Dialogs

Telefonieren ist eine verbal-auditive Kommunikation: Mimik und Gestik fallen als Informationsquelle weg. Der Abwesenheit von nonverbalen Hinweisreizen, wie der Körpersprache, wird durch eine erhöhte Aufmerksamkeit im auditiv-sprachlichen Bereich kompensiert. Paraverbale Informationen, wie Stimme, Stimmlage, Intonation, Atmung, Prosodie (Melodie, Rhythmus, Pausen) werden intensiver wahrgenommen (Kleist-Asche 1990).

Wahrscheinlich kennen Sie den Spruch: „Der Ton macht die Musik". Das können wir auch auf unsere Stimme übertragen. Sie gibt Auskunft über unsere Stimmung! Wie wir auf andere wirken und wie diese auf uns eingehen hängt sehr von unserer Stimme ab. Über die Stimmlage, den Tonfall, die Lautstärke und den Sprachrhythmus können wir Emotionen ausdrücken und erkennen:

- Meist wird eine kräftige, aber nicht zu laute Stimme als ein Zeichen für Vitalität und Dominanz gesehen.
- Übermäßige Lautstärke wird in unserer Kultur als bedrohlich interpretiert.
- In Stress- oder Frustsituationen oder wenn wir überrascht oder erstaunt sind oder besonders höflich sein wollen, sprechen wir häufig mit erhöhter Stimmlage.
- Wenn wir unsere Tonhöhe variieren, werden wir als kompetenter, wohlwollender, selbstbewusster und extrovertierter eingeschätzt.
- Unsere Stimme zittert, wenn wir unsicher, aufgeregt oder nervös sind.

Der Grund dafür liegt in der Erzeugung der Stimme, an der mehr als 100 Muskeln beteiligt sind. Damit diese Muskeln gut zusammenwirken, bedarf es einer perfekten Feinabstimmung (Amon 2002). Qualifizierte Zuhörerinnen und Zuhörer bekommen mit, wenn Menschen einen stark gefühlsbetonten Zustand verbergen wollen. In dem

Wunsch, den emotionalen Zustand auszuklammern oder zu überspringen, kommt es zu einem innerpsychischen Konflikt: Die Feinabstimmung wird gestört und die Stimme spiegelt den inneren Konflikt wider. Beispielsweise wird die Stimme als resonanzlos, distanziert oder dissoziiert wahrgenommen. Vielfach enthält die Tonalität dann eine unnatürliche Note in ihrer Wirkung, die nicht zum Thema oder zum Kontext des Gesprächs zu passen scheint. Zuhörerinnen und Zuhörer bekommen das Gefühl, ihr Gegenüber nicht zu spüren.

■ Besonderheiten des Chatdialogs

Beim Telefonieren steht die Stimme als Informationsquelle zur Verfügung. Beim Chatten fehlt sie! Hier geht es um Schreiben statt Sprechen. Der Chat kann als „schriftliches Gespräch" bezeichnet werden, eine verschriftete Mündlichkeit. Petzold spricht von einer Oraliteralität (Petzold 2006). Chatten ist eine hybride Form von gesprochener und geschriebener Sprache, eine Kommunikation zwischen Schriftlichkeit und Mündlichkeit. Was bleibt, sind die Worte, sie zeigen Gefühle, Belange und Bedeutungen. Im Chat werden Beraterinnen und Berater mit einem Text konfrontiert; der Verschriftlichung von Gedanken, Gefühlen, Erfahrungen und Sachinhalten. Dieser Text erzeugt eine Wirkung, in Ihnen, den Beraterinnen und Beratern und auch in den Ratsuchenden. Worte transportieren auch in Schriftform Bilder, Ideen und Vorstellungen. „Wer schreibt, liest sich quasi selbst" „Wer schreibt, schaut sich selbst beim Denken zu". Es ist ein Irrglaube, dass man beim Schreiben das Sprachliche abbildet. Beim Schreiben wird vielmehr etwas Bildhaftes und Vorbewusstes auf das Lineare gebracht (Knatz 2011). Durch das Schreiben werden Gefühle bewusst und das Schreiben wird als hilfreich erlebt. Was vorher im Kopf herumschwirrt, wird auf dem Display sichtbar.

Der Chat ist eine Art geschriebenes Gespräch. Beim Chatten konzentriert man sich auf das Wesentliche, denn Schreiben dauert länger als Sprechen. So kann innerhalb derselben Zeitspanne etwa nur etwa ein Viertel der Information eines mündlichen Gesprächs gesendet werden. Anders als beim Telefonieren legt man sich beim Schreiben stärker fest. Der Kommunikationsverlauf ist zu einem späteren Zeitpunkt wieder aufrufbar, wenn die Kommunikation auf dem Server als Datei protokolliert und gespeichert wurde. Das bedeutet: Jeder Dialog kann immer wieder gelesen werden. Das Nachlesen hat einen hohen Verbindlichkeitscharakter.

Das Chatten bietet durch die Schriftform eine Verlangsamung. Anliegen und Sorgen müssen in Worte gefasst und beschrieben werden. Was in der verbalen Kommunikation über die Stimme rüberkommt, muss beim Chatten geschrieben zum Ausdruck kommen. Dafür eignen sich Emoticons wie ☺ oder ☹, Soundwörter „schluchz", Zeichensetzung „*g*, grins", Groß-/Kleinschreibung „WUT". Im Chat kann schreibend gehandelt werden. Handlungen werden in Inflektivkonstruktionen wie z. B.: *taschentuchreich* umgesetzt. Zudem ist es üblich, Reaktionen handlungskommentierend in die dritte Person zu setzen: *hörtaufmerksamzu*.Beim Chatten steht die Tippschnelligkeit im Vordergrund, Zeichensetzung und Rechtschreibung sind nachgeordnet. Die übliche Chatkommunikation, in der Abkürzungen, Emoticons und Akronyme eine Rolle spielen, hat in der Beratungsarbeit eine untergeordnete Rolle. Die Userinnen und User unterscheiden, mit wem sie in ihrem Slang chatten und mit wem nicht.

Textnachrichten zu schreiben, ist aufwendiger als zu telefonieren, bringt aber andere Vorteile mit sich. Auf die Frage: „Welche Vorteile sind für Sie wichtig, wenn Sie sich mit anderen über das Internet austauschen?" der Allensbacher Studie „Gesprächskultur 2.0: Wie die digitale Welt unser Kommunikationsverhalten verändert", gab es u. a. folgende Antworten:

1. Das Internet macht es einem leichter, Dinge offen anzusprechen, wie man es sich sonst nicht trauen würde.
2. Das Internet gibt einem das Gefühl, nicht alleine zu sein.
3. Die Kommunikation im Internet ist nicht so anstrengend wie persönliche Gespräche.
4. Wichtige Dinge teile ich jemand anderem am liebsten über das Internet mit.
5. Beim Austausch im Internet kann ein Gefühl von Nähe und Verbundenheit entstehen.
6. Wenn es mir nicht gut geht oder mich etwas sehr beschäftigt, suche ich häufig den Kontakt mit anderen über das Internet.
7. Mir ist ein Austausch über das Internet in der Regel lieber als persönliche Gespräche oder Telefongespräche.

Neben der äußeren Niederschwelligkeit erleben Menschen ebenso eine innere Niederschwelligkeit. Sie brauchen nicht wie beim Telefonieren ihre Stimme zu erkennen zu geben. Dies setzt die Schamgrenze, sich Unterstützung zu suchen, herab. Beratungssuchende können sich freier über ihre Gefühle äußern, wenn sie alleine sind. Sie können ihre Emotionen dosieren und Peinlichkeiten vermeiden. Demzufolge wird die Hemmschwelle der Kontaktaufnahme zum Hilfesystem gesenkt. Das gilt insbesondere bei Problemen, die eine besondere Diskretion erfordern und den Betroffenen möglicherweise unangenehm sind.

In den Gesprächen der TelefonSeelsorge liegt das Benennen von eigenen Suizidabsichten bei etwa 3 %. Die TelefonSeelsorge im Internet weist einen Prozentanteil von mehr als 12 % auf. Themen wie sexueller Missbrauch und Gewalt werden ebenfalls viel häufiger beim Chatten benannt. Das liegt daran, dass Ratsuchende stärker die Kontrolle darüber in der Hand (im doppelten Sinne) halten, was sie dem Gegenüber an Informationen schreiben. Sie unterliegen nicht der „Gefahr" durch eine angenehme Stimme, die nachfragt, mehr von sich Preis zu geben als sie wollen.

Wie schon beschrieben entsteht die paradoxe Situation einer Nähe durch Distanz: Menschen äußern sich oft freier, direkter, persönlicher, wenn sie alleine sind. Ratsuchende haben das Gefühl: „Ich kann kontrollieren, was ich abschicke!" oder: „Ich kann jederzeit den Kontakt abbrechen!" oder: „Mein Gegenüber kennt mich ja nicht, ich habe nichts zu verlieren". Diese Distanz beim Chatten bewirkt, dass Themen, die mit dem eigenen Scheitern zu tun haben, noch leichter zur Sprache kommen können als beim Telefonieren. *„Ich habe mir einen Chattermin geholt, weil ich nicht sprechen kann, naja, klar kann ich sprechen, aber irgendetwas ist in mir drin, das hindert mich. Tief in mir sitzt was und das verhindert, dass ich sprechen kann. Die Wörter bleiben mir im Hals stecken. Als Kind durfte ich schon nicht sprechen, schon gar nicht über das, was mir angetan wurde."*

Durch die Notwendigkeit, das eigene Erleben darzustellen, begeben sich die Ratsuchenden in eine Erzähl- oder Berichtsposition, die eine Distanz zum Erlebten schafft. Sie erzählen oder berichten über sich aus der Perspektive einer anderen Innenperson. Diese kann sich von dem Vorgefallenen emotional distanzieren, indem sie sich von ihrer erlebten Innenwelt entfernt und in die gewünschte Position der Erzählerin oder des Berichterstatters versetzt. Die chattenden Ratsuchenden wählen aus, was wichtig und aufschreibenswert ist und was weggelassen wird. Sie entscheiden, welchen Gedanken oder Auslegungssträngen sie nachgehen und welche sie vernachlässigen, um ein Problem zu beschreiben.

Nun könnte man meinen, dass durch die Kanalreduzierung keine Beziehung aufgebaut werden kann oder die Kommunikation flach und oberflächlich ist. Die mehr als 60-jährige Erfahrung der TelefonSeelsorge und anderer Angebote sprechen dagegen. Die Ausschaltung der Körpersprache schränkt die Emotionserkennung nicht ein (Wallbott 1995). Sie erlaubt Nähe bei gleichzeitiger Aufrechterhaltung von Distanz und ermöglicht den Kontakt ohne körperliche Nähe. Studien und Erfahrungen aus der Praxis zeigen, dass entgegen der zunächst vermuteten Erwartungen, der Dialog im Internet sei flacher und oberflächiger, emotional durchaus sehr intensiv sein können (van Well 2000; Knatz und Dodier 2003). Ratsuchende beschreiben häufig, dass sie über Probleme schreiben, die sie selbst am Telefon niemandem anvertrauen würden. Schreiben schafft Distanz und hilft bei der Problemstrukturierung!

■ Merkmal Anrede: Duzen oder Siezen?

Was am Telefon selbstverständlich ist, steht beim Chatten zur Disposition. In der digitalen Kommunikation ist es üblich sich zu duzen. In sozialen Netzwerken stellt sich die Frage nach Du oder Sie nicht. Unter Facebookfreundinnen und -freunden wird geduzt, egal wie jung oder alt. Auch in Chatrooms und Foren duzt man sich.

In der Begleitung und Beratung müssen Sie sich überlegen, ob Sie duzen oder siezen und von wem Sie sich duzen oder siezen lassen wollen. Die Du-Form kann Nähe und Vertraulichkeit ausdrücken. Die Sie-Form kann Distanz, Förmlichkeit und Respekt signalisieren. Nähe kann überwältigend, aber auch vergewaltigend erfahren werden. Distanz kann abweisend wirken, aber auch zu Raum und Zeit nehmen einladen. Die Eindrücke von Nähe und Distanz sind nicht statisch, sie entwickeln und verändern sich. Duzen und Siezen ist eine Stilfrage und hat immer auch mit der Kultur der „Branche" zu tun. Wenn Sie für IKEA Ikea arbeiten, ist das „Du" verpflichtend. Sind Sie für das Finanzamt tätig, ist das „Sie" bindend. Arbeiten Sie für eine Jugendhotline ist das „Sie" Quatsch, beraten Sie Senioren könnte das „Du" anmaßend sein.

Doch wie sieht es beim Chatten aus? Das Medium, in dem Schreiben wie Sprechen (Oraliteralität) die Kultur prägt? Das Medium, das das Du praktisch erfunden hast.

In der Praxis zeigt sich, dass beides üblich ist. Es kann sein, dass manche Jugendliche Sie duzen. Sie können hierauf mit „du" antworten, wenn der Gebrauch des Du Sie nicht in Ihrer Rolle beeinträchtigt. Sie können aber auch mit „Sie" antworten, wie Sie es in der mündlichen Begleitung und Beratung tun würden.

Ratsuchender	**Hallo?**
Berater	Hallo!
Ratsuchender	Wie geht es Ihnen?
Berater	Mir geht es gut, danke der Nachfrage ☺ Wie geht es Ihnen?
Ratsuchender	Es könnte wirklich besser sein
Berater	Ja? Meinen Sie ihr Allgemeinbefinden oder etwas Bestimmtes?

Ratsuchender	**Hallo?**
Ratsuchender	Sie können ruhig „du" sagen
Ratsuchender	Ich weiß es nicht genau
Berater	Wissen Sie es denn ungefähr?
Ratsuchender	Gedanken, unter anderem zum Selbstverletzen, unter anderem mich umzubringen
Berater	Das klingt, als seien Sie unzufrieden mit Ihrer Lebenssituation. Ist das so?
Ratsuchender	Ja
Berater	Was bedrückt Sie, oder was fehlt Ihnen?
Ratsuchender	Gedanken bedrücken mich. Was mir fehlt ist der Lebenswille
Berater	Möchten Sie mir von diesen Gedanken erzählen?

Wichtig ist, dass Ihnen klar ist, weshalb Sie sich für welche Anrede entscheiden und was Sie mit dieser Form der Anrede bewirken möchten. Sollten Sie im Chat mit „Sie" angesprochen werden, besteht kein Anlass, auf das „Du" umzusteigen.

1.3 Listening Skills – Merkmale für gutes Zuhören und aufmerksames Lesen

» Denke immer daran: Wenn du etwas sagst, dann wiederholst du nur das, was du sowieso schon weißt. Aber wenn du zuhörst, dann kannst du noch Neues erfahren (Dalai Lama).

Zuhören ist die Voraussetzung dafür, Lebenswelten wahrzunehmen, sie zu erschließen, sie zu begreifen und in Interaktion zu gehen. In einer Gesellschaft, in der man sich zuhört, geht vieles besser. Ob in der Familie, unter Freunden, im Arbeitsalltag, wann immer Menschen sich zusammentun und an der Verwirklichung eines gemeinsamen Zieles arbeiten, müssen sie aufeinander hören.

Das gilt besonders in einer pluralistischen, freiheitlich-demokratischen Gesellschaft, in der Lebensentwürfe und Lebensziele nicht vorgegeben sind. Gemeinsame Ziele und Wege zu ihrer Verwirklichung lassen sich nur entdecken, wenn Menschen aufeinander eingehen, aufgeschlossen füreinander sind und voneinander lernen wollen. Nur wer zuhört, kann mitreden. Nur wo man sich zuhört, bzw. im Chat „zwischen den Zeilen" liest, gibt es Gemeinsames, entsteht Miteinander und Beziehung. Zuhören hilft Menschen, besser mit Situationen fertig zu werden, denen sie (ratlos) gegenüberstehen. Es hilft, mit Emotionen und Gefühlen umzugehen und schließlich trägt es dazu bei, positive Entscheidungen zu treffen.

Gleichzeitig sollten eine gute Zuhörerin und ein guter Zuhörer in der Lage sein, die eigenen Emotionen zu bewältigen und dem Gegenüber mit einer wertschätzenden und proaktiven Haltung zu begegnen.

Allerdings kommen wir „nur" als Hörende auf die Welt, nicht als „Zuhörende". Im Laufe des Lebens lernen wir, dass wir dem, was wir hören, einen Sinn geben können und das nennen wir „zuhören". Das gilt in gleicher Weise für das Chatten, bei dem wir im Grunde von „Zulesen" sprechen müssten. Zuhören ist ganz entscheidend, da es nicht nur hören bedeutet sondern zugewandtes Hören und im Chat ein „Zwischen. den-Zeilen-Lesen", das mehr als die Wahrnehmung des Geschriebenen erfasst. Es ist sowohl die Konzentration auf ein Gegenüber und die eigene Haltung. In einer Gesellschaft, die schneller und komplexer kommuniziert, ist es wichtig sich fokussieren und konzentrieren zu können. Die Kunst und Technik menschlicher Kommunikation, die das ermöglicht, ist das Hinsehen und Zuhören – die Vorstellung vom sinnverstehenden Hören und Lesen. Es geht nicht nur um das Bewusstwerden der auditiven und visuellen Wahrnehmung, sondern auch um die Frage: Was fange ich damit an? Wie verstehe ich etwas, das ich wahrnehme? Wie bringe ich das ins Gespräch? Und: Wie begleite ich einen Menschen im Telefon- oder Chat-Dialog, so dass er oder sie die Erfahrung macht, wirklich verstanden zu werden?

Obwohl es Hunderte von Büchern über Kommunikation gibt, ist es schwierig, einen guten Zuhörer, eine gute „Zuleserin" zu finden. Es gibt sehr viele Fähigkeiten, die entscheidend für alle Arten von Dialoganlässen sind. Und es gibt dabei grundlegende Kompetenzen, die weiterhelfen, unsere Interaktionen zu steuern, um eine bessere Kommunikation zu gewährleisten. Es geht um die Fähigkeit, Emotionen zu meistern, Werte zu jonglieren, Bedürfnisse zu reflektieren, Karten der Realität zu respektieren und vertiefende Fragen zu stellen.

Diese Zuhör-Kompetenzen wurden im Rahmen des europäischen „EmPoWEring-Projekts" (Pädagogischer Weg für emotionales Wohlbefinden) erforscht und systematisiert. Es wurde von Organisationen, die sich mit dem Gebiet der emotionalen Unterstützung und Krisenintervention (TES – Telephone Emergency Services) beschäftigen, ins Leben gerufen und zusammen mit Forschungsinstituten aus vier verschiedenen Ländern durchgeführt: Deutschland, Ungarn, Italien und die Niederlande. Ziel des Projekts war es, die Kompetenz der Zuhörfähigkeit auf dem Gebiet der Krisenzentren in Europa zu eruieren, bewährte Praxiserfahrungen unter wissenschaftlichen Kriterien zusammenzustellen und ein 120-stündiges Training aufzubauen, um die Grundkompetenzen für alle zugänglich zu machen (▶ www.listening-skills.eu).

Sechs Eigenschaften für gutes Zuhören wurden als Profilmerkmale identifiziert:
1. Empathie: Das verlangt, das Gegenüber aus seinem je eigenen subjektiven Erleben heraus wahrnehmen zu können.
2. Emotionale Stabilität: Das bedeutet, die eigenen und die mir entgegengebrachten Gefühle einordnen zu können und die emotionale Stärke in meinem inneren Erleben zu balancieren.
3. Aktives Zuhören: Dazu gehört, die Hörfähigkeit in ihren verschiedenen Möglichkeiten kennen zu lernen und die Sprachkompetenz des aktiven Zuhörens zu erlernen.
4. Respekt: Dazu gehört, dass es mir gelingt, das situative Verhalten und die handelnde Persönlichkeit des Gegenübers zu unterscheiden und für die Person eine wertschätzende Haltung einzunehmen.
5. Gesprächsführung: Darunter wird verstanden, den Prozess des Zuhörens zu steuern und Dialoge mit nützlichen Fragen zu vertiefen.
6. Ressourcenaktivierung: Das meint, die Selbstwirksamkeit und Selbstwerterhöhung des Gegenübers zu fördern, indem ich auf Ressourcen und Fähigkeiten im Kontakt fokussiere.

Das Zuhörthermometer

Das Zuhörthermometer ist ein Modell des Autors Harry van de Pol (2010) und wird in der Ausbildung von Sensoor, einer niederländische Organisation, die 24 h per Telefon und Chat emotionale Unterstützung bietet (ähnlich wie die TelefonSeelsorge in Deutschland und Österreich), als Grundmodell für gutes Zuhören gelehrt. Es ist eingeflossen in das Konzept „Listening-Skills".

Worum geht es bei gutem Zuhören?

Zuhören am Telefon und im Chat bedeutet, der Erzählerin oder dem Erzähler Aufmerksamkeit, Zeit und Anerkennung zu geben.

Zuhören bedeutet, etwas zu geben, um das Vertrauen des anderen zu gewinnen – durch Aufmerksamkeit, Respekt und Interesse. Aufmerksamkeit, indem ich mich bemühe, über meine eigene Wahrnehmung hinauszugehen und mich auf den anderen – mein Gegenüber – zu konzentrieren. Respekt, indem ich in dem Bewusstsein zuhöre, dass jeder Mensch wertvoll und einzigartig ist. Interesse zeige ich, indem ich alles in meiner Macht stehende tun werde, um eine Verbindung, eine Resonanz mit dem anderen herzustellen und um herauszufinden, was ihn motiviert, mit mir in Dialog zu sein. Humorvoll ausgedrückt bedeuten diese Fähigkeiten: „Bitte versteh mich nicht zu schnell". Und das wiederum beinhaltet die Überzeugung: Es schadet nicht, als gute Zuhörerin und guter Chat-Leser ein wenig „faul, dumm und langsam" zu sein.

Als Zuhörerin und Zuhörer bin ich gegenüber anderen sensibel und beachte, was sie sagen oder schreiben und lasse Gefühle zu. Zuhören ist in erster Linie Anerkennung der Person – nicht unbedingt Anerkennung des Verhaltens.

Wenn mir jemand nicht zuhört, entscheidet er oder sie sich dazu, nichts zu geben und ich erhalte das Gefühl, dass etwas von mir genommen wird. Umgekehrt hört jemand wirklich gut zu, bekomme ich Energie zurück und empfinde mich innerlich in einer Ja-Schleife der Zustimmung zu dem was der oder die andere mir rückmeldet. Dazu ein kleines Beispiel aus der Chatbegleitung:

Chatterin	Hallo, ich bin etwas traurig! Ich treffe mich regelmäßig mit drei Freundinnen zum Mädelsabend und ich habe das Gefühl, es hat sich etwas zwischen uns verändert
Begleitung	Hallo, du bist etwas traurig, weil sich etwas in der Beziehung mit drei Freundinnen verändert, mit denen du dich regelmäßig triffst
Chatterin	Ja genau, es ist anders geworden! Mit zwei Freundinnen zumindest!
Begleitung	Also die Beziehung mit zweien aus eurer Mädelsgruppe hat sich verändert. Mit der dritten ist es stimmig wie immer
Chatterin	Ja! Die anderen beiden sind irgendwie Freundinnen mit denen man nur „gute Zeiten" haben kann. Das ist mir vor zwei Wochen schmerzlich aufgefallen
Begleitung	Okay! Also vor 2 Wochen hast du die schmerzhafte Erfahrung gemacht, dass deren Freundschaft zu dir eher oberflächlicher ist. Und das tut weh!
Chatterin	Richtig! Genauso ist es! Wir kennen uns schon alle über 20 Jahre und jetzt erst wird mir das klar! Unternehmungen und Reisen, Feiern und Spaß geht bestens. Aber der Rest scheint eher schwierig…….

Die Intensitätsstufen, wie ich in einem Dialog gut zuhören kann, werden in fünf „Temperaturgraden“ (von 0–4 Grad) gemessen:

	Niveau der Anerkennung	Was erlebt der Andere?	Wie geben Sie es?	Ergebnis
0	Raum zum Sprechen oder Schreiben geben	Raum zum Sprechen oder Schreiben bekommen	Einladen zum Sprechen, zustimmende Töne, nicht unterbrechen, mitunter Verständnisfragen stellen	Der andere fühlt sich eingeladen fortzufahren, mehr zu sagen, zu schreiben
1	Paraphrasieren, was der andere sagt	Die Erfahrung, gehört zu werden	Den Inhalt mit eigenen Worten wiedergeben oder Schlüsselworte aufgreifen und wiederholen	Das Berichtete wird verstanden und Wichtiges betont
2	Emotionen und Gefühle ansprechen oder beschreiben	Die Erfahrung von Empathie und Mitgefühl	Inhalte neu formulieren und wahrgenommene Gefühlszustände benennen bzw. seine Emotionen darin spiegeln	So wird das Gegenüber in seinen Gefühlen erreicht und bestätigt
3	Verstehen, worauf sich das Gefühl bezieht	Die Erfahrung, verstanden zu werden	Zurückgeben, was Sie über ihr Gegenüber kognitiv verstehen. Dazu gehören Bedeutungen, Werte und Überzeugungen	Das übergeordnete Thema wird verstanden und eingeordnet
4	Den anderen so akzeptieren, wie er oder sie ist	Die Erfahrung, Anerkennung zu bekommen	Auf positiv-konstruktive Weise zurückgeben, was Sie über den anderen gelernt und verstanden haben	Die andere wird in ihrer Wertigkeit bestätigt und hinsichtlich der Bedeutsamkeit des Themas

Darüber hinaus gibt es im Zuhörthermometer auch drei Merkmale, die gutes Zuhören behindern. Sie werden in drei Stufen und in „Minusgraden“ angezeigt:

1. **Zuhören aus Pflichtgefühl und Eigeninteresse**
   Der Drang, etwas zu tun und helfen zu wollen, ist eher den eigenen Bedürfnissen geschuldet. Zuhören aus dem Bedürfnis oder dem Wunsch nach Anerkennung und erwarteter Dankbarkeit hemmt gutes Zuhören. Ebenso wie Zuhören trotz eigner unbefriedigter Bedürfnisse, wie in Eile zu sein, auf die Toilette zu müssen, Hunger zu haben, müde oder erschöpft zu sein gutes Zuhören hindert.
2. **Zuhören unter Druck oder unter Angst**
   Gutes Zuhören bedeutet, in einem guten Zustand zu sein. Eventuell haben Sie jedoch plötzlich Angst vor starken Emotionen (vor Ihren eigenen oder vor denen des anderen) oder vor Kontrollverlust des Gesprächs (Ihr Gegenüber redet immer mehr) oder Sie haben Angst vor Kritik oder vor Überforderung im Gespräch.

3. **Zuhören mit Beurteilung**
Dabei kann es sich um das „autobiographische Zuhören“ handeln, bei dem wir nach Bestätigung unserer eigenen Urteile und Meinungen suchen und sie beim Gegenüber finden oder auch vermissen. Oder aufgrund bestimmter Eindrücke geraten Sie in innere Wertekonflikte oder merken, dass Sie das Thema oder das Verhalten Ihres Gegenübers innerlich abwerten, es bagatellisieren oder es Sie ärgert.

Zuhören erkaltet, wenn wir beurteilen oder mit Angst oder mit den eigenen Bedürfnissen zuhören. Es folgen einige Beispiele für die häufigsten **Fallen für „kaltes" Zuhören.**

- **Minimieren (bagatellisieren)**

Einige Anrufende können aus einem für Sie kleinen Problem ein großes Drama machen. Eine Falle besteht darin, es aus Ihrer Perspektive zu betrachten und herunterzuspielen. Auf diese Weise sind Sie nicht im Einklang mit der Wahrnehmung des anderen und leugnen das Problem. Etwas kann Ihnen klein vorkommen, aber für den anderen kann es ein großes Problem sein.

Beispiel: Ein 34-jähriger Mann erzählt, dass er nicht mit der Tätowierung, die sich seine Frau spontan machen ließ, klarkommt. Er schreibt, dass sich dies zu einer schwerwiegenden Ehekrise entwickelt hat. Die folgende Antwort macht deutlich, was wir mit Minimieren meinen: *„Hallo, zuerst einmal möchte ich Ihnen sagen, dass ich es toll finde, dass Sie den Mut und das Vertrauen gefunden haben, uns zu kontaktieren. Ich muss aber gestehen, im ersten Moment dachte ich, dass ein einfaches Tattoo keine solch großen Probleme und Schwierigkeiten mit sich bringen kann. Doch nachdem ich etwas länger darüber nachdachte, konnte ich mir doch recht gut vorstellen, wieso. Ich würde Ihr Problem allerdings trotzdem nicht als riesig und unlösbar betrachten“.*

Seien Sie also vorsichtig mit dem Herunterspielen. Stellen Sie sicher, Fragen zu stellen wie: „So, wie Sie mir erzählen, klingt es wie ein gewichtiges Problem, ist das richtig?“

- **Denken für Andere (Gedankenlesen)**

Wenn jemand den Verlust eines Familienmitglieds erlebt, wird er in der Regel traurig sein. Aber nicht immer. Menschen können glücklich oder erleichtert sein, dass jemand tot ist und sie fühlen oft Scham, darüber zu reden. Hier eignen sich anonyme Hotlines mit ihrer Niederschwelligkeit, zum Kontakt auch mal aussprechen zu dürfen, was gesellschaftlich nicht erwünscht ist. Verstehen Sie nicht zu schnell! Ziehen Sie keine voreiligen Schlussfolgerungen, dass Sie die Situation des anderen verstehen. Dabei würden Sie Ihre eigenen Gedanken auf die Situation der anderen Seite anwenden.

In dem oben genannten Beispiel über den Verlust des Familienmitglieds kann Ihre Antwort sein: „Ich fühle mit Ihnen, dass Sie [ein Familienmitglied] verloren haben. Wie empfinden Sie darüber?“ Haben Sie keine Angst, Fragen zu stellen. Wenn Sie mit direkten Fragen Probleme haben oder wenn Sie eine starke Ahnung haben (z. B. wenn Sie jemanden weinen hören), können Sie auch fragen: „[Familienmitglied] ist verstorben, und Sie sind sehr traurig darüber, ist das richtig?“ Sie können einen Vorschlag machen, aber Sie halten die Option für eine Korrektur offen. Geben Sie dem anderen einen Spielraum für seine Reaktion und korrigieren Sie, wenn Sie es falsch eingeschätzt haben.

Hier ein kurzes Beispiel, wie eine eigene Vorannahme gewaltig schiefgehen kann:

Chatterin	Hallo!
Begleiter	Guten Abend, was ist Ihr Thema?
Chatterin	Ich habe heute festgestellt, dass ich schwanger bin
Begleiter	Na, dann erstmal herzlichen Glückwunsch!
Chatterin	Ich wurde vor 2 Wochen von dem besten Freund meines Cousins missbraucht
Begleiter	Entschuldigung!

- **Diagnostik**

Während des Dialogs können Sie die Symptome eines bestimmten Zustands oder einer Krankheit erkennen. Fragen zu stellen, um jemand in eine bestimmte Kategorie zu platzieren, ist eine Falle. Auch wenn es Ihnen ein Gefühl der Kontrolle geben kann: „Es ist nur jemand mit Autismus und die verhalten sich immer so, …" – es verhindert, dass Sie zuhören und sich darauf konzentrieren, was der Andere sagt. Es ist nicht nützlich beim Zuhören, der anderen Person ein Etikett aufzukleben. Versuchen Sie, sich in die Welt der anderen Person zu versetzen, um ihr „wärmer" zuhören zu können und ordnen Sie das, was Sie hören, nicht sofort in Ihnen bekannte Muster und Zusammenhänge ein. Das gilt auch für die nächste Zuhörfalle, die sehr ähnlich funktioniert.

- **Dialog als Diagnose-Lösungsmodell**

Der Versuch, eine Diagnose oder Lösung für den anderen zu finden, indem man die Situation im Detail untersucht, ist ein weiteres Beispiel für „kaltes" Zuhören. Das passiert, wenn Sie versuchen, so viel und so genau wie möglich über den Hintergrund oder das Umfeld herauszufinden oder nach Begründungen und Ursachen suchen. Sie werden dabei von Ihrem Bedürfnis geleitet. Dieses entspringt gewöhnlich aus Ihrer Erfahrung oder aus Ihrem Lebenshintergrund. Daraus Lösungen zu formulieren, führt in eine Falle. Sie können keine objektive oder kundenbezogene Beurteilung der Situation abgeben. Hier ein kurzes Beispiel:

Max	Was treibt Sie so früh in den Chat?
Tanja	Ich find es gar nicht so früh, ist ja auch Wochenende. Aber ich schätze mal, mein Problem ist Selbstverletzung…
Max	Gibt es einen Grund für diese Selbstverletzung?
Tanja	Früher war es Stress aber jetzt eigentlich nicht mehr
Max	Was ist es dann?
Tanja	Ich weiß es nicht, aber ich versuch mein Bestes, kann aber nicht aufhören
Max	Kann es auch einfach eine Gewohnheit geworden sein?
Tanja	Weiß ich nicht kann wohl sein
Max	Sie sind selbst verantwortlich für ihr Handeln. Aufhören geht immer, ist aber lausig schwer. Ich bin zum Beispiel süchtig nach Süßigkeiten. Bis Weihnachten habe ich mir Freiraum gegeben. Dann ist Schluss. Wenn ich mir selbst klare Ziele setze, fallen mir Veränderungen leichter. So könnte das bei Ihnen auch sein. Versuchen Sie es mal, sich Ziele zu setzen!

Auch wenn Ratsuchende selbst um Ratschläge und Diagnosen bitten, können Sie nicht wirklich Nützliches dazu beitragen. Der Grund liegt darin, dass Sie nur eine Seite der Geschichte hören oder lesen. Auch wenn Sie eine Menge Informationsfragen stellen, wird Ihre Wahrnehmung der Situation begrenzt sein. Vermeiden Sie daher das Muster des Diagnose-Lösungsmodells.

Es geht nicht darum herauszufinden, was das Problem ist, sondern wie das Problem funktioniert. Die Erfahrungen und Meinung der Zuhörerin ist nicht wichtig beim Zuhören, vielmehr das Verständnis für die Gedanken und Gefühle der Betroffenen. Die Betroffenen sind immer Expertinnen für ihr Problem, nicht wir als Zuhörende.

■ Schweigen füllen

Einige Dialoge brauchen etwas Zeit, um in Gang zu kommen. Es tritt Schweigen auf, das manchmal unangenehm ist. Aber es ist auch eine Chance für den anderen, seine Gedanken zu sammeln. Menschen, die sich während einer Stille unwohl fühlen, haben eine Tendenz, eine Menge Fragen zu stellen, um die Stille zu füllen. Das Risiko besteht darin, dass der Andere einen begrenzten Spielraum empfindet und nur Fragen beantwortet, anstatt seine eigene Geschichte zu erzählen. Es wird sich dann mehr wie ein Interview anhören, vielleicht auch wie ein Bombardement von Fragen und nicht wie ein wirklicher Dialog. Schweigen ist etwas, was *geteilt* und nicht *gefüllt* werden will.

■ Ein Urteil fällen

Wie fühlt es sich an, wenn der Andere stolz ist, Ihnen zu sagen, dass er seine Frau nicht arbeiten lässt, weil sie zuhause bleiben soll? In vielen Fällen wird Ihr Gegenüber Sie dazu bringen, eine Meinung zu bilden. Ihre Moral und Werte beeinflussen die Art und Weise, wie Sie reagieren. Dies kann Sie gleichfalls am „warmen" Zuhören hindern. Unterdrücken oder verweigern Sie nicht Ihre eigene Meinung, gutes Zuhören braucht Ihre inneren Stimmen. Erkennen Sie, dass beide Perspektiven nebeneinander bestehen können. Sie können Ihre Meinungen haben, der Andere kann seine haben und verhindern zu beurteilen. Kein Urteil zu fällen, bedeutet nicht, dass Sie keine (rechtlichen) Grenzen setzen können. Es ist völlig in Ordnung zu sagen: „Schlagen ist nicht erlaubt, es ist gegen das Gesetz. Sind Sie sich dessen bewusst?"

■ Übermäßige Anteilnahme

Manche Geschichten können Anerkennung oder Mitleid auslösen. Sie hören etwas, das Sie auch erlebt haben. Sie wollen die anderen davon abhalten, die gleichen Fehler zu begehen, oder ihnen den Rat erteilen, den Sie damals erhalten haben. Die Anteilnahme, die Sie fühlen, kann zu stark sein und zu einem Hindernis für das Zuhören werden. Das Engagement, das Sie normalerweise als genau richtig für warmes Zuhören empfinden, ist dann kontraproduktiv. Ihre inneren Stimmen verhindern Ihr aktives Zuhören. Halten Sie etwas Abstand zwischen sich selbst und dem anderen, um die Kontrolle zu behalten.

■ Sich selbst zuhören

„Warmes" Zuhören kann von den eigenen inneren Stimmen behindert werden. Wenn Sie beispielsweise mit jemandem sprechen oder chatten, die sich selber ritzt bzw. Selbstverletzung praktiziert, könnten Gedanken wie diese auftauchen:

- Sie sollte diese Ritzerei bleiben lassen!
- Was wird passieren, wenn sie sich wirklich schlimm schneidet?

- Was ist meine Verantwortung, wenn es schiefgeht?
- Ich muss ihr jetzt helfen, um Schlimmeres zu verhindern!

Solche Gedanken werden auch als „innere Stimmen" bezeichnet. Die Stimmen, die zum Ausdruck bringen, was Sie denken, hoffen, fühlen, wünschen und wer Sie sind. Es gibt eine Reihe von inneren Stimmen in uns. Manche sind freundlich, andere barsch, wieder andere kritisch. Zuhören umfasst, alle diese Stimmen wahrzunehmen und anzuerkennen. Wenn Sie lernen, Ihre Stimmen willkommen zu heißen, werden Sie nicht Ihr Inneres dominieren. Wenn mir gelingt, meine inneren Stimmen wahrzunehmen und als nützlich zu erachten, kann ich sie auch in der Kommunikation nach außen nutzen. Im Einklang mit dem vorherigen Beispiel könnten Sie sagen oder schreiben:
- Es macht mir ein wenig Angst, dass Sie sich selbst verletzen.
- Ich frage mich, ob etwas Schlimmes passieren wird, können Sie sich das vorstellen?
- Ich möchte versuchen, Sie davor zu schützen, sich selbst zu verletzen.
- Es beunruhigt mich, dieses Gespräch zu führen und zu wissen, dass Sie sich selbst Schaden zufügen.

Ihre inneren Stimmen haben eine Bedeutung beim Zuhören und benötigen Anerkennung. Indem Sie sich diese Bestätigung geben, können Sie sich besser zuhören. Durch den Anschluss an Ihre inneren Stimmen werden Sie eher in der Lage sein, „warmes" Zuhören zu praktizieren. Sie werden im Gespräch authentischer und empathischer sein ohne zu bewerten oder Gefühle von Stress oder Unsicherheit zu bekommen. Wenn Sie beides tun im Dialog mit anderen – ihnen gegenüber Aufmerksamkeit mitteilen und sich in Ihrem Inneren zuhören –, dann entsteht aus der Wahrnehmungsfähigkeit nach innen und der Zuhörkompetenz nach außen ein Zuhör-Herz – Dialog als warmer, aufmerksamer, anerkennender Dialog (■ Abb. 1.1).

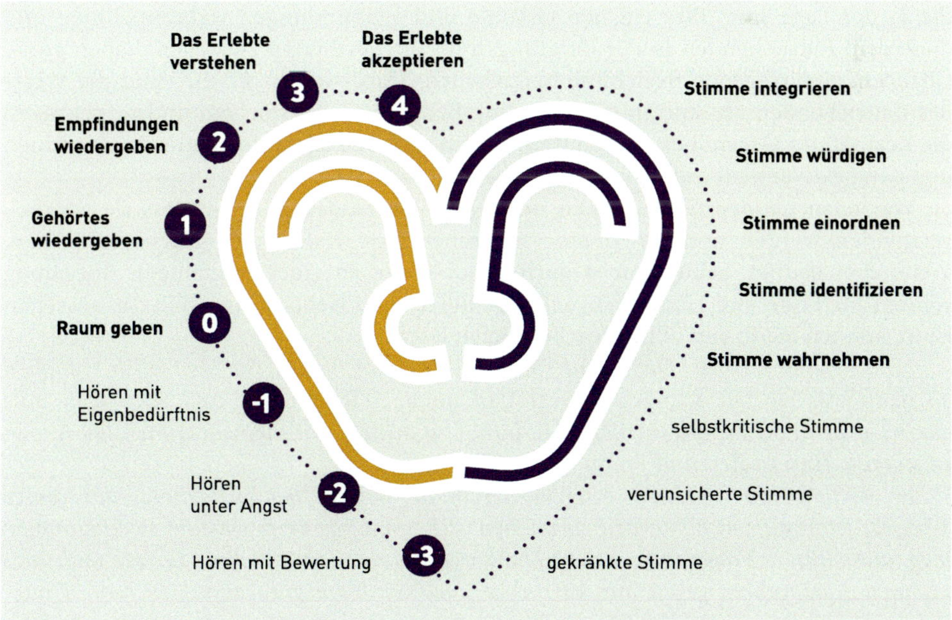

■ **Abb. 1.1** Das Zuhörkompetenz-Modell

1.4 SET-Kommunikation: Support – Empathie – Truth – Angemessenheit in der Begleitungsrolle

Was macht eine „gute" Beraterin oder einen „guten" Begleiter aus? Was wirkt in der Begleitung und Beratung am Telefon und per Chat? Wie kann ich in meiner Rolle gleichzeitig mitfühlend und authentisch sein, wenn ich völlig anderer Meinung bin? Fragen, die sich Beraterinnen und Begleiter vielfach stellen. In diesem Kapitel zeigen wir Ihnen, wie Sie mitfühlend und gleichzeitig authentisch in Ihrer Rolle begleiten können. Dazu machen wir einen Theorieausflug in die Welt von Carl R. Rogers, dem Erfinder der klientenzentrierten Gesprächstherapie, und Jerold J. Kreisman, einem der weltweit führenden Experten zur emotional instabilen Persönlichkeitsstörung. Das Kapitel endet mit Bespielen, wie Sie eine Begleitungsbeziehung zu schwierigen Ratsuchenden aufbauen können.

■ Besuch bei Carl R. Rogers

Mittlerweile gibt es viele Studien über die Wirksamkeit von Psychotherapie. Die bekanntesten sind von Carl R. Rogers, dem Entwickler der klientenzentrierten Gesprächstherapie und Klaus Grawe, mit dem Tätigkeitsschwerpunkt Psychotherapieforschung. Carl R. Rogers (1972) beschreibt in seinem Konzept der klientenzentrierten Gesprächstherapie drei Basisvariablen, die für einen Beziehungsaufbau und die Entwicklung einer Beratungsbeziehung notwendig sind.

Erstens: Empathie (einfühlsames Verstehen), zweitens: Wertschätzung (Akzeptieren und Anteilnahme) und drittens: Authentizität (Echtheit, Stimmigkeit, Unverfälschtheit oder Kongruenz).

Wenn die Beraterin oder der Begleiter stimmig rüberkommen, also kein Gehabe, professionelle Allüren oder eine Fassade zur Schau tragen, ist die Wahrscheinlichkeit groß, dass sich eine unterstützende Beziehung entwickelt. Beraterinnen und Begleiter, die in der Lage sind, ihre eigenen Gefühle und Empfindungen wahrzunehmen und diese dem Ratsuchenden in der Beratungsrolle zur Verfügung zu stellen, haben große Chancen, eine tragende Beziehung herzustellen. Dabei wägen sie ihre und die Werte des Ratsuchenden ab, sind in der Lage, die Bedürfnisse zu spiegeln und respektieren die Realität des Gegenübers. Obendrein sind sie in der Lage, Informationen zu ordnen und perspektiverweiternde Fragen zu stellen.

Was ratsuchenden Chatterinnen und dem Anrufenden hilft, ist, dass sie wirklich verstanden werden und ihnen eine wertschätzende Haltung entgegenbracht wird. Wenn dies gelingt, gelingt meist auch vieles mehr. In einer tragfähigen Beziehung werden Methode und Handwerkszeug zur hilfreichen Nebensache. Wie das aussehen kann, können Sie in den folgenden Beispielen lesen:

„Das Telefon klingelt. Die Anruferin weint ihre Not heraus. Sie lässt mich teilhaben an dem, was sie seit Stunden bewegt und quält. Wir sprechen und schweigen miteinander. Beim Schweigen versuche ich darauf zu achten, mit meinem Atmen ihr Atmen zu stützen. Hier ist Zeit und Raum für ihr Weinen.

Ihr Gefühl von hilflosem Ausgeliefertsein an die ärztliche Diagnose, der innige Wunsch, jetzt noch nicht sterben zu müssen, die Angst vor dem, was auf sie zukommen mag, diese bittere Frage: warum ich? Die Sorge um die Zukunft ihrer Kinder und ihres Mannes, Aufbegehren gegen das scheinbar unabwendbare grausame Schicksal, Trauer und Zorn um nicht gelebte Möglichkeiten und ungenutzte Chancen – viele unterschiedliche Gefühle, Gedanken und Momentaufnahmen nehme ich wahr, berühren mich. Ich fasse in Worte, was ich gehört und gespürt habe. Diese Frau erlebe ich verzweifelt, von einem entsetzlichen Schrecken überwältigt. Der Boden unter den Füßen droht ihr wegzubrechen.

In diesem Bild findet sie sich wieder, fühlt sich verstanden und angenommen. Gemeinsam entwickeln wir das Bild vom Erdstoß weiter. Ich habe großen Respekt vor der Anruferin. Sie traut sich, im Bild auf das entstandene und entstehende Chaos zu schauen, die sichtbaren und unsichtbaren Gefahren zu entdecken und zu benennen, Ausschau zu halten nach dem, was ihr Halt gibt, verlässliche Beziehungen als „Trittsteine" anzunehmen. Mit Hilfe von Beschreibungen gelingt es der Anruferin, sich ihrer Gefühle, ihrer Bedürfnisse und ihres Spielraumes bewusst zu werden.

Wir haben im Gespräch nicht den Schrecken bewältigt, der die Anruferin überwältigt hatte. Vielleicht geht das auch gar nicht. Wir haben die Symbolkraft eines Bildes – auch in seiner Ambivalenz – auf uns wirken lassen.

Dabei wuchs Vertrauen zwischen uns. Ich bin dankbar für diese Begegnung."

(Eine Beraterin der TelefonSeelsorge)

Ratsuchender	*Ich bin so verzweifelt, kann gar nicht mehr denken… mir ist alles zu viel! Studium, Familie, Job… Scheiße*
Begleiter	*Oh Mann, da haben Sie ja echt das volle Programm. Was belastet Sie genau?*
Ratsuchender	*Ich renn von einer Verpflichtung zur nächsten, nie ist es genug, ich werde niemanden gerecht!*
Begleiter	*Wem werden Sie denn am wenigsten gerecht?*
Ratsuchender	*Mal so, mal so… es reicht nie! Und von mir selbst ganz zu schweigen :-(*
Begleiter	*Es liest sich ja wirklich schlimm. Können Sie denn mit Ihrer Familie oder Ihrer Frau drüber reden?*
Ratsuchender	*Ich weiß nicht so genau, ich will sie nicht belasten, die macht sich ja auch schon genug Sorgen um alles*
Begleiter	*Dann müssen Sie ja alles mit sich ausmachen, das kann einen wirklich überfordern. Wenn Sie sich für einen Punkt, Studium, Familie, Job der Sie am stärksten belastet, entscheiden müssten, welcher wäre das?*
Ratsuchender	*Obwohl ich meine Tochter sehr lieb hab, muss ich zugeben, dass mich das am meisten belastet. Sie klaut mir oft den Schlaf, sie schläft noch nicht durch… und ehrlich gesagt bin ich oft genervt, weil ich eigentlich für mein Studium lerne muss und dann soll ich plötzlich auf ein Baby aufpassen*
Begleiter	*Das macht bestimmt ein schlechtes Gewissen, oder?*
Ratsuchender	*TOTAL! Das kann man doch niemanden erzählen… was soll meine Familie über mich denken?*
Begleiter	*Das belastet jeden und man traut sich wirklich nicht es zu erzählen. Aber ich freue mich sehr, dass Sie das Vertrauen zu mir gefasst haben*
Ratsuchender	*Ja, das tut mir jetzt auch richtig gut*

Ratsuchender	*Hallo, ich habe einfach zu viel Druck. Alles wird mir zu viel. Ich werde meinem Leben nicht mehr gerecht*
Beraterin	*Womit hast du den zu viel Druck? Was passiert gerade in deinem Leben?*
Ratsuchender	*Ich promoviere, arbeite und habe eine Familie, eine kleine Tochter… Ach*
Beraterin	*Wie alt ist den deine Tochter?*
Ratsuchender	*3 Jahre alt*
Beraterin	*Ja, das ist ein anstrengendes und spannendes Alter. Lebst du mit deinem Partner oder deiner Partnerin zusammen?*
Ratsuchender	*Wir leben zusammen. Das Kind haben wir uns so sehr gewünscht und jetzt habe ich keine Zeit für sie*
Beraterin	*Liegt es an der fehlenden Zeit, dass du dich so unter Druck gesetzt fühlst?*
Ratsuchender	*Ja, ich hetzte von der Uni zum Job und komme erst am späten Abend nach Hause. Meistens schläft meine Tochter schon und ich falle erschöpft in mein Bett. Meine Frau wird auch immer genervter und spricht kaum noch mit mir*
Beraterin	*Das klingt sehr anstrengend*
Beraterin	*Was studierst du denn?*
Ratsuchender	*Ich promoviere in Chemie und arbeite bei einem großen Chemiekonzern*
Beraterin	*Das klingt spannend. Da versteh ich, dass du das machst, obwohl es dich anstrengt. Hast du denn am Wochenende Zeit für deine kleine Tochter?*
Ratsuchender	*Nur selten! Meine Eltern sind ziemlich krank und dann muss ich dann auch manchmal sonntags vorbei. Aber samstags versuche ich mir etwas Zeit freizuhalten. Natürlich muss ich da auch schreiben*
Beraterin	*Ich bewundere es, dass du das schon so lange durchziehst. Es war bestimmt nicht einfach, das Studium so lange fort zu führen, bei der Belastung. Wie geht es denn deiner Frau damit?*
Ratsuchender	*Sie ist völlig entnervt mittlerweile. Macht mir nur Vorwürfe!*
Beraterin	*Was macht sie denn für Vorwürfe?*
Ratsuchender	*Das ich einfach keine Zeit habe und als Vater viel zu wenig hier bin. Auch und als Mann…*
Beraterin	*Das ist aber starker Tobak. Da verstehe ich, dass du dich überfordert fühlst. Redet ihr denn noch miteinander? Abends oder so? Wenn ihr mal eine ruhige Minute habt?*
Ratsuchender	*Ja, wir versuchen es. Aber meistens gibt es Streit und meine Frau weint und ich werde dann total hilflos*
Beraterin	*Da sind dann aber viele Gefühle bei euch. Bekommt eure Tochter das mit, wenn ihr euch streitet?*
Ratsuchender	*Nein, sie schläft dann schon!*
Beraterin	*Wie fühlst du dich denn dann, wenn ihr schlafen geht? Nimmst du deine Frau in den Arm? Oder schlaft ihr nach einem Streit getrennt?*
Ratsuchender	*Wir schlafen schon zusammen in unserem Bett. Aber ich kann sie dann auch irgendwie nicht in den Arm nehmen. Ich weiß gar nicht, ob sie das möchte*
Beraterin	*Möchtest du denn, dass sie das möchte?*
Ratsuchender	*Ja. Sogar sehr! Ich könnte dann Kraft schöpfen und hätte nicht das Gefühl zu versagen*

Vielleicht denken Sie: Das ist alles kein Problem, solange mir die Anruferin oder der Chatter sympathisch sind. Doch was mache ich, wenn sie mir unsympathisch sind oder ich Verhaltensweisen nicht verstehe und auch nicht mit einverstanden bin? Wie soll ich denn dann empathisch sein? Wie kann ich ausdrücken, dass ich es nicht richtig finde? In meiner Rolle darf ich das doch nicht einfach sagen.

Für diese herausfordernden Kommunikationssituationen hat sich in unserer Arbeit das SET-Kommunikationsmodell als hilfreich erwiesen. Das Modell bietet ein strukturiertes Vorgehen im Umgang mit schwierigen Situationen und schwierigen Klientinnen oder Kunden.

■ Das SET-Kommunikationsmodell

Das Kommunikationsmodell wurde von Dr. med. Jerold J. Kreisman entwickelt (Kreismann und Strauss 1998). Kreismann hat festgestellt, dass in einer herausfordernden Kommunikation, wie z. B. mit emotional instabilen Personen oder Menschen in Krisensituationen, drei Elemente eine wesentliche Rolle spielen: Die Unterstützung (**S**upport), das Mitgefühl (**E**mpathy) und die Aufrichtigkeit (**T**ruth). Für eine gelingende Kommunikation sollte keines der drei fehlen.

Menschen in Krisensituationen haben Angst, missverstanden zu werden. Sie fühlen sich hilflos und ausgeliefert. Sie brauchen Sicherheit und Orientierung, um in Kontakt zu kommen. Das gelingt in Form der Rogerschen Basisvariabeln: Empathie, Wertschätzung und Kongruenz (Rogers 2016).

In der Begleitung und Beratung nehmen Sie Ihre eigenen Gefühle wahr. Sie sind der Resonanzboden. Je besser Sie sich selbst verstehen, desto besser können Sie die Gefühle anderer verstehen und darauf eingehen. Damit geben Sie Unterstützung (das „S" im SET-Kommunikation Modell).

■ Mitgefühl ist kein Mitleid

Der mitfühlende Teil der Kommunikation (das „E" im SET-Kommunikation Modell) nimmt auch die häufig ambivalenten Gefühle der Ratsuchenden ernst.

Wichtig hierbei ist die Unterscheidung zwischen Mitgefühl und Mitleid. Mitleid fühlt sich für das Gegenüber herablassend an, da wir uns eine Stufe über ihn stellen und die Situation bewerten. Das Charakteristische zwischen Mitleid und Mitgefühl ergibt sich aus den Wörtern selbst: Mitleid heißt mitleiden. Wir leiden mit der betreffenden Person und verbinden uns mit ihrem Leiden. Wir stellen uns vor, dass es uns passiert ist und fühlen ganz unmittelbar, ohne eine begleiterische Kompetenz. Wir nutzen uns nicht als Resonanzboden, sondern vereinigen uns mit dem Ratsuchenden. Damit verlassen wir unsere Begleitrolle und werden häufig hilflos oder kommen in einen unangemessenen Aktivismus.

Mitgefühl heißt mitfühlen: Wir fühlen uns in die Lage der Person ein, können die Gefühle wie Schmerz, Angst oder Wut nachvollziehen. Mitgefühl tröstet oder ermutigt und kann dazu führen, die Lage oft weniger aussichtslos zu sehen. Dies tun wir in unserer Rolle, mit einer beraterisch angemessenen Nähe und nicht in der Verschmelzung. Wir leiden nicht mit, da wir einen emotionalen Abstand haben und uns nicht an die Stelle unseres Gegenübers setzten und seine Angst erleiden.

Wir verstehen ihre oder seine Angst. Es uns möglich, unser Mitgefühl so ausdrücken, dass es für unser Gegenüber annehmbar ist. „So wie Sie Ihre Situation beschreiben, kann ich gut nachvollziehen, dass es Sie ängstigt und Sie sich schlecht fühlen." wäre eine passende Aussage, in der das Gegenüber Mitgefühl spürt und sich ernst genommen fühlt. Wobei hingegen eine Aussage wie: „Ich weiß genau, wie schlecht Sie sich fühlen." eher zu einer spöttischen Antwort des Gegenüber führen kann: „Woher wollen Sie das denn wissen?"

Es macht einen großen Unterschied, ob wir die Dinge mit Mitgefühl oder mit bloßer Vernunft betrachten.

▪ Wertschätzende Konfrontation

Um zu dem Truth-Element des Kommunikationsmodells zu kommen, braucht es einen Exkurs zur wertschätzenden Konfrontation. Wertschätzung bewirkt eine Begegnung auf Augenhöhe; in den beiden Rollen: Beraterin und Ratsuchender. Häufig wird Wertschätzung und Lob verwechselt. Wertschätzung fundiert auf unserer Haltung und ist mit Respekt verbunden. Sie drückt sich in Zugewandtheit, Interesse, Aufmerksamkeit und Rollenehrlichkeit aus. Wertschätzung heißt nicht, alles gut zu heißen, was die Anruferin oder der Chatter schildern, im Gegenteil. Wertschätzung bedeutet auch zu konfrontieren, allerdings in Form einer wertschätzenden Konfrontation. Vielleicht erscheinen Ihnen nun drei Fragezeichen auf der Stirn und Sie denken: „Konfrontation kann doch niemals wertschätzend sein". DOCH! Sie kann!

In der Ausbildung und unserer supervisorischen Arbeit erleben wir häufig, dass Beraterinnen und Begleiter sich schwertun, wertschätzend zu konfrontieren. Sie erleben Konfrontation als negativ und nicht wertschätzend gegenüber den Ratsuchenden. Sie befürchten, dass sich die Ratsuchenden abgelehnt fühlen, Angst entwickeln und dass dadurch die Beratung gefährdet ist.

Wertschätzende Konfrontation ist die Gegenüberstellung anderer Sichtweisen und Realitäten. Ausgehend, dass Beraterinnen und Begleiter Resonanzboden sind, gehören auch weniger schöne Gefühle und Empfindungen dazu. Vor dem Hintergrund der Rollenechtheit und dem Respekt gehört es mit zur Begleitung und Beratung, auch unangenehme Dinge und Gefühle anzusprechen. Der Erfolg liegt in der Beziehung. Wenn Berater und Begleiterinnen nicht konfrontieren, werden sie nicht ernst genommen, was wiederum dem Beziehungsaufbau im Wege steht.

Wertschätzende Konfrontation äußert sich in Klarheit, Transparenz und Offenheit beim Formulieren. Sie beschreibt und gibt konstruktive und konkrete Rückmeldung. Sie benennt die eigenen Beobachtungen und Eindrücke und fördert die Entwicklung. Sie ist keine reine Technik! Sie ist Teil der Haltung und erfordert Einfühlungsvermögen und Selbstreflektion, um eigene Resonanzen, Affekte, Widersprüche und Gefühle zu verstehen. Begleitung und Beratung ist mehr als der Austausch von Information. Hier teilen sich Beratende und Ratsuchende mit. Sie offenbaren sich, treten miteinander in Beziehung und suchen Zustimmung und Resonanz. So auch in der medienbasierten Begleitung. Laut Nestmann (2004) ist der Erfolg in der Beziehung abhängig davon, dass der Dialog auf offene, vertrauensvolle Zusammenarbeit ausgerichtet sein muss.

▪ Echtheit und Authentizität

Die dritte Basisvariable in Rogers Sinne ist die Echtheit und Authentizität, also die Glaubwürdigkeit der Beraterin und des Begleiters. Die Handlungen der Beraterin und des Beraters müssen stimmig sein und passen. Sie dürfen nicht aufgesetzt oder künstlich sein. Ratsuchende spüren Ehrlichkeit, Respekt und Echtheit ebenso wie Unehrlichkeit und Respektlosigkeit.

Dazu ein Beispiel: Für jede neue Mitarbeiterin oder jeden neuen Mitarbeiter in der TelefonSeelsorge ist das schwierigste Gespräch, wenn ein Anrufer oder eine Chatterin ankündigen sich umzubringen. Alle beten, dass sie so einen Anruf oder einen Chat erst dann bekommen, wenn sie genügend Beratungserfahrung haben. Nun kommt es aber im Leben nicht immer so, wie man es sich wünscht ;-)

Vor einiger Zeit traf eine Mitarbeiterin in ihrem ersten Dienst auf einen Anrufer, der sich umbringen wollte. Er erzählt ihr, welche Vorbereitungen er bereits getroffen habe, und dass er sich nach dem Gespräch umbringen werde. Er sei einsam und habe keinen Menschen auf der Welt. Er erzählte so glaubhaft, dass die Beraterin es nachvollziehen konnte und sie ihn verstand. In dem Moment des Verstehens und Einfühlens platzte es aus ihr heraus: „Das können Sie mir nicht antun. Es ist mein erster Dienst!" Der Anrufer war verblüfft, sein Gefühl der Isolation, wie im Kapitel „Niemand bringt sich gerne um" beschrieben, war aufgebrochen. Die Beraterin hatte ihn erreicht. Es entwickelte sich ein Gespräch, in dem sich eine Beziehung zwischen den Beiden aufbaute. Der Ausruf: „Das können Sie mir nicht antun." war von Echtheit geprägt und das hatte der Anrufer gespürt. Die Beraterin hatte ihn auf einer tiefen Ebene erreicht.

Nun könnte man meinen, wenn es einmal hilft, könnte man es doch bei jedem suizidalen Anrufer anwenden. So einfach ist es nicht, denn der Anrufer würde merken, wenn Sie dieses „Das können Sie mir nicht antun" bloß als Technik einsetzten. Er spürt, ob Ihr Ausruf echt und stimmig ist! Und wenn er nicht echt ist, fühlt er sich in seiner Isolation bestätigt. Auch die Beraterin nimmt ihn nicht ernst, versteht ihn nicht. Und so manifestiert sich die Isolation. Es kommt kein Kontakt zustande.

Zurück zum SET-Modell: Das unterstützende Element, der Support, ist eine persönliche Stellungnahme. Die Betonung liegt auf den eigenen Gefühlen und bringt im Wesentlichen zum Ausdruck: „Herzlich willkommen, ich stehe für Sie zur Verfügung, ich höre Ihnen zu, ich bin da, ich biete Ihnen Begleitung an…".

Das mitfühlende Element, die Empathie, erkennt die ambivalenten Gefühle des Ratsuchenden an: „So wie Sie mir Ihre Situation beschreiben, muss es sich schlimm für Sie anfühlen…". Die Betonung liegt auf der schmerzlichen Erfahrung des Ratsuchenden und nicht auf der der Beraterin oder des Begleiters.

Das dritte Element, die Truth, erkennt die Realität an, dass jeder Mensch für sein Leben verantwortlich ist. Während Unterstützung (Support) und Mitgefühl (Empathie) subjektive Aussagen sind, die anerkennen, wie die Chatterin oder der Anrufer fühlt, zeigt das Truth-Element, dass es ein Problem, eine Krise oder einen Konflikt gibt. Wichtig dabei ist, dass sich Beraterinnen und Begleiter nicht moralisch äußern sondern rollenangemessen: „Das und das ist geschehen … So und so sehen die Folgen aus … Das kann ich dazu beitragen … Was können Sie unternehmen?".

Dieser dritte Teil des Kommunikationsmodells ist der schwierigste Teil. Häufig fühlen sich Anruferinnen und Chatter in ihrer Welt gefangen. Sie kennen es sicherlich auch: Wir Menschen tendieren dazu, vornehmlich die Dinge wahrzunehmen, die gerade passen. Wir blenden Anderes aus oder deuten es so, dass es sich in das eigene Bild fügt. In Krisensituationen oder bei emotional instabilen Menschen ist dieses Phänomen stärker. Vielfach weisen sie notwendige Schritte zurück oder schließen sie aus. Es erfordert Mut, wertschätzend zu konfrontieren, sich etwas zu trauen und damit den Ratsuchenden etwas zuzutrauen (Knatz 2013)!

Wie es gehen kann, zeigen wir an einer kurzen Sequenz aus einem längeren Chat, in dem eine junge Frau ihre Essstörung beschreibt. Die Beraterin und die junge Frau kennen sich seit sechs Monaten und es sind schon viele Chatdialoge geführt worden.

Die Beziehungsebene zwischen den Beiden ist gut. Im Dialog geht es immer wieder um die Essstörung, die Ratsuchende (Sonja) beschreibt die Krankheit als Freundin:

Sonja	Die Essstörung ist wie eine beste Freundin für mich. Mir fällt es schwer diese loszulassen
Sonja	Meine Krankheit ist für mich da, diese lässt mich nicht alleine. Vielleicht ist das alles sehr schwer zu verstehen
Beraterin	Ich kann dich gut verstehen
Beraterin	Wir kennen uns ja nun schon ein wenig länger und ich möchte dir gerne schreiben, welche Vorstellung ich von einer besten Freundin habe
Sonja	Welche?
Beraterin	Für mich ist eine gute Freundin immer für mich da! Und sie würde mir helfen, dass es mir gut gehen würde
Sonja	Sie hilft mir ja
Beraterin	Wie hilft sie dir?
Sonja	iIch kann mich an ihr festhalten
Beraterin	Sie gibt dir Halt? Wobei?
Sonja	Im Leben, wenn ich mich alleine fühle ist sie da
Beraterin	Ja, das stimmt, sie ist da
Beraterin	Aber sie tut dir nicht gut, du bist krank, wiegst nur noch 39 Kilo und musst, wenn du noch weniger wiegst, in die Klinik
Sonja	Da kommt sie mit
Beraterin	Ja, das tut sie. Allerdings hilft sie dir nicht „gesund" zu werden,
Beraterin	wie eine beste Freundin
Beraterin	Das meine ich damit, wenn ich schreibe, dass ich eine andere Vorstellung von bester Freundin habe; sie hilft mir gesund zu werden.

1.5 Emotionale Kompetenz – Das ABC der Gefühle kennen und verbalisieren

Ziel dieses Kapitels ist es, drei emotionale Schlüsselkompetenzen innerhalb der vier Kernemotionen (Genuss, Schmerz, Wut und Angst) zu vermitteln: Dazu gehört erstens eine angemessene emotionale Reaktivität, zweitens eine Regulations- und Steuerungsfähigkeit und drittens eine emotionale Kommunikationsfähigkeit. In den Praxisbeispielen des Kapitels werden wir daher auch die emotionale Struktur der Herausforderung thematisieren und Verhaltens- und Interventionsmöglichkeiten ansprechen.

Im Dialog sind die emotionalen Zustände ein zentraler Anker für Beziehungsgestaltung, Kontakt und Verständigung. Wenn ich die Gefühle eines Menschen einordnen und verbalisieren kann, fühlt er sich verstanden und es entsteht ein guter Kontakt. Erstaunlich ist, dass wir in der Literatur kaum Konzepte und Arbeitshilfen für die Arbeit mit Emotionen in der zwischenmenschlichen Kommunikation finden.

In unseren Ausbildungen für kompetentes Zuhören stellen sich immer wieder Fragen wie: „Welche Emotionen sind in geschilderten (Problem-) Situationen beteiligt?“ „Wie kann ich die sortieren und einordnen?“ „Was passiert, wenn ich auf Gefühle eingehe, kann ich da was falsch machen?“ „Trete ich Menschen nicht zu nahe, wenn ich Gefühle anspreche?“ „Es gibt so viele Gefühle und emotionale Stimmungen, wie lerne ich sie zu unterscheiden und anzusprechen?“ „Lassen sich Gefühle über Kommunikation überhaupt beeinflussen, regulieren oder balancieren?“

■ Gefühle unter der Lupe

In diesem Kapitel stellen wir ein Emotionskonzept vor, welches den Begriff „Gefühl“ unter die Lupe nimmt. Ein Modell, das die unterschiedlichen Gefühlszustände menschlicher Wahrnehmung ordnet und Hinweise gibt, wie sich Gefühle ansprechen und nützlich intervenieren lassen. Wenn es in Begleitungsprozessen um Gefühle geht, sind nicht nur Emotionen angesprochen, sondern vielmehr Mischformen gefühlter Kognitionen und Verhaltensmuster. Dazu ein Beispiel:

Berater: „Wie fühlen Sie sich im Moment in unserem Gespräch?“

Kunde: „Ich fühle mich von Ihnen nicht verstanden! Im Gegenteil, ich fühle mich sogar verunsichert durch Ihre Ratschläge.“

Ist „unverstanden werden“ ein Gefühl? Nein, es ist die kognitiv interpretierte (Un-) Fähigkeit eines anderen. Ist Verunsicherung ein Gefühl? Auch wenn manche vielleicht spontan „Na klar!“ sagen würden: Unsicherheit ist kein unmittelbares Gefühl. Es ist ein kognitiver Zustand, in dem Gefühle eine Rolle spielen – z. B. Angst. Häufig nutzen wir die Redewendung „Ich fühle mich…“ oder „Ich habe das Gefühl, dass…“. Damit wird kein Gefühl benannt, sondern Interpretationen der subjektiven Wahrnehmung: „Ich hab‘ das Gefühl, dass es heute noch ein Gewitter geben wird“. Auch diese typische alltagssprachliche Formulierung bringt kein Gefühl zum Ausdruck, sondern eine Überzeugung oder einen Glaubenssatz. Die eigentlichen Emotionen, zum Beispiel ob ein heranziehendes Gewitter in mir freudige Neugier oder eher ängstliche Sorge hervorruft, bleiben unausgesprochen und so unter der Schwelle der bewussten Selbstwahrnehmung. Hier ist es wichtig, einige Unterscheidungen zu treffen, um in der Kommunikation eine sprachliche Klarheit zu schaffen. In einem ersten Schritt unterscheiden wir vier Bedeutungskategorien, die mit dem Begriff „Gefühl“ in Verbindung gebracht werden:

1. **Kinästhetisches Fühlen** – Es gibt Gefühle im Sinne des kinästhetischen Fühlens. Hierbei handelt es sich um unser Sinnesorgan. Ich „fühle“ im Sinne des Spürens und Tastens oder bemerkter Muskelspannung oder Temperatur. Mit Emotionen hat das nichts zu tun. Wir benutzen den Begriff „fühlen“ also auch, wenn es um „spüren“ geht, also um die Nutzung unseres kinästhetischen Sinnesorgans.
2. **Emotionales Erleben** – Es gibt den Begriff Gefühl im Sinne des primären emotionalen Erlebens: Die sogenannten Kernemotionen oder Grundgefühle. Dazu gehören Angst, Wut, Schmerz und Genuss. Diese elementaren Gefühle sind grundlegend emotional ohne bewusste kognitive Verarbeitung. Sie führen zu einem unmittelbaren Erregungszustand. Diese Grundgefühle existieren in jeder Kultur und zu allen Zeiten (Scherer 2011). Sie sind an bestimmte neuronale Prozesse gebunden, treten zum gleichen Zeitpunkt auf und verwenden die gleichen biologischen Rückmeldungsmuster (Stangl 2018).
3. **Zustände** – Es gibt emotionale Zustände im Sinne einer Mischung von Emotion und Kognition, die sich **einem** Grundgefühl zuordnen lassen. Der mentale Zustand

ist dabei fest mit einer der vier Kernemotionen verankert. Jene Gefühle lassen sich am besten mit dem Begriff „Zustand" umschreiben. Dazu einige Beispiele: Neugier ist ein kognitiver Zustand, beinhaltet die Kernemotion „Genuss" und ist mental auf etwas ausgerichtet (Ich bin neugierig auf das kommende Wochenende). Die Trauer beinhaltet das Grundgefühl des seelischen Schmerzes und ist häufig kognitiv an eine Person oder Situation gebunden (Ich bin traurig über Claudias Absage). Aggression wird gespeist aus dem Grundgefühl „Wut" und ist auf eine Person oder Objekt ausgerichtet (Ich bin ärgerlich über Walters Verhalten). Scham beinhaltet das Grundgefühl der Angst und ist wiederum kognitiv an eine gelernte soziale Dimension geknüpft (Mir ist das peinlich, wenn du betrunken mit dem Nachbarn redest). Wenn ich also zum Ausdruck bringe, dass ich gerade verschämt, entspannt, erregt oder empört bin, dann ist das ein Gefühlszustand, der sowohl eine Emotion als auch eine kognitive Komponente beinhaltet.

4. **Besondere Zustände** – Es lassen sich auch noch weitere subjektiv erlebte Zustände unterscheiden, die häufig als Gefühl beschrieben werden, aber auch wieder mentalen Zuständen entsprechen. Im Unterschied zu den Zuständen, die typischerweise mit einer spezifischen Emotion auftreten wie zuvor beschrieben, sind diese besonderen Zustände jedoch nicht mit einer Kernemotion zu verbinden, sondern können mit unterschiedlichen Kernemotionen verknüpft sein. Ein Beispiel hierfür ist das Wort „Liebe". Ist Liebe ein Gefühl? Oder gar eine Grundemotion? „Aber ja!" würden sicher wieder die Meisten sagen. Natürlich ist Liebe ein stark emotionaler Begriff, aber keine reine Emotion. Denn Liebe gibt es auf verschiedene Arten – je nachdem, von welcher Kernemotion sie gespeist wird: Es gibt die *Verliebtheit,* die an die Emotion „Genuss" gekoppelt ist. Es gibt den *Liebeskummer,* der mit Schmerz verbunden ist. Es gibt die *Hassliebe,* die in Verbindung mit Wut auftritt und schließlich die *Eifersucht,* die an Angst vor Verlassenwerden gekoppelt ist.

Noch ein weiteres Beispiel: „Gewalt". Die meisten von uns würden Gewalt an Wut, Aggression oder Hass koppeln. Und häufig ist es auch so. Es gibt aber auch Gewalt, die von Genuss gespeist wird – beispielsweise, wenn Menschen auf andere eintreten und dann sagen, sie wollten „nur" ein bisschen Spaß haben. Und die Gewalt, die an Schmerz gebunden ist, und typisch ist bei Vernachlässigung oder Verwahrlosung und letztlich auch Gewalt, die aus Angst entsteht, als eine Art Flucht nach vorn. Ähnlich ist es mit anderen Begriffen wie „Nervosität", die von Wut (Ich werde noch wahnsinnig!) oder von Angst (Ich bin schwer irritiert!) getriggert sein kann oder „Entspannung", die von manchen als genussvoll, von anderen als Abwesenheit von Schmerz, Angst oder Wut beschrieben wird.

Unser geläufiger Begriff „Gefühl" repräsentiert also verschiedene Zusammenhänge:

1. das kinästhetische Gefühl
2. ein emotionales Erleben im Sinne einer Kernemotion
3. Zustände als Ableitung eines einzelnen Kerngefühls, das an einen Gedanken gekoppelt ist
4. emotionale Zustände, die mit unterschiedlichen Kernemotionen verknüpft sein können

In der zwischenmenschlichen Kommunikation ist es wichtig, diese Unterscheidungen im Dialogprozess nachzuvollziehen. So erkenne ich, welches subjektive Erleben in meinem Gegenüber wirkt und auf welche Weise Empfindungen, Emotionen und Bewusstseinszustände miteinander verknüpft sind.

Vor diesem Hintergrund nutzen wir in Zuhörtrainings das sogenannte Emo-Bal-Modell (Schumacher 2013), das der Arbeit mit Emotionen eine klare Struktur verleiht. Hintergrundtheorie liefert das neurolinguistische Programmieren, das auf der Basis des hypnotherapeutischen Ansatzes die Veränderung von emotionalen Zuständen ins Zentrum der Arbeit rückt (Walker 2010). Hier gehört der Unterschied von assoziiertem und dissoziiertem Erleben zu einem wesentlichen Bestandteil, wie auch der Neugier-Erfolgs-Loop, der unter der Frage „Was beflügelt Motivation?" vier maßgebliche Grundzustände beschreibt, die das emotionale Erleben situativ steuern (Dyckhoff und Grochowiak 1996). Diese vier Grundzustände bilden in dem Emo-Bal-Modell eine Schlüsselrolle.

Eine zweite Spur für die Arbeit mit Kernemotionen haben die Untersuchungen von Klaus Scherer (2010, 2011) und seiner *Emotion Research Group* gelegt, die im Bereich der Emotionsforschung am Center for Affective Sciences in Genf wirkt: einerseits, was die grundsätzliche Frage von Emotionen betrifft, aber auch welche emotionalen Zustände interkulturell allgemeingültig auszumachen sind.

Die dritte und maßgebliche Ergänzung basiert auf den Ansätzen der strategischen Kurzpsychotherapie nach Giorgio Nardone, der zusammen mit Paul Watzlawick das Centro di Terapia Strategica (Zentrum für strategische Therapie) gründete.

In seiner Arbeit unterscheidet die Brief Strategic Therapy (Nardone und Watzlawick 2006) die vier Grundemotionen, die in ihrer Wirkung für eine entsprechende Problematik herausgearbeitet werden und so unterschiedlich interveniert werden können (Schumacher 2010; Milanese und Mordazzi 2015). In der folgenden Tabelle sehen Sie eine exemplarische Zuordnung von Gefühlszuständen zu ihren jeweiligen Kernemotionen.

Kernemotion	GENUSS	SCHMERZ	WUT	ANGST
Gefühls-zustand	Spaß Lust Freude Kitzel Sehnsucht Neugier Ektase Vergnügen Glück	Trauer Verstimmung Resignation Melancholie Depression Ernüchterung Enttäuschung Trübsal Frustration	Ärger Zorn Aggressivität Aufgebrachtheit Provokation Moralisierung Aktivität Ausdauer Durchhaltever-mögen	Furcht Sorge Blockade Panik Misstrauen Scham Scheu Lampenfieber Druck

■ Der Zusammenhang von Emotion und Motivation

In der folgenden ◘ Abb. 1.2 haben wir die Kernemotionen kreisförmig angeordnet. Der Hintergrund dafür ist, dass die Kernemotionen mit vier Phasen der Motivationsstrategie von Grochowiak und Diekhoff verknüpft wurden (Schumacher 2013). Die Motivationsfelder beschreiben, dass alles, was wir tun (jedes Engagement, Projekt, Vorhaben oder Ziel), unterschiedliche Phasen durchläuft. Es sind Momente der Neugier, Ernüchterung, Ausdauer und des Erfolgs, die sich in einer kreisförmigen Abfolge darstellen lassen und mit den Kernemotionen kombinierbar sind. Am Anfang steht die Neugier, die unsere Aufmerksamkeit auf etwas richtet. Dieser Phase folgt die Ernüchterung aufgrund von Schwierigkeiten oder Problemen, die auftauchen. Deren

1

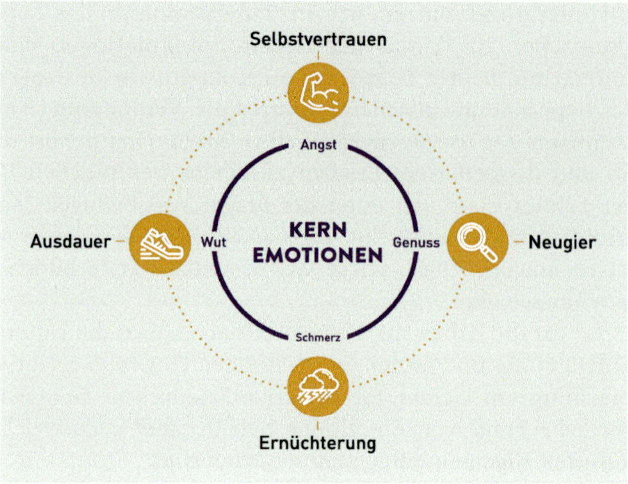

Abb. 1.2 Der Emotionskreislauf

Bewältigung bedarf es einiger Anstrengung und Ausdauer, um sein Engagement zu einem erfolgreichen Ziel – dem Erfolg – zu führen. Der Begriff „Erfolg" wurde in dem EmoBal-Modell durch den Begriff „Selbstwert" ersetzt, weil er mehr den inneren Zustand als die äußere Bewertung umschreibt.

Die ersten drei Verknüpfungen leuchten wahrscheinlich ein: Neugier, Interesse für etwas Neues, Engagement für etwas werden gespeist von Lust oder Genuss. Und wenn der „Träumer" auf Hochtouren ist und sich alles so wunderbar ausgemalt hat, dann tritt Ernüchterung ein, da die Dinge nicht so laufen, wie er es sich vorgestellt hat. Das tut weh, ist schmerzhaft oder macht traurig. Positiv gewendet: Diese Phase erdet, macht bodenständig und hilft angemessen zu planen. Dann folgt die Phase der Ausdauer und des Durchhaltevermögens. Diese wird gespeist von dem Grundgefühl der Wut, denn Wut ist ein Energieträger für Antrieb und Kraft. Wut macht stark und ausdauernd. Und diese Kraft führt zu Selbstbewusstsein und Erfolg.

Jetzt taucht die Frage auf: Wieso steht denn da die Angst? Die führt doch nicht zu mehr Selbstvertrauen! Dieses Grundgefühl ist im Unterschied zu den vorigen komplementär zum Motivator „Selbstwert" – also je *geringer* die Angst, desto höher das Selbstvertrauen und je *größer* die Angst, umso stärker die Scham oder der Zweifel (Vgl. des Zusammenhangs von Angst und Selbstwert: V. Satir 1996).

Die Steuerbarkeit von Gefühlen

Angeregt durch das Anleitungsbuch „Master of your Emotions" der Schweizer Stiftung „Education 4 Peace", (Milton 2017) stellte sich die Frage, wie sich Emotionen in der Kommunikation beeinflussen lassen und ob sie über das eigene subjektive Erleben reguliert werden können. Dazu unterscheiden wir in zweierlei Hinsicht:

1. Ist das emotionale Empfinden eher dissoziiert oder assoziiert?
2. Wird das emotionale Erleben angemessen oder eher übersteuert oder untersteuert erlebt?

Im ersten Fall der assoziierten oder dissoziierten Wahrnehmung gilt diese Unterscheidung für alle Gefühle gleichermaßen. Wenn ich von meinen Gefühlen dissoziiert bin, weiß ich zwar wie ich mich fühle, ich spüre es aber nicht. Wenn ich assoziiert bin in meinem Gefühl, erlebe ich es auch körperlich. Sie können das in einem Experiment ausprobieren: Denken Sie an eine Situation, in der Sie ein intensives positives Erlebnis hatten und stellen Sie sich die Erinnerung in der Originalsituation vor – also Sie stecken in der Erinnerung in Ihrer Haut und sehen alles um sich herum. Wie empfinden Sie die Situation? Und nun stellen Sie sich bitte vor, dass Sie die Situation in der Weise erinnern, als hätten Sie sich in der Situation beobachtet oder Ihren eigenen Fotografen mit dabeigehabt. Sie sehen sich also auf einem Bild in der Situation selbst. Wie erleben Sie nun die Situation in Bezug auf Ihre Emotionen? Assoziiert und dissoziiert macht einen Unterschied zwischen Spüren und Nichtspüren. Wenn ich mich beispielsweise an eine Siegerehrung nach einem Sportwettbewerb erinnere, fühle ich bei der assoziierten Erinnerung die Freude nach vollbrachter Leitung in mir hochsteigen, während ich bei dissoziierter Erinnerung „nur" weiß, dass ich dort Freude erlebt habe. Assoziiert fühle ich die Freude im ganzen Körper, dissoziiert sehe ich sie mir an bei der Betrachtung meines Gesichtsausdrucks und meiner Körperhaltung. Idealerweise sind wir Menschen in der Lage, beide Zustände unterschiedlich verarbeiten zu können. Das hilft uns, problematische Situationen eher dissoziiert und schöne Erlebnisse assoziiert zu erleben. Die Fähigkeit von Assoziation und Dissoziation bildet sich auf der gesamten Persönlichkeitsebene ab. Wir alle kennen den Unterschied von Menschen, die sehr emotional erleben. Sie sind häufig spontan, intensiv oder impulsiv und erleben die Gegenwart überwiegend assoziiert. Umgekehrt gibt es Menschen, die tendenziell dissoziiert erleben, indem sie eher ruhig, distanziert oder kontrolliert wirken.

Demgegenüber beschreibt die zweite Regulationsmöglichkeit, Übersteuerung oder Untersteuerung eines Gefühls, die Verhältnismäßigkeit einer Emotion – also ob sie übermäßig stark wirkt oder besonders schwach ausgeprägt ist, immer in ihrem subjektiven Erleben. Wenn ich beispielsweise mit dem Auto an einer Ampel stehe, die gerade auf Grün wechselt, aber mein Vordermann dies nicht bemerkt, weil er mit seinem Handy spielt, würde mein kurzes Hupen meinen emotionalen Impuls des Abfahren-Wollens angemessen zum Ausdruck bringen. Dieser Impuls entstammt dem Kerngefühl der Wut. Das würde spätestens dann deutlich, wenn ich übersteuert reagieren würde – etwa durch langanhaltendes Hupen und gleichzeitiges lautes Fluchen im Auto. Wäre ich dagegen aggressionsgehemmt, würde ich geduldig auf den Vordermann warten, auch wenn ich eventuell in Kauf nehmen müsste, dass die Ampel wieder auf Rot springt. Das wäre dann eine situative Untersteuerung meiner Wut.

■ Krisenfelder des emotionalen Erlebens

Das Modell der Kernemotionen in Verbindung mit den Motivationsphasen ist in der Lage, die Konstruktion der Problematik zu erfassen und dabei die beteiligten Grundgefühle zu entdecken sowie fehlende Ressourcen zu ermitteln. In dem Modell lassen sich vier doppelte Krisenfelder beschreiben, in denen Menschen sich blockieren können. Die Blockaden können aus einer *Untersteuerung* oder *Übersteuerung* einer emotionalen Phase herrühren, wie es in der folgenden ◘ Abb. 1.3 schematisch dargestellt ist:

Beginnen wir bei dem

1

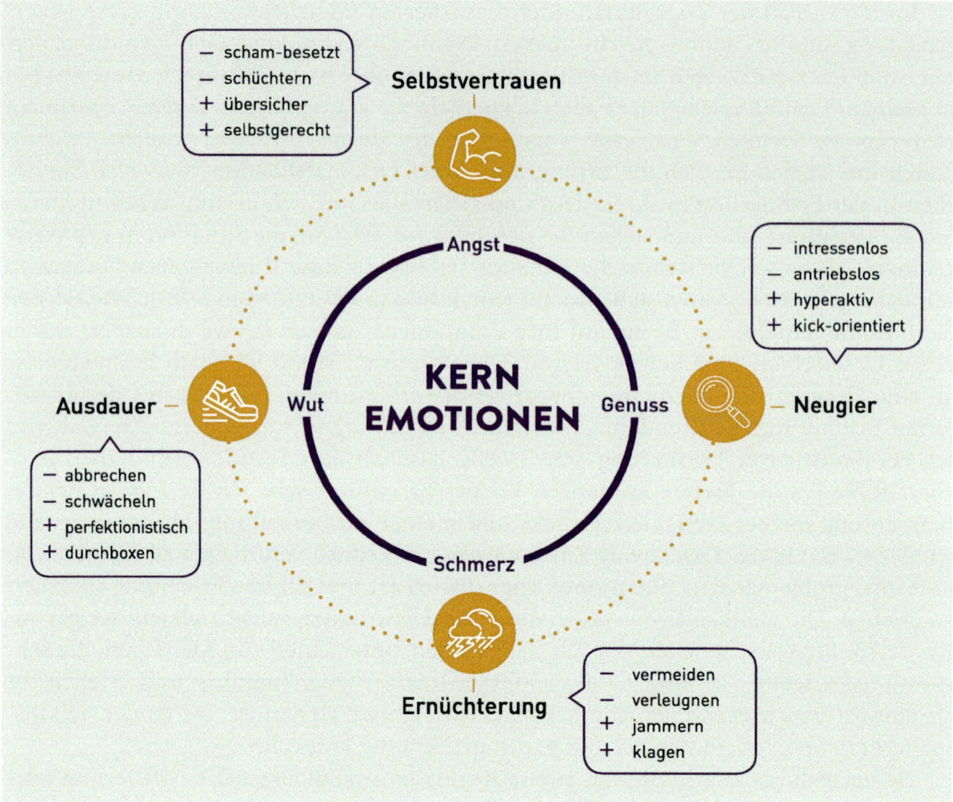

Abb. 1.3 Das Emotions-Balance-Modell

1. *Genuss* und der Neugier: Menschen, die ihre Neugier und damit ihren Genuss übersteuern, vermeiden oft die Ernüchterungsphasen und sind in Gefahr, in Abhängigkeiten zu geraten, die immer wieder neuen und größeren Genuss hervorrufen sollen. Beispielsweise Menschen, die immer einen besonderen Kick oder Kitzel brauchen. Sie neigen zu Extremen im körperlichen Erleben bzw. starkem sinnlichen Erleben. Solche Menschen sind häufig kreativ und ideenreich und leben ihre Neigung im Radikalen aus. Daraus können sich auch Abhängigkeiten entwickeln: Viele Süchte wie Erlebnissucht, Spielsucht, Kaufsucht, Esssucht, Sexsucht oder Substanzmissbrauch sind häufig Basis eines übersteuerten Genussverlangens bei gleichzeitiger Untersteuerung anderer Kernemotionen.
   Umgekehrt ist die Untersteuerung von Neugier häufig geprägt von Langeweile, mangelndem Interesse, Genusslosigkeit oder Antriebsmüdigkeit. Vergnügen oder Genuss sind kaum spürbar, wurden dissoziiert oder wirken wie weggeschlossen. Gewohnheiten und Routinen haben weit höhere Priorität als Neugier oder Interesse an etwas.
2. *Schmerz* und Ernüchterung bringen in ihrer Übersteuerung die Chronifizierung des Leids hervor, erkennbar durch ständiges Jammern und Klagen, Zweifeln und Zaudern, Mäkeln und Maulen. Der Schmerz und die Frustration wirken fast so, als hätten sie Vergnügungscharakter, denn sie werden nicht losgelassen, nicht verarbeitet. Die Gewohnheit, im Schmerz zu verharren, ist wie das Stehen

im Sumpf und es ist immer der Sumpf, der die Schuld an meiner mangelnden Standfestigkeit hat.
Bei der untersteuerten Variante des Schmerzes ist Ernüchterung nicht vorgesehen. Diese Menschen kennen keine Ernüchterungsphasen, sie wollen keine Probleme, sondern Lösungen. Wenn es schmerzhafte Erfahrungen gibt, wird entweder auf die Zähne gebissen (Wut) oder ein Witz gerissen (Genuss). Viel zu groß ist die Sorge, dass Schmerz ein Kennzeichen von Verwundbarkeit ist. Und während sich die Übersteuerten die Wunden lecken, glauben die Untersteuerten Wunden ignorieren zu können – eine Art Schmerz-Vermeidungs-Trance, die jeden angemessenen Umgang verhindert und damit die Natürlichkeit von Verwundbarkeit ausblendet.

3. Menschen, die *Wut* und Ausdauer untersteuern, halten häufig Belastungen nicht stand. Sie haben wenig Energie, die Batterien sind schnell leer. Aktivitäten und Projekte werden dann kurz vor Schluss abgebrochen oder laufen nur noch missmutig vor sich hin. Irgendwie hat es dann doch nicht geklappt – schade! Konfliktvermeidung und mangelnde Konfrontationsfähigkeit sind häufig Begleiterscheinungen des Problems.
Bei der übersteuerten Wut taucht das Bild vom Rennen im Hamsterrad auf. Menschen, die kämpfen und durchhalten, ewig Ausdauer und Energie haben, aber sie können sich nicht entspannen. Nach innen gerichtet ist dort häufig der Hang zum Perfektionismus zu finden, Verbissenheit oder ein nie enden wollendes Engagement, bei dem das eigentliche Ziel zunehmend aus dem Blick gerät. Nach außen gerichtete übersteuerte Wut befindet sich immer im Kampf gegen jemanden oder etwas. Es gibt ein Übermaß an Energie, die an anderenabgeleitet wird und hohes Konfliktpotential beinhaltet. Es wird meistens gegeneinander und nicht miteinander gearbeitet.
4. Erfolg und *Selbstvertrauen* als Gegenspieler der Angst wird von Menschen untersteuert, die sich selbst zu sehr in den Hintergrund stellen. Wenn es um den Erfolg geht, kommen sie selbst häufig kaum noch vor. Erfolgreich war dann vielleicht das Team, der Sponsor, die Chefin, die Freundin, der Ehemann ohne die das Ganze sicherlich gescheitert wäre. Im Mittelpunkt zu stehen, ist für diese Menschen peinlich und wird vermieden. Applaus versetzt in Scham und wird „abgewinkt". Damit fallen auch die wichtige Entspannung, Genugtuung und Erholung aus.Denn um der Scham zu entgehen, flüchten sie sich schnellstens in die nächste interessante Aufgabe und entrinnen so dem so gefürchteten Selbstwert, der von untersteuerten Erfolgsmenschen zumeist mit Selbstherrlichkeit oder Egoismus verwechselt wird. Und da sind wir auch gleich bei denen, die Erfolg übersteuern und damit ihr Selbstbewusstsein. Bar jeder Angst, Scham oder Peinlichkeit stellen sie ihr eigenes Mittelmaß zur Schau oder präsentieren ihre Inkompetenz als preisverdächtig. Kritik wird mit Leichtigkeit abgeschmettert und mit Hilfe des Egos abgeschirmt. Selbstzweifel oder Beschämung sind in dem Vokabular jener Zeitgenossen ein Fremdwort. Die hier beschriebenen Über- oder Untersteuerungsfelder zeigen, dass menschliche Krisen und Problemsituationen bei Weitem nicht immer im Bereich der Ernüchterung, Frustration oder Enttäuschung liegen, sondern ihren Ankerpunkt an ganz anderer Stelle haben können. Und das hat wiederum damit zu tun, wie ich in der Lage bin, die zugehörige Kernemotion zu steuern bzw. zu verarbeiten. Umgekehrt kann meine emotionale Kompetenz als Ressource oder meine emotionale Unsicherheit bzw. Unausgewogenheit Ursprung immer wiederkehrender Krisen und Blockaden sein.

1

Das ABC der Gefühle

Auf der Basis der vier Grundemotionen lässt sich nun für die praktische Arbeit eine Art „ABC der Gefühle" ableiten, was wir in der praktischen Arbeit als Hintergrundfolie nutzen:

Neugier

- hat als Grundgefühl den Genuss
- ist als Ressource ein brillanter Lernzustand
- hat als Störung unterschiedlichste Formen von Abhängigkeiten
- braucht man, um sich nicht freudlos zu fühlen
- wirkt, wenn sie übertrieben wird, getrieben oder manisch

Ernüchterung

- hat als Grundgefühl den Schmerz
- ist als Ressource ein nützlicher Zustand, um Abstand zu nehmen oder sich zu erden
- hat als Störung unterschiedliche Formen der Depression
- wenn sie fehlt, leidet man unter Bezugs- und Beziehungslosigkeit
- wenn es zu viel davon gibt, ist man frustriert.

Ausdauer

- hat als Grundgefühl die Wut
- ist als Ressource die Fähigkeit, aktiv und energievoll zu sein
- als Störung findet man häufig Gewalttätigkeit
- wenn sie nicht zur Verfügung steht, ist man kraft- und antriebslos
- wenn man zu viel davon besitzt, fühlt man sich rastlos oder besessen.

Selbstvertrauen

- hat als komplementäres Grundgefühl die Angst
- zeigt sich als Ressource als faire kooperative Selbstbehauptung
- als Störung finden sich oft Panik- oder Angststörungen.
- wenn die Balance fehlt, empfindet man oft Scham oder Scheu
- bei Überzeichnung findet man häufig Empfindungslosigkeit.

▪ Interventionsfenster

In dem letzten Abschnitt begegnen wir möglichen Einwänden und Fragen, wie: „Aber man kann doch nicht sagen, dass Probleme immer nur an einer Emotion hängen oder mit einem Gefühl verknüpft sind. Oft sind doch viele Gefühle im Spiel geradezu ein *Gefühlschaos*". Dieser Einwand ist berechtigt. Zugleich gibt es erfahrungsgemäß eine Art „Hierarchie der Gefühle" im Sinne von: Welches Gefühl ist maßgeblich beteiligt an der situativen Blockade? Welches Grundgefühl braucht vornehmlich Aufmerksamkeit? Wie sind mehrere Emotionen an einer Situation beteiligt und in welcher Beziehung stehen sie untereinander? Das gilt es herauszufinden und einzuordnen, um das subjektive Erleben eines Menschen zu erfassen. Zwei Beispiele aus der TelefonSeelsorge mögen das verdeutlichen:

Während eines Telefongesprächs thematisiert eine Frau ihre Enttäuschung über ihren Mann, der sich nie um die Kinder kümmert. Immer sei sie zuständig! Dabei wirkt ihre Atmung bebend und ihre Stimme ist voller Groll und laut. In diesem Zustand verharrend berichtet sie, dass ihr Mann in solchen Situationen immer regungslos da säße. 1. Untersuchungsfrage: „Sind Sie vor allem *wütend* über Ihre Situation oder macht Sie das in erster Linie *traurig*?" Sie vehement: „Beides natürlich, ich bin *stinksauer* und *enttäuscht*. Er schweigt immer zu allem!" 2. Untersuchungsfrage: „Wenn Sie einen Moment alleine sind zuhause ohne Mann oder Kinder, spüren Sie dann eher eine *Traurigkeit* über Ihre Ehe aufsteigen oder haben Sie *Wutbilder* im Kopf?" Sie abwehrend: „Ich versuche solche Situationen zu vermeiden. Wenn ich da länger drüber nachdenken würde, wüsste ich gar nicht, wo das hinführen würde." 1. Nachfrage: „Sie meinen, wie tief Sie das in die *Trauer* führen würde?" Ihre Stimme wird dünnhäutig und zittrig. 2. Nachfrage: „Kennt Ihr Mann eigentlich die Traurigkeit, die Sie in sich tragen oder kennt er nur Ihre Wut über die Situation?" Sie, überrascht: „Darüber habe ich mir noch nie Gedanken gemacht."

Arbeitshypothese: Die Wut hat die Funktion der Selbstverteidigung, bei Schmerz befürchtet sie Kontrollverlust. Der Schmerz braucht aber Raum, um auf Dauer der Verbitterung vorzubeugen. Wahrscheinlich kennt der Ehemann ihren Schmerz gar nicht. Könnte er einüben, Empathie für ihren Schmerz zu teilen, statt sich vor der Wut zu schützen, würde das die Beziehung stärken. Beiden fehlt das Grundgefühl Genuss, das vermutlich wieder – zunächst im Gewandt der Erleichterung – Raum gewinnt, wenn sie ihrer Trauer Raum gibt und er seine Angst vor Verletzung überwindet. Die Interventionen lägen entsprechend bei Angst und Schmerz. Ihre vordergründige Wut ist tendenziell das Ersatzgefühl für ihre Traurigkeit.

Ein zweites Beispiel aus der Chatbegleitung: Ein Chatter thematisiert eine Hoffnungslosigkeit und Unfähigkeit, dem eigenen Leben eine Bedeutung zu geben. Die erste Untersuchungsfrage lautete: „Spüren Sie diese Hoffnungslosigkeit, weil Sie sich so in Ihrem *Schmerz* und Ihrer Lebensenttäuschung gefangen sehen oder weil es Ihnen nicht mehr gelingt, Fröhlichkeit, Vergnügliches oder *Genussvolles* zu entdecken?" Der Klient antwortete: „Wo sollte ich denn etwas *Genussvolles* entdecken, so wie ich lebe?" Nächste Untersuchungsfrage: „Finden Sie keine Lebensfreude mehr aus *Angst* vor Enttäuschung oder weil Sie keine Lebenskraft und Energie mehr verspüren (*Wut*)?" Und der Klient antwortete: „Ja, meistens bin ich enttäuscht, wenn es dann wieder nichts wird". Und die nächste Untersuchungsfrage: „Sie schützen sich also vor einer neuen Enttäuschung. Ist dieser Schutz nötig, weil Sie *Angst* haben, wieder zu scheitern oder weil es so *weh* tut, wenn die Enttäuschung kommt?" Klient: „Ich habe schon seit Jahren das Gefühl, auf der *Bremse* zu stehen, ja, ich glaube aus *Angst,* wieder enttäuscht zu werden."

Arbeitshypothese: Es scheint eine Angst vor Schmerz zu geben, die Genuss verhindert. Wut ist praktisch kein Thema. Was der Klient aber ständig präsent hat, ist sein Schmerz. Dessen ist er zwar überdrüssig, aber er hat ihn präsent. Es geht also nicht ursächlich um Schmerzvermeidung, sondern um Angstvermeidung. Erst der Umgang mit der Angst würde neue Erfahrungen und Bewertungen ermöglichen. Dazu braucht es die Fähigkeit zur Wut als Energieträger. Es müsste gegen die Angst interveniert und die Wutwahrnehmung bzw. Wutkompetenz gefördert werden.

Die Beachtung der emotionalen Zustände ist das, was das ABC der Gefühle vermitteln will. Hier geht es nur zweitrangig um die Inhalte des Problems, um die spezifische Situation oder beteiligte Personen. Diese Zusammenhänge werden erst hinzugezogen, wenn die zugehörigen emotionalen Zustände erarbeitet werden. Unsere Erfahrung dieser Vorgehensweise ist, dass Chatter und Anruferinnen sich schnell verstanden fühlen. Sie beginnen, sich mit ihrem subjektiven Erleben auseinanderzusetzen und es werden weniger äußere Faktoren wie Erklärungen, Begründungen oder Rechtfertigungen geäußert. Chatter und Anruferinnen haben das Empfinden, dass es wirklich um sie geht, um ihr Erleben! Das signalisiert Wertschätzung und trägt zu emotionaler Entlastung bei.

Aus diesen beiden geschilderten Fällen zeigt sich, dass je nach beteiligter Kernemotion unterschiedlich interveniert werden muss. Die Interventionen zielen darauf ab, die emotionale Über- oder Untersteuerung aufzubrechen und Lernen jenseits der emotionalen Blockade zu ermöglichen. Da emotionale Reaktionen häufig fest gebahnten „neuronalen Pfaden" gleichen, muss man sich paradoxer Interventionen bedienen. Emotionales Umlernen funktioniert am ehesten durch strategisch verändertes Handeln. Diese Interventionsformen möchten wir zum Abschluss dieses Kapitels noch genauer beschreiben und durch sogenannte Strategeme ergänzen, die das Grundprinzip der Intervention metaphorisch darstellen.

Anmerkung: „Strategeme" finden in der strategischen Therapie Anwendung, um hartnäckige Verhaltensweisen oder Widerstände paradox zu intervenieren. Sie sind hergeleitet aus Strategien chinesischer Kampfkunst in Gestalt von Sprachformeln und werden in kommunikationspsychologische Interventionen umgewandelt (von Senger 2013. Die Klaviatur der 36 Strategeme. In Gegensätzen denken können).

■ Intervention bei Genuss

Bei Genuss gibt es generell nur die Notwendigkeit zu intervenieren, wenn Genuss zu einer Last wird oder sich eine „Vergnügungsstörung" entwickelt hat. Zum Beispiel lästige Angewohnheiten (Fressanfälle, Kaufrausch, übermäßiges, kaum steuerbares Genussempfinden) oder massive Süchte. Aber wie kann man der Lust auf Genuss beikommen oder sie regulieren? In seltensten Fällen durch Repression, Druck oder Zwang, d. h. Genuss lässt sich nicht mit Angst bekämpfen – auch wenn das in der Alltagspraxis und in der Erziehung häufig versucht wird. Dem Kind die Freude an Süßigkeiten zu vermiesen mit der Androhung von Karies und Zahnarzt, hilft in den seltensten Fällen. Die warnenden Aufkleber auf Zigarettenschachteln oder die Autobahnmahnschilder von verunglückten Verkehrsteilnehmern halten Raucherinnen und Raser nicht wirklich von ihrem Genuss ab und wenn, dann nur kurzfristig. Die meisten kennen das: Wir kommen an einer Unfallstelle auf der Autobahn vorüber. Unsere Muskeln und Nerven ziehen sich beim Anblick zusammen. Hinter der Unfallstelle fahren wir vorsichtig weiter. Bis wir auf die Uhr sehen und uns erinnern, dass wir pünktlich zuhause sein wollten. Dann stellen wir fest, dass es inzwischen viel leerer auf der Autobahn geworden ist und langsam geben wir wieder Gas. – natürlich nur aus Lust am Schnellfahren!

Genuss kann entweder durch einen anderen Genuss ersetzt werden oder durch Ekel – also die Verkehrung ins Gegenteil. Auch hier müssen wieder die Raucher mit einem Beispiel herhalten, wenn der Anlass des Rauchens der Genuss war: Raucher, die nach der Entwöhnung merken, dass sie wieder differenzierter riechen und schmecken können und beim Treppensteigen weniger nach Luft schnappen, gelingt es leichter, ihren verlorenen Genuss aufs Kochen, das Naturerleben oder den Sport zu richten und so wieder dauerhaft alternativen Genuss zu generieren. Das zugehörige Strategem lautet: *Sich stets ändern, immer gleichbleibend.*

Raucherinnen, die ihre Neigung in Ekel verwandelt haben, sind jene, die plötzlich am intolerantesten auf andere Raucher reagieren und bereits bei dem geringsten

Geruch von kaltem Rauch in Kleidung oder Räumen eine Übelkeit entwickeln. Hier wirkt das Strategem: *„Kreisförmig gegen linear"* oder: *„Die Schlange mit dem eigenen Gift töten"*.

Eine dritte Intervention, dem Genuss seinen Reiz zu entziehen, entspringt dem Strategem: *„Den Feind auf den Dachboden klettern lassen und dann die Leiter wegziehen"* und folgt dem Prinzip der Kontrolle. Bei dieser Intervention könnte es beispielsweise darum gehen, dass man sich einen vorab geplanten (z. B. durch feste Uhrzeiten) und dadurch kontrollierten Genuss gönnt, um dann zu merken, dass man eigentlich auch darauf verzichten könnte, z. B.: „Heute um 17.30 Uhr nach getaner Arbeit hole ich mir den Schokoriegel aus der Schublade". Das Prinzip hierbei heißt: *Das Nicht-Gegönnte wird unverzichtbar, während das verzichtbar ist, was man sich gönnt.*

▪ Intervention bei Schmerz

Seelisches Schmerzempfinden hat viele Facetten, die im Zusammenhang mit Leid, Trauer oder Verletzung stehen aber auch mit Ernüchterung, Enttäuschung oder Frustration. Schmerz braucht vom Grundprinzip Empathie und Annahme, Wertschätzung und Aufmerksamkeit, damit er sich auflöst bzw. verflüchtigt. Schmerz darf nicht dissoziiert oder durch Genuss ersetzt werden. Beides mündet langfristig in Verbitterung oder Zynismus. Im Bild gesprochen ist Schmerz wie ein Flussbett, das durchwatet werden muss, um am anderen Ende den Weg wieder aufnehmen zu können. Hilfreich für die Schmerzverarbeitung ist, wenn Menschen einen Ort für ihren Schmerz erhalten und feste Zeiten der Trauer. Dann bekommt der Schmerz einen Rahmen, in dem er eine Aufmerksamkeit bekommt, um sich dann nach und nach zu wandeln. Das ist der Sinn von Trauergruppen, von Trauerorten, von Trauerzeiten. Auch der stille Ort, das Niederschreiben oder spirituelle Rituale können Empathieerfahrungen für Schmerz sein. Die paradoxen Wirkweisen in Form der Strategeme sind hier: *„Siegen ohne zu kämpfen"*: die bewusste Entscheidung, sich in den Schmerz „fallen" zu lassen bzw. ihm keinen Widerstand zu leisten. Umso intensiver der Schmerz, desto schneller werden wir ihn kontrollieren und überwinden können. *„Willst du etwas entzerren, lerne zuerst, wie man es verdreht"* ist ein weiteres Strategem, das jene Paradoxie beinhaltet. Sich alle Schmerzen vorstellen, die man erleiden würde, wenn man die Kraft nicht aufbringt, weiterzumachen. Der Gedanke an einen schlimmeren Schmerz ermöglicht es, den aktuellen leichter zu ertragen. In der Kommunikation mit Klagenden, die viel Frustration und Enttäuschung kundtun, bedeutet „siegen ohne zu kämpfen", dass ich tunlichst vermeide, schnell mit positiven, erleichternden, wohlgemeinten Beiträgen oder gar Gegenargumenten zu kommen. Ich muss die Klage akzeptieren und darüber Mitgefühl äußern und Wertschätzung zeigen, was der Chatter oder die Anruferin alles ertragen kann.

▪ Intervention bei Wut

Wut lässt sich weder deckeln noch unterdrücken. Wird dies auf Dauer versucht, bricht sie hervor oder tritt unterschwellig in Erscheinung: „Vergorene Wut" beispielsweise tritt häufig als Moral zum Vorschein. Moralisierende Beiträge wirken häufig als Enttäuschungs- oder Frustrationsbeiträge, sind aber nicht „schmerzbasiert", sondern „passiv-aggressiv", d. h. in der Moral steckt die unausgesprochene oder ungelebte Wut, die ihr Ventil über das „Recht haben" oder „besser sein" sucht. Im Gegensatz zu

Schmerz macht es allerdings keinen Sinn, der Wut freien Lauf zu lassen. Dies führt nicht selten zu Eskalationsspiralen und setzt Interaktionsprozesse außer Kontrolle. Eskalierende Wut wird entweder durch „Mitmachen“ provoziert, also einem Gegenüber, der die Wut durch eigenes Wutgebaren immer mehr verstärk, oder durch „Vermeiden“, indem das Gegenüber schnellstmöglich rationalisiert oder beschwichtigt. Dies wird den Wütenden nur noch mehr auf die Palme bringen. Ersteres wird auch als symmetrische, zweites als asymmetrische Eskalation bezeichnet (Watzlawick et al. 2017). Die Interventionskategorie bei Wut ist das Kanalisieren. Wut braucht einen kontrollierten Abfluss oder einen Kanal, in dem sie zielgerichtet aber verletzungsfrei entweichen kann und darf. Praktische Verhaltensstrategien für Wut sind das Niederschreiben der Wut, das Austoben der Wut in Form von Sport und Bewegung, das Visualisieren von Wut in (inneren) Filmen, Drehbüchern und künstlerischer Arbeit, sowie die Kanalisierung von Wut hin zu Genuss, wie es in Humor, Ironie oder Satire geschieht. Das paradoxe Strategem als Interventionsfeld ist hierbei: *„Die Schlange mit dem eigenen Gift töten“*: Die Wut wird kurzfristig verwendet, um eine aggressive Reaktion zu blockieren, die durch die Wut selbst entsteht: Die Stärke, die deine Wut und Aggressivität inszeniert, zeigt eigentlich die offensichtliche Schwäche dieses Verhaltens. Eine andere Intervention ist möglich, indem man Chattende und Anrufende auffordert, in den ersten zehn Minuten alles auf den Tisch zu legen, was ihn oder sie ärgert, frustriert oder auf die Palme bringt, um Dampf abzulassen. Erst danach wird sortiert, worum es sachlich geht und was das Thema des weiteren Gesprächs sein soll *„Leere erzeugen, um Fülle zu schaffen“*. Die Zuführung der Wut lässt sie dann schadenfrei abfließen durch Kanalisieren.

▪ Intervention bei Angst

Bei Angst gibt es drei unterschiedliche Interventionsformen. Die erste ist die Dissoziation, d. h. die Ablenkung oder Abspaltung von der Angst. Ablenkung geschieht in der Form, dass die Aufmerksamkeit auf etwas Anderes gerichtet wird. Aus der Hypnotherapie wurden hier einige Methoden modelliert (Bandler und Grinder 1994). Die visuell-kinästhetische Dissoziation (d. h. die Trennung von visueller Vorstellung und körperlichem Erleben) wird vielfach auch im NLP genutzt, um Angst zu reduzieren (Bandler 1995). Beide Vorgehensweisen erreichen, dass Angst als solche nicht mehr wahrgenommen wird und andere Emotionen in die Situation hineingenommen werden können. Das Strategem hierzu lautet: *„Das Meer durchsegeln, ohne auf die Sterne zu achten“*. Die Aufmerksamkeit wird auf etwas anderes verlagert. Im entscheidenden Moment wird so die Angst „vergessen“.

Alternativ kann man auch intervenieren, indem man eine angenommene größere Angst über die vorhandene Angst stülpt. Das Strategem dazu heißt: *„Das Wasser trüben, um die Fische hochkommen zu lassen“*. Diese Intervention übertreibt zunächst die vorhandene Angst massiv, um sie dann zu relativieren und macht sie so beherrschbarer oder reflektierbarer. Als Beispiel sei hierzu die Prüfungsangst eines Studenten angeführt, der zum zweiten Mal nicht den Prüfungsraum betreten konnte. Er wird mit der Angst vor Arbeitslosigkeit und massivem sozialem Abstieg so überhöht, dass demgegenüber die Prüfungsangst zunehmend als geringeres Übel gesehen wird. Diese Methode funktioniert auch bei Redeangst vor Gruppen.

Als strategisch dritte Variante kann man *„Holz auflegen, um das Feuer zu löschen“*: Die Angst wird in einer Art alltäglichem, zeitlich eingeschränktem Ritual bewusst und freiwillig übertrieben. Die Technik „The worst case" (Was könnte ich mir noch Schlimmeres vorstellen als das, wovor ich mich jetzt schon fürchte?) ermöglicht es, die Angst „zu berühren" und lässt sie dann paradoxerweise verschwinden – denn: *Geister, vor denen man sich fürchtet, fliehen, wenn man sie berührt!*

1.6 Strategische Kommunikation – Zutaten für Gegengifte bei Kommunikationsschurkerei

Das dritte Kapitel befasst sich mit dem Phänomen der Kommunikationsschurkerei. Kommunikationsschurken sind Gesprächspartnerinnen und Gesprächspartner, die den Dialog vergiften, d. h. der Dialog selbst wird zur Herausforderung, weil er keinen Rapport erzeugt, sondern sich anstrengend, energieraubend, ermüdend oder verwirrend gestaltet. Um Kommunikationsgifte „unschädlich" zu machen, reicht jedoch weder gutes Zuhören noch eine wertschätzende Haltung aus. Es braucht eine zusätzliche Kommunikationskompetenz, die wir in diesem Kapitel als eine weitere Grundlage vorstellen wollen: die strategische Kommunikation.

Die Gegenmittel für giftige Kommunikation sind strategisch-paradoxe Interventionen. Sie werden entwickelt aus der genauen Analyse und Funktionsweise des Kommunikationsgiftes um sie dann auszuhebeln. Dazu ist es nötig, ein paar grundsätzliche Gedanken und Vorannahmen zu beschreiben und zu benennen, welche Analysemethoden zum Tragen kommen. Die grundsätzlichen Vorüberlegungen umfassen die Problemanalyse von Situationen, die Relativität von Wirklichkeit in der Kommunikation, die Struktur der versuchten Lösungswege, die vorhandenen Widerstände, die emotionalen Zustände sowie mögliche paradoxe Interventionsfelder. Wir werden dies nun im Einzelnen durchgehen.

▪ Problemanalyse

» Ein Problem ist ein auf dem Kopf stehendes Ziel (Clive Ruben).

Zunächst stellen sich die Fragen: Was ist ein Problem und wie entstehen Problemlösungsstrategien? Im Ursprung sind Probleme Schwierigkeiten. Schwierigkeiten sind Situationen, für die ich eine Lösung brauche. Nun kann es passieren, dass ich keine nützliche Lösung finde, sondern ständig Lösungsversuche anwende, die jedoch die Schwierigkeit erhalten anstatt sie zu überwinden. Da ich keine alternative Lösung zur Verfügung habe, wende ich weiter die versuchte Lösung an, in der Hoffnung, dass sie etwas bewirkt. So wird eine Schwierigkeit zum Problem. Das Problem ist, dass mein Lösungsversuch meine Schwierigkeit manifestiert. Als Beispiel lässt sich der verlorene Autoschlüssel anführen: „Wo habe ich ihn nur liegen lassen?" Ich beginne zu suchen und zu suchen und finde ihn nicht. Da ich keine neue Idee habe, wo ich noch suchen könnte, suche ich immer wieder die gleichen Stellen ab in der Hoffnung, dass ich ihn doch dort finde. Das nennt man eine „versuchte Lösung" (Watzlawick 1983)! Das Problem, das entsteht, ist, dass die Wahrscheinlichkeit, den Schlüssel zu finden, durch die wiederholte Suchstrategie immer geringer wird (und immer frustrierender).

Im übertragenen Sinne sind Kommunikationsschurken, die immer wieder einen toxischen Kommunikationsstil anwenden, Menschen, die mit diesem Verhalten sich eine versuchte Lösung angewöhnt haben und kaum noch anders reagieren können als

„Gift auszusondern“. Eine Besserwisserin hat vielleicht in ihrem Leben vernommen, dass sie nur dann akzeptiert, geliebt und willkommen ist, wenn sie etwas Wichtiges oder Perfektes beitragen kann. Vereinfacht gesagt kann eine versuchte Lösung darin bestehen, immer wenn es darum geht, Anerkennung zu bekommen oder innere Sicherheit zu gewinnen, sie geneigt ist, besonders schlau, perfekt, schnell, wirksam oder hilfreich zu sein. Ob es der Situation angemessen oder unzuträglich ist, spielt keine Rolle mehr. Die Transaktionsanalyse (Stewart und Joines 1990) hat solche Verhaltensmotive als „innere Antreiber“ bezeichnet. Die häufigsten inneren Antreiber, sind: „Sei perfekt! Mach es allen recht! Sei stark! Mach schnell! Streng dich an!“ Der uns wohl bekannteste Alltagsspruch, den wir sowohl von anderen zu hören bekommen als uns auch innerlich aufsagen und der unsere Antreiber alarmiert und zu Höchstleistungen anstiftet, ist: „Reiß dich zusammen!“. Versuchte Lösungen entstehen also aus der Not, etwas gut und richtig zu machen, um anderen zu gefallen.

Wir, die wir den Kommunikationsschurkinnen und -schurken begegnen, reagieren ebenfalls mit versuchten Lösungen, um dem Kommunikationsgift zu entfliehen. Auch hier versuchen wir immer wieder das gleiche Muster, die gleiche versuchte Lösung, um der toxischen Wirkung Einhalt zu gebieten – also auch, wenn es nicht funktioniert.

Die Kunst, toxische Kommunikationsstile zu durchbrechen, braucht andere, der klassischen Logik unzugängliche Lösungen. Das lässt sich durch paradoxe Intervention erreichen, die wir weiter unten erläutern werden und die in den Schilderungen der Kommunikationsschurken Anwendung finden. Dazu müssen wir uns nun noch die Bausteine ansehen, die für die Entwicklung von paradoxen Interventionen wichtig sind.

■ Die Relativität von Wahrheit und Wirklichkeit

» Wahrheit ist die Erfindung eines Lügners (Heinz von Foerster).

Der erste Baustein ist das Axiom der Relativität von Wirklichkeit. Es ist das wichtigste Axiom, um Kommunikation zu beeinflussen. Es bedeutet, dass Wahrheit nicht absolut vermittelt werden kann; denn von jeder Wahrheit ist das Gegenteil ebenso wahr (Hesse 1970). Recht haben gilt nicht und hilft nicht! Und das ist bereits die größte aller Paradoxien in der Kommunikation! Alles, was wir sprachlich und erkenntnistheoretisch erfassen, unterliegt einer „Selbsttäuschung“. Vertreter des Konstruktivismus bezeichnen dies als Konstruktion von Wirklichkeit (Watzlawick 1983). Wir können demnach niemals objektiv die Realität erfassen, sondern nur unter den Bedingungen der persönlichen Ausrichtung (Herkunft, Prägung, Lerngewohnheiten, Wahrnehmungsstrukturen, Glaubenssätze). Veränderung oder Problemlösung besteht nicht darin, dass wir neue Welten oder Kontinente entdecken, sondern indem wir unsere Augen verändern (Marcel Proust). Als schlichtes Beispiel können Sie sich einen Baum vorstellen. Wir alle wissen, wie ein Baum aussieht, doch jeder hat ein eigenes Bild vor dem inneren Auge: Für den Schreiner ist es eine Holzart, für den Gärtner ein Schattenwerfer, für den Ökologen ein Sauerstofflieferant und für die Kinder eine Klettergelegenheit. Die Wirklichkeit hängt demnach nicht von den Dingen an sich ab, sondern wie ich die Dinge sehe und unter welchen Vorannahmen. Wir Menschen sind durch unsere Fähigkeit, den Dingen eine Bedeutung zu geben, selbst Schöpfer unserer Bedingungen. Glück und Leiden, Funktionalität oder Disfunktionalität im Leben hängen von unserem Geist und seiner Deutung ab. Der Meister der Aphorismen, Georg Christoph Lichtenberg, hat es bereits im 18. Jahrhundert formuliert:

> Jeden Augenblick des Lebens, er falle, aus jeder Hand des Schicksals er wolle, (…) zu dem bestmöglichen zu machen, darin besteht die Kunst des Lebens (DTV Auflage 2005).

Ob Kommunikation giftig ist oder nicht, ob Verhalten dysfunktional ist oder nicht, unterliegt bestimmten Konstruktionsbedingungen des Geistes. Die strategische Kurztherapie (Nardone und Watzlawick 2004) hat für die Veränderung dysfunktionaler Kommunikation Hilfsmittel zur Verfügung gestellt, die wir in diesem Buch nutzen, um in schwierigen Kommunikationssequenzen nützlich zu reagieren. Nützlich bedeutet nicht heilsam, perfekt oder reparierend, sondern nützlich ist eine Intervention dann, wenn sie in der Lage ist, festgefahrene Kommunikationsmuster zu flexibilisieren und neue Interaktionsmöglichkeiten zuzulassen. Für den zwischenmenschlichen Kontakt heißt das, dass wir Menschen nur durch genaues Zuhören und vertiefendes Erfragen erkennen können, wie etwas funktioniert oder sich verhält. Auch paradoxe Interventionen sind maßgeschneidert für mein Gegenüber und dessen Struktur subjektiver Wahrnehmung. Die Strategie muss auf das „Wahrnehmungs-Reaktions-System“ meines Gegenübers passen.

Um wirksame Interventionen bei schwierigen Kommunikationspartnern zu entwerfen, beachten wir in der strategischen Kommunikation nach Milanese und Mordazzi (2015)

1. die Relativität von Wahrheit und Wirklichkeitserkenntnis und identifizieren
2. die Probleme, die sich in der Kommunikation ergeben. Danach
3. analysieren wir das Strickmuster des Problems und
4. die sich wiederholenden Lösungsversuche.
5. Wir prüfen als nächstes, welche Widerstände die Lösungsversuche beinhalten
6. und finden heraus, welche Kernemotionen dem Problem zugrunde liegen.
7. Wir suchen nach Strategemen, die eine nicht erwartete Logik beinhalten.
8. Wir kommunizieren das Strategem in einem neuen Lösungsversuch
9. und überprüfen die Wirkung und Tauglichkeit der neuen Lösung.

Im Folgenden werden wir nun noch die typischen Widerstandsphänomene beschreiben und die Bedeutung, Funktionsweise und Wirkung von Strategemen. Dann haben wir im Grunde alle Zutaten, um der Kommunikationsschurkerei geeignete Abwehr- und Schutzmechanismen entgegenstellen zu können.

■ Widerstandphänomene

> Nur ein Idiot und ein Genie brechen die vom Menschen gemachten Gesetze und sind dabei näher am Herzen Gottes (Khalil Gibran).

Die strategische Kurzzeitpsychotherapie (Nardone) unterscheidet vier Widerstandsarten, die der Veränderung von versuchten Lösungen entgegenwirken oder anders formuliert, die dazu beitragen, dass versuchte Lösungen immer und immer wieder weiterverfolgt werden. Die vier Widerstände orientieren sich im Feld zweier Wirkmechanismen dem

„Können“ – im Sinne kognitiver Ressourcen und mentaler Offenheit – und dem „Wollen“ – im Sinne emotionaler Ressourcen und emotionaler Bereitschaft.

1. Der kooperative Widerstand: Menschen, die einen kooperativen Widerstand „pflegen“ sind auf den ersten Blick verständnisvolle und zugängliche Menschen, die sehr bemüht und motiviert sich ihren Problemen und Schwierigkeiten stellen. Es gibt kognitive Ressourcen und ein Interesse an kommunikativem Austausch.

Die kooperative Widerstandsform ist eigentlich motiviert für Veränderung. Die Person nimmt Rapport auf, ist bemüht, versucht es richtig zu machen. Es wird dabei viel mit Maßstäben und Vergleichen gearbeitet („Andere können das doch auch“). Die Sprache ist häufig rational und logisch und zugleich gefällig bemüht. Das Konstrukt von Wirklichkeit reproduziert jedoch das Problem. Die Person steht gewissermaßen „auf dem Schlauch“. Sie will und könnte ihr Problem lösen, doch irgendwie gelingt es nicht. So sehr sie sich um Veränderung bemüht, umso frustrierter stellt sie fest, dass dies nicht gelingen will. Meistens ist der Grund, dass diese Menschen vom Kopf her alles „verstanden“ haben, ihnen jedoch der emotionale Zugang zu ihrem Problem fehlt. Sie fühlen ihr Problem nicht, sie sind vielleicht frustriert über ihre Unzulänglichkeit, haben jedoch keinen wirklichen Leidensdruck. Als Beispiel sei hier eine Erstanfrage aus der Mailberatung an die TelefonSeelsorge angefügt:

„Guten Tag,

irgendwie verstehe ich es nicht. Jetzt hat mich gestern meine Frau verlassen. Dabei habe ich ihr alles gegeben. Sie hat es bei mir doch so gut gehabt. Es hat ihr an nichts gefehlt. Und trotzdem hat sie von Tag zu Tag mehr an mir auszusetzen gehabt. Und jetzt hat sie die Koffer gepackt uns ist weg. Ich verstehe das nicht. Ich bin ein wirklich guter Mensch und jetzt passiert mir das schon zum dritten Mal, dass mir die Frau abhaut. Ich glaube, ich muss mir doch mal einen anderen Frauentyp suchen und nicht immer Frauen aus Osteuropa. Dabei hätten die es doch so gut bei mir. Können Sie mir erklären, warum Frauen einen verlassen, obwohl sie alles bekommen? Sicher, ich habe auch meine Macken. Aber ich bemühe mich doch immer so, es ihnen recht zu machen. All das hat nichts genützt. Ich verstehe das nicht!“

2. Die blockierte Widerstandsform: Menschen, die blockiert sind, haben keine emotionalen Ressourcen. Wenn man mit ihnen redet, hat man leicht das Gefühl, dass man sie nicht wirklich spürt oder erreicht. Sie sind emotional im Widerstand. Solche Personen wirken wie abgekoppelt. Sie kommen nicht in Kontakt mit den eigenen Empfindungen. Und zugleich steuern die eigenen Empfindungen das Problem. Menschen mit dieser Widerstandsform wollen sich zwar verändern, können es aber nicht. Sie wirken hilflos und merkwürdig distanziert zu ihrer unterschwelligen emotionalen Selbststeuerung. Es gibt keinen direkten Zugang zum Bauchgefühl. Zwischen Kopf und Bauch scheint eine Sperre oder Barriere zu liegen. Die Blockade sitzt dabei häufig im Schmerz, in verstockter Wut oder in Ängsten oder Befürchtungen, die sich als Selbstzweifel offenbaren. Menschen mit dem Schema „Ich will ja, aber kann nicht“ trauen sich häufig nichts zu oder fühlen sich zu schwach, zu belastet. Hierzu ein Beispiel aus der Telefonberatung einer Krisenhotline:

„Guten Tag, entschuldigen Sie, dass ich anrufe, sicherlich gibt es Menschen, die dringlicher Ihre Hilfe benötigen, aber ich fühle mich so sinnlos, so verwirrt. Gerade hat mein Mann das Haus verlassen, nachdem er wieder wegen einer Bagatelle aus der Haut gefahren ist. Das passiert ihm in letzter Zeit öfter und ich weiß gar nicht, was ich dagegen tun kann. Heute ist ihm zum zweiten Mal die Hand ausgerutscht. Ich habe Angst, dass das noch schlimmer wird. Neulich habe ich das meiner besten Freundin

erzählt und die hat geraten, dass ich sofort ausziehen soll, mir eine eigene Wohnung nehmen und ihn anzeigen soll. Aber wie soll ich das alles alleine schaffen? Außerdem bin ich doch selber schuld, dass er immer aus der Haut fährt wegen mir. Aber dann ist er ja auch eigentlich unglücklich mit mir. Aber ausziehen … ja dann bräuchte ich keine Angst mehr vor ihm zu haben, aber diesen Schritt schaffe ich einfach nicht. Ich fühle mich zu schwach und wie soll ich denn alleine das alles schaffen?"

3. Die oppositionelle Widerstandsform: Dazu gehören Menschen, die anders als die blockierten Personen zwar Zugang zu ihren Emotionen haben, jedoch mental blockiert sind. Es fehlt an kognitiven Ressourcen. Er oder sie könnte sich zwar ändern, will es aber nicht. Diese Menschen können also sehr emotional, engagiert und lebendig wirken und zugleich widerständig und unbeugsam.

Menschen mit oppositionellem Widerstand sind häufig sehr kritisch, anklagend und wenig mit sich beschäftigt. Dagegen richtet sich ihr kritisches Augenmerk auf ihr Gegenüber oder ihre Umgebung. Probleme liegen nicht in ihnen selbst sondern kommen zustande durch Umstände oder andere Personen, von denen sie sich abhängig fühlen. Sprachlich gibt es eine Ja-Aber-Struktur: „Ich würde ja gerne, aber…". Probleme und ihre Zusammenhänge werden nicht wirklich untersucht, sondern erklärt, diagnostiziert, behauptet oder umgekehrt grundsätzlich in Frage gestellt:

„Hallo, ich bin vom Pech verfolgt und könnte platzen vor Wut. Vor zwei Jahren hat mich mein Geschäftspartner übers Ohr gehauen und hat das Vermögen unseres Betriebes veruntreut. Da ich keine Rechtschutzversicherung hatte, konnte ich auch nicht gegen ihn klagen. Seitdem bin ich arbeitssuchend und komme nicht mehr auf die Beine, weil mir ständig Knüppel in den Weg gelegt werden. Ich will auf keinen Fall in ein Angestelltenverhältnis, weil früher oder später Vorgesetzte einen rausekeln oder in die Ecke stellen. Das habe ich zu Genüge erlebt in meinem früheren Berufsleben. Aber glauben Sie, man würde mir einen Kredit für einen Neuanfang geben? Weder Banken noch die Arbeitsagentur trauen mit das zu. So wird man hängen gelassen in unserer ach so erfolgreichen Arbeitswelt! Dabei reden sie immer von Eigeninitiative und Ich-AG! Ich habe mir jetzt mal einen neuen Plan gemacht und wollte ihn mit Ihnen besprechen, ob er erfolgversprechend sein kann."

4. Der kognitiv-emotionale Widerstand: Diese Widerstandsform gehört zu den schwierigsten in der Kommunikation, denn hier gibt es weder kognitive, noch emotionale Ressourcen in der „Problemkonstruktion" eines Menschen. Emotionen sind häufig blockiert durch Wut und Misstrauen, gepaart mit Enttäuschung. Zugleich können Menschen mit dieser Widerstandsform nicht kooperieren, weil sie überzeugt sind, dass es nicht geht, eine Falle ist, man enttäuscht oder übers Ohr gehauen wird. Menschen mit dem doppelten Widerstand im Bereich der Emotion und Kognition können nicht **und** wollen nicht. Ursache für diesen massiven Widerstand sind starke Glaubenssysteme, Vorannahmen und Zuschreibungen, die ihre Umgebung als schlecht, gefährlich, hinterhältig oder auch unehrenhaft einstufen. Das Widerstandsphänomen findet man bei einigen psychischen Erkrankungen – zum Beispiel bei psychotischen, paranoiden und bei Menschen mit krankhafter Eifersucht. Aber auch bei Extremisten und Ideologen, Menschen, die starken ideologischen Konzepten und Weltanschauungen verfallen sind. Die Schwierigkeit ist, dass diese Menschen kaum erreichbar sind. Sie sind so abgekoppelt und gefangen in ihrem emotional-kognitiven Wahrnehmungsreaktionssystem, dass sie sprachlich-argumentativ nicht ansprechbar sind. Deshalb sind sie im medienunterstützen Dialog kaum erreichbar. Mit ihnen in Beziehung zu kommen, ist medial schier unmöglich.

Als Beispiel hierzu ein Dialogausschnitt aus einem Gespräch:

Anrufer	„Endlich erreiche ich Sie! Ich habe es schon x-mal versucht und immer war besetzt! Ich dachte schon, Sie hätten mich gesperrt."
Begleiter	„Dann hätten Sie aber nicht das Besetztzeichen gehört, sondern, dass Sie uns momentan nicht erreichen können."
Anrufer	„Ja, Sie haben aber sicher auch noch andere Tricks, um unliebsamen Anrufern wie mir vorzutäuschen, sie seien in der Warteschleife."
Begleiter	„Wieso glauben Sie, dass Sie hier nicht willkommen sind?"
Anrufer	„Weil ich das merke! Ich merke das immer sofort in Gesprächen, wenn ich nicht willkommen bin. Glauben Sie, darin bin ich Experte!"
Begleiter	„Was ist denn der Grund ihres Anrufs?"
Anrufer	„Ich will Ihre Meinung wissen zu diesen sogenannten Flüchtlingen, die sich hier bei uns breitmachen. Aber ich kann mir auch schon denken, dass Sie die auch alle willkommen heißen so wie Sie ja angeblich jedem hier zuhören. Sie sind ja so „nett" zu allen Menschen, Sie Menschenkenner."
Begleiter	„Finden Sie nicht, dass Ihr Tonfall und Ihre Unterstellungen ziemlich anmaßend sind?"
Anrufer	„So anmaßend wie Ihr scheinheiliger und verlogener Dienst, bei dem Sie alle aussperren, die unbequem sind und den Finger in die Wunde legen, so wie ich das jetzt tue. Aber ich werde Ihnen schon noch beweisen, dass ich Recht habe mit meinen sogenannten Unterstellungen!"

▪ Strategeme und Paradoxien

» Die Lösung lauert überall (Bernd Isert).

Strategeme bezeichnen ursprünglich eine Kriegslist, einen Trick oder eine Aktion mit dem Ziel der Beeinflussung. Ihre Wurzeln finden sich in China, wo General Tan Daoji (436) eine Reihe von Strategemen benannte, die bis heute Bestandteil des Allgemeinwissens sind in Form von populären Listen-Geschichten (Senger 2013). Aber auch von dem römischen Politiker Frontius und dem Rhetor Polyänus sind Strategeme überliefert und Arthur Schopenhauer entwickelte eine Dialektik, die mit Strategemen arbeitet (Schopenhauer 1995).

Wörtlich ist „Strategem" aus dem Altgriechischem mit „Feldherrentätigkeit" zu übersetzen (stratos = Herr; agein = führen). Strategeme beziehen sich auf Klugheit und auf die Fähigkeit, mit Geschick und List vorzugehen – aber auch, sich vor der List des Gegners zu schützen. Auch im neuen Testament findet man bei Matthäus 10,16 dazu: „Seid sanft wie die Tauben und klug wie die Schlangen". Auch im arabischen Raum finden sich sechs Strategeme, die sich auf das islamische Recht konzentrierten.

Strategeme haben nichts mit dem Begriff der Strategie zu tun, wenn auch Strategeme bei der Umsetzung einer Strategie eingesetzt werden können. Während eine Strategie ein konkretes Vorgehen beschreibt, beinhaltet das Strategem eine bestimmte Qualität des Vorgehens und ist im Unterschied zur Strategie in jeder Lebenssituation grundsätzlich anwendbar. Immer dann, wenn ein gewöhnliches logisches Verhalten scheitert, das auf Kausalzusammenhängen beruht, eröffnen Strategeme neue Horizonte.

Wenn wir im Zusammenhang mit Kommunikation, Beziehungsgestaltung und Interaktion von Strategemen sprechen, verwenden wir dies nicht im Kontext von List unter der Assoziation von Täuschung, Manipulation oder Lüge. Vielmehr geht es um überraschende Wendungen im Denken, die helfen, neue Blickwinkel einzunehmen. Strategeme sind in der Kommunikation Wegweiser zu neuen und überraschenden Facetten einer Frage- oder Problemstellung, die neue Lösungswege eröffnen. Strategeme werden so zum „Erkenntnisraster" (Senger 2013) und öffnen die Augen für neue Varianten der Interpretation von Wirklichkeit. Diese wird durch die Durchbrechung des klassischen Ursache-Wirkungs-Denkens möglich. Strategeme sind in der Dialogpraxis eher ein Instrument der Weisheit, denn ein Instrument der Manipulation.

Der Kernsatz von Tan Daoji lautete: „Alle Kriegshandlung beruht auf Täuschung". Bei dem Umgang mit Strategemen wird – wie auch in der konstruktivistischen Philosophie – akzeptiert, dass wir Menschen mit einem hohen Maß an Selbsttäuschungen „unterwegs" sind. Ziel der Arbeit mit Strategemen ist daher nicht, diese durch Wahrheit zu ersetzen, sondern andere Wirklichkeitskonstruktionen zu ermöglichen, die nützlich sind und in diesem Sinne sich problemlösend auswirken.

Das Prinzip der Strategeme als einer „Nicht-gewöhnlichen-Logik" folgt demnach nicht dem Prinzip der Aristotelischen Logik im Sinne einer Richtig-Falsch Systematik, sondern orientiert sich an folgenden drei Prinzipien:

- Veränderung geschieht auf der Basis von Selbsttäuschung.
- Benutze unübliche Logik, um zu überraschen.
- Nutze Paradoxie: d. h. erst etwas bestätigen, um dann zu widersprechen.

Im Umgang mit Kommunikationsschurkinnen und -schurken finden eine Reihe chinesischer Strategeme Anwendung, die Giorgio Nardone in seiner strategischen Therapie auf die zwischenmenschliche Interaktion anwendet und die wir hier zusammenfassen. Was in der Auflistung noch etwas theoretisch anmuten mag, wird in der Beschreibung der Kommunikationsschurkinnen und -schurken verständlich und durch die konkrete Anwendung anhand von Beispielen auch nachvollziehbar.

■ Die zehn wichtigsten Strategeme im Umgang mit Kommunikationsschurken

» Wir Menschen neigen zu einem Horizont als einem Kreis mit Radius Null und nennen das unseren Standpunkt (David Hilbert).

1. **Das Meer durchqueren, ohne auf den Himmel zu achten**
   Dahinter verbirgt sich das Prinzip in der Lenkung der Aufmerksamkeit weg vom Problem hin zu einer neuen Wahrnehmung. Das Strategem findet Anwendung bei Menschen, die sich wenig zutrauen und erfolgt in kleinen, scheinbar unmerklichen Schritten.
2. **Lügend die Wahrheit sagen**
   Das Prinzip des Ungewohnten oder Unerlaubten. Undenkbares, Verbotenes oder Beschämendes wird benannt und zugleich geleugnet und somit in seiner Bedrohlichkeit relativiert. Das ist nützlich im Kontakt mit Menschen mit starken Glaubenssätzen, Regeln oder Geboten.
3. **Später starten, um früher anzukommen**
   Prinzip des Wartens. Hier geht es darum, nicht zu schnell zu verstehen und zu fleißig verändern zu wollen. Das ist strategisch wichtig bei Menschen, die Druck im Kontakt aufbauen.

4. **Trübe die Gewässer, um die Fische auftauchen zu lassen**
   Prinzip der Unsicherheit und Konfusion. Das Strategem ist hilfreich bei Menschen, die selber keine Entscheidungen treffen können. Dabei versucht man, aus dem Denken des Gegenübers heraus die Konfusion zu verstärken, um Klärung herbeizuführen.
5. **Mehr drehen, um etwas gerade zu biegen**
   Prinzip der Verschlechterung. Dies führt zu der Paradoxie der Relativierung. Eine Stahlfeder, die ich immer mehr überdrehe, kehrt am Ende mit Wucht in ihre alte Position zurück. Das Prinzip wird häufig bei Ängsten angewendet, indem man Menschen, die sich Sorgen machen, ihre Sorge bestätigt und diese noch durch andere Befürchtungen verschlimmert, anstatt sie kleinzureden oder zu bagatellisieren.
6. **Töte die Schlange mit dem eigenen Gift**
   Prinzip der verstärkten Wiedergabe. Das bedeutet, den Widerstand aufzunehmen und ihn so zu verstärken, dass die Energie sich gegen die Person richtet. Beispielsweise würde man in einem Reklamationsfall, in dem sich ein Kunde beschwert, statt diesen zu beruhigen und Wut-Grenzen zu setzen, diesen auffordern, seine Beschwerde zu verstärken und den Ärger zu artikulieren, um die Wut zu ersticken.
7. **Holz auflegen, um das Feuer zu löschen**
   Prinzip der paradoxen Wirkung durch Verstärkung. Dieses Strategem ist besonders bei der Kernemotion Lust oder Vergnügen wirksam. Ich fordere auf, den Genuss so zu verstärken, dass er sich selbst erstickt. Beispielsweise bitte ich detailverliebte Menschen, die sich in Kleinigkeiten verstricken, wirklich alles zu bedenken, um eine Sättigung zu erzeugen.
8. **Den Feind auf den Dachboden steigen lassen und dann die Leiter entfernen**
   Prinzip des Folgens um dann die Richtung zu ändern. Strategisch lenkt man eine Person in eine Position, die er oder sie nicht mehr verlassen kann oder die unausweichlich erscheint. Dieser Moment wird dann zum Ausgangspunkt für neue Impulse genutzt. Eine typische Strategie ist hier der therapeutische Double-Bind: „Ich weiß, welches Problem Sie haben und ich habe eine gute Lösung wie Sie es verändern könnten aber ich glaube Sie werden das nicht wollen". Was soll einer, der im Widerstand nicht will, nun tun?
9. **Siegen ohne zu kämpfen**
   Es kommt zu keiner Intervention, weil der Gegner von sich aus aufgibt. Das ist besonders bei inhaltlich-argumentativ geleiteten Kontakten nützlich. Ich lasse mich nicht auf einen fachlichen Streit ein, sondern unterstelle dem Gegenüber „Expertentum". Gleichzeitig wechsle ich das Thema – entziehe mich also dem Schlachtfeld – und gewinne durch Unterordnung. Dies ist die positive Intention von „Der Klügere gibt nach".
10. **Fliehen, um nicht unter zu gehen**
    Flucht als taktischer Zug. Die Flucht bietet die Chance, später noch zu gewinnen. Sich zu ergeben wäre eine vollständige Niederlage. Dieses Strategem kommt in der Kommunikation besonders in Abschieds- und Beendigungssituationen zum Tragen, denn die Unfähigkeit, Kontakte zu beenden oder von etwas oder jemandem Abschied nehmen zu können, bedeutet eine Abhängigkeit zum Gegenüber zu entwickeln und kann ein suchtartiges Verlagen nach Hilfsbereitschaft und Geltung bedeuten.

Literatur

Amon I (2002) Die Macht der Stimme. Überreuter, Wien
Bandler R (1995) Veränderung des subjektiven Erlebens. Fortgeschrittene Methoden des NLP. Paderborn, Junfermann
Bandler R, Grinder J (1994) Neue Wege der Kurzzeit-Therapie. Neurolinguistische Programme. Junfermann, Paderborn
Dyckhoff K, Grochowiak K (1996) Der Neugier-Erfolgs-Loop. Junfermann, Paderborn
Genth R, Hoppe J (1986) Telephon! Der Draht, an dem wir hängen. Transit, Berlin
Hesse H (1970) Siddhartha. Gesammelte Werke, Bd 5. Suhrkamp, Frankfurt a. M.
Kleist-Asche M (1990) Wer hören will muß fühlen, Gegenübertragungsphänomene am Telefon der Telefonseelsorge, unveröffentliche Diplomarbeit an der FU Berlin
Knatz B (2011) Wertschätzende Konfrontation in der Online-Beratung, e-beratungsjournal 1. ► http://www.e-beratungsjournal.net/ausgabe_0111/knatz.pdf. Zugegriffen: 10. Jan. 2018
Knatz B (2013) Handbuch Internetseelsorge. Randome House, Gütersloh
Knatz B, Dodier B (2003) Hilfe aus dem Netz: Theorie und Praxis der Beratung per E-Mail. Pfeiffer bei Klett-Cotta, München
Kreisman J, Straus H (1998) Ich hasse dich – verlass mich nicht. Die schwarzweiße Welt der Borderline-Persönlichkeit. Kösel, München
Milanese R, Mordzzi P (2015) Strategic Coaching. Transforming Limits into Resources. Ponte alle Grazie, Mailand
Milton M, Schmider C (2017) Meister deiner Emotionen. Das Verhalten: Die fünfte Kompetenz. Rolle/CH, E4P Editions. ► www.e4p.org
Nardone G, Watzlawick P (2004) Brief Strategic Therapy. Philosophy, Techniques and Research. Aronson Group, Maryland
Nestmann F, Engel F, Sickendiek U (2004) Das Handbuch der Beratung. Band 1: Disziplinen und Zugänge. DGVT Deutsche Gesellschaft für Verhaltenstherapie, Tübingen
Pauser W (1995) Telefonkonsum – Zur Sexualität des Handy in Ästhetik & Kommunikation. Ästhetik & Kommunikation 26(90):20
Petzold M (2006) Psychologische Aspekte der Online-Kommunikation. e-beratungsjournal. ► http://www.e-beratungsjournal.net/ausgabe_0206/petzold.pdf
Rogers Carl R (1972) Die nicht-direktive Beratung (Counseling and Psychotherapie). Kindler, München
Rogers C (2016) Entwicklung der Persönlichkeit. Klett Cotta, Stuttgart
Schaeffer D, Schmidt-Kaehler S (2011) Lehrbuch Patientenberatung. Huber, Bern
Schere KR (2010) What are emotions? And how can they be measured? Soci Sci Inf 44(4):695–729
Scherer KR, Clark-Polner E, Mortillaro M (2011) In the eye of the beholder? Universality and cultural specificity in the expression and perception of emotion. I J Psychol 46:401–435
Schopenhauer A (1995) Eristische Dialektik oder Die Kunst, Recht zu behalten. Insel, Frankfurt a. M.
Schumacher S (1999) Die Architektur von Sinn. Ein empirisch gewonnenes Meta-Modell der menschlichen Sinnerfahrung. Tectum, Marburg
Schumacher S (2010) Die Lösung aus dem Problem schöpfen – Das Wesen der Brief Strategic Therapy und der strategische Dialog in der Beratungspraxis. DAJEB Informationsrundschreiben 221. Pröll Druck, Augsburg
Schumacher E, Schumacher S, Vött M (2003) Ökumenische Theologie als (Er-)Lebensmodell. Dr. Kovac, Hamburg
Stangl W (2018) Die Entwicklung von Emotionen. www: ► http://arbeitsblaetter.stangl-taller.at/emotion/emotionentwicklung.shtml
Satir V (1996) Selbstwert und Kommunikation. Pfeiffer, München
Stewart J, Joines V (1990) Die Transaktionsanalyse. Eine neue Einführung in die TA. Herder, Freiburg
Von Senger H (2013) Die Klaviatur der 36 Strategeme. Gegensätzen denken lernen. Carl Hanser, München
Van de Pol H (2010) Harthorend. Luisteren voor professionals. Van de Ritter, Nijkerk
Van Well F (2000) Psychologische Beratung im Internet. E. Ferger, Bergisch-Gladbach
Varela F (1982) Die Psychologie der Freiheit. Psychologie heute. Beltz, Weinheim, S 9
Walker W (2010) Abenteuer Kommunikation. Perls, Satir, Erickson und die Anfänge des Neurolinguistischen Programmierens (NLP). Junfermann, Paderborn

Wallbott H (1995) Kommunikation von Emotionen zur Bedeutung der Sprechstimme. Wege zum Menschen 47. Vandenhoeck & Ruprecht, Göttingen
Watzlawick P (1983) Die erfundene Wirklichkeit. Piper, München
Watzlawick P (2006) Wenn du mich liebtest, würdest du gern Knoblauch essen – über das Glück und die Konstruktion der Wirklichkeit. Piper, München
Watzlawick P, Janet H, Don D (2017) Menschliche Kommunikation – Formen, Störungen. Paradoxien. Hogrefe, Bern
Wurmser L (1993) Die Maske der Scham. Springer, Berlin

Herausfordernde Gesprächssituationen

B. Knatz, S. Schumacher, *Mediale Dialogkompetenz*,
https://doi.org/10.1007/978-3-662-58721-8_2

2.1 Einleitung

Das richtige Friseurwerkzeug ist mit ausschlaggebend dafür, ob eine Frisur oder ein Haarschnitt gelingt oder misslingt. Das Werkzeug muss hochwertig sein. So muss die Schere, wie auch das Rasiermesser scharf sein und gut in der Hand liegen. Der Föhn sollte mit einem Wechselstrommotor ausgestattet sein, denn dieser sorgt für ein langes Föhnleben. Kämme sollten handgesägt und gratfrei sein.

Was für das Handwerk gilt, gilt ebenso für das Mundwerk: Die Begleitung und Beratung von Menschen in schwierigen Situationen. Ob ein Dialog im Chat oder am Telefon gelingt hat, neben der Beziehung mit Wissen und Theorie zu tun. Häufig werden wir gefragt, ob es nicht so etwas wie einen „Leitfaden" bei besonderen Gesprächsanlässen gibt. Wie können Beraterinnen und Begleiter mit Stimmungsschwankungen, selbstschädigendem Verhalten oder Wutausbrüchen umgehen? Gibt es „Rezepte", um Inszenierungen und Fakes zu erkennen? Gibt es unbedingte Vermeidungsstrategien? Gibt es Türöffner?

Die medienbasierte Begleitung und Beratung bietet Chatterinnen und Anrufern, deren Gefühle Achterbahn fahren, eine willkommene Plattform, sich Unterstützung zu suchen, da sie ein hohes Maß an Kontrolle bietet. Das Geschriebene kann noch mal nachgeprüft werden, bevor die Return-Taste gedrückt wird; beim Telefonieren kann aufgelegt werden. Für Beraterinnen und Begleiter eine Herausforderung, die nicht leicht zu bewältigen ist, wenn sie die Hintergründe nicht verstehen und kein passendes Werkzeug zur Verfügung haben.

Die Anonymität und Niederschwelligkeit des mediengestützten Dialogs erleichtert es, über (sexuelle) Gewalterfahrungen zu berichten. Für Beraterinnen und Begleiter ist es schwer, dabei die eigene Hilflosigkeit und Ohnmachtsgefühle auszuhalten, wenn sie nicht um die Möglichkeiten der Unterstützung wissen.

Mehr als im face-to-face Dialog liegt der Verdacht nahe, dass der Anruf oder der Chat gefakt sind. Die Verunsicherung ist groß, wenn kein Handwerkszeug für den Umgang mit Inszenierungen und Fakes zur Verfügung steht.

Am Telefon und im Chat treffen wir auf Menschen, die nicht mehr leben wollen. Eine aufreibende Situation, wenn es Unsicherheit in Bezug auf das rechtliche Vorgehen gibt und anderseits die gesamte Präsenz für den Dialog gebraucht wird.

Häufig melden sich Menschen in Krisensituationen. Damit wir nicht selber „die Krise bekommen", erfordert es ebenfalls spezielles Handwerkszeug.

Das folgende Kapitel ist eine Art Leitfaden und beantwortet Fragen nach den Go's und No-Go's. Es führt die Merkmale der schwierigen Gesprächssituationen auf und zeigt Möglichkeiten im Umgang damit. Es bietet Hintergrundwissen und Handlungsstrategien.

2.2 Ich krieg' die Krise – Von Katastrophen und anderen Schicksalsschlägen

Wer hat den Ausspruch nicht schon aus eigenem Munde gehört: „Ich krieg' die Krise!" Wenn wir Stress haben, uns die Arbeit über den Kopf wächst, wir Ärger mit Kolleginnen und Kollegen haben, die Familie uns ständig fordert oder wir einen Angehörigen pflegen. Wenn uns gekündigt wurde oder wir ein traumatisches Ereignis wie einen Unfall oder eine Krebsdiagnose erlebt haben. Wir werden mit Ereignissen konfrontiert, die uns aus dem seelischen Gleichgewicht bringen. Unsere Gedanken und Gefühle drehen sich im Kreis, das Kopfkino ist eingeschaltet und wir finden den Aus-Schalter nicht. Es hat sich etwas ereignet, das uns den Boden unter den Füßen wegzieht. Alle unsere gewohnten Bewältigungsstrategien versagen und wir sind erst einmal unfähig, zur Lösung des Problems beizutragen.

Seelische Belastungen sind nicht harmloser als körperliche. Eine erhöhte Nervosität, innere Unruhe, Schuldgefühle, Unzulänglichkeitsgefühle, Panikgefühle, um nur einige Gefühlszustände zu nennen, rauben uns den Schlaf und machen mürbe. Dass sich dann gerade in Krisensituationen die Lage zuspitzt, ist nachvollziehbar. Im Chat und am Telefon sind wir häufig mit Menschen in Krisensituationen konfrontiert. In diesem Kapitel geben wir Ihnen eine Erklärung, wie sich Krisen entwickeln und wie Sie damit umgehen können.

■ Krise und Krisenintervention

Unter Krise (griechisch = bedenkliche Lage, Zuspitzung, Entscheidung, Wendepunkt) wird ein psychischer Ausnahmezustand bzw. eine akute Überforderung verstanden, bei der die gewohnten Bewältigungsstrategien versagen durch belastende, traumatische, äußere oder innere Lebensereignisse. Sie gilt als Zustand, der zur raschen Wiederherstellung eines neuen Gleichgewichts drängt, da sie zu einem nachhaltigen Verlust des bisherigen seelisch-körperlichen Gleichgewichts führen kann.

Krisen können auf vielfältige Weise ausgelöst werden und sie passieren uns allen. Wir unterscheiden zwischen Veränderungskrisen (Caplan 1964) durch entwicklungsbedingte Überforderung, wie sie in der Pubertät, durch die Geburt eines Kindes, bei der Ablösung der Kinder oder im Alter auftreten. Jeder Entwicklungs- und Veränderungsschritt kann eine potentielle Krise darstellen, denn in jeder sensiblen Phase gilt es, bestimmte Entwicklungsaufgaben zu bewältigen. Neben den Veränderungskrisen gibt es die traumatische Krise (Cullberg 1978). Sie wird vielfach durch unvorhergesehene Schicksalsschläge, Gewalterfahrungen, Krankheit oder Tod eines nahestehenden Menschen, Traumatisierung, durch soziale Belastungen oder psychische Erkrankungen ausgelöst. Auslöser von Krisen im Kindes- und Jugendalter sind lebensverändernde Bedingungen und Belastungen, wie die Geburt von Geschwistern, Scheidung der Eltern, ein Umzug eine lebensbedrohliche Erkrankung. Aber auch traumatische Erfahrungen wie abrupte Verlust-und Trennungserfahrungen, sexuelle Übergriffe, Gewalt und Unfall können Auslöser sein.

Das Entstehen bzw. konstruktive Bewältigen einer Krise hängt von einer Reihe von Faktoren ab, darunter z. B. die Resilienz (Elastizität) oder die eigenen Bewältigungsmuster. Auch der Verlauf und die Wahrnehmung einer Krise sind von Mensch zu Mensch unterschiedlich. Krisen können bei Nichtbewältigung zum Zusammenbruch bzw. zur Chronifizierung, zu Krankheit, Sucht oder Suizidalität führen.

■ Krisenhilfe und Gesprächsführung

In einer Krisenintervention am Telefon oder beim Chatten ist die Beziehungsgestaltung wesentlich, damit die betroffene Person durch den Begleitprozess wieder Vertrauen in die eigene Kompetenz findet!

Eine Krise führt zu einem nachhaltigen Verlust des bisherigen seelisch-körperlichen Gleichgewichts. Menschen wünschen sich schnell die Wiederherstellung eines neuen Gleichgewichts, das einen Zwang zur raschen Lösung mit sich bringen kann. So kann es wichtig sein, ein strukturiertes Vorgehen in einem Krisengespräch und eine erhöhte Wachsamkeit für entscheidende Punkte im Krisenprozess zu beachten. Wichtig ist es, keine schnellen Lösungen anzubieten, denn dadurch kann das Selbsthilfepotenzial nicht wieder neu aktiviert werden. Im Gespräch geht es darum, eine eng umgrenzte Hilfe im Sinne einer Unterstützung zu erfahren. Dies bedeutet ein fokussierend-lenkendes Gesprächsverhalten. Die medial vermittelte Krisenintervention passt sich den Voraussetzungen der Chatterin oder des Anrufers an, die diese oder dieser situativ mitbringt. Dies bedeutet eine besondere Herausforderung für die Gesprächsführung, um einen positiven Krisenverlauf zu unterstützen.

Klaus Grawe (1998) hat in Rückgriff auf Epsteins Persönlichkeitstheorie fünf seelische Grundbedürfnisse des Menschen für eine gelingende Beziehungsgestaltung identifiziert und nachgewiesen, die unserer Erfahrung nach auch für die Krisenbegleitung fundamental sind: Der Wunsch nach Kontrolle, nach Lustgewinn und Unlustvermeidung, das Bindungsbedürfnis und das Bedürfnis nach Selbstwerterhöhung. Für die Begleitung im Chat und am Telefon gilt dies in dem Sinne, dass Menschen in Krisensituationen den medialen Kontakt kontrollieren wollen und können. Wir haben im Grundlagenkapitel dazu bereits geschrieben, dass mediale Beratung besonders niederschwellig ist und maximale Kontrolle vor Gesichtsverlust, Beschämung, Angst oder emotionalem Entgleiten ermöglicht. Unter Lustgewinn verstehen wir in der medialen Begleitung die Hoffnung der Ratsuchenden nach Entlastung, nach einem verbesserten oder stabileren innerpsychischen Zustand und nach weniger Stress und/oder Anspannung. Bindungsbedürfnis im Dialog spiegelt den Wunsch nach Empathie und Anerkennung, nach dem Wunsch aufgefangen zu werden und trotz medialer Distanz ein Gefühl von Beziehung zu einem wohlwollenden Gegenüber zu erfahren. Selbstwerterhöhung erfahren krisengeschüttelte Menschen dann, wenn sie nicht belehrt, beratschlagt oder vehaltensstrategisch angewiesen werden, sondern sie in ihrer Problematik wertgeschätzt und anerkannt werden.

▪ Krisenphasen

Krisen und ihre Bewältigung haben unterschiedliche Verläufe. Als „Vor-Beben" der Krise gibt es eine Phase der Leugnung oder Ungewissheit. Die wenigsten Kontakte finden in dieser Phase statt, da das Problem noch nicht als krisenhaft wahrgenommen wird.

Erst mit der Gewissheitsphase, hervorgerufen über den Kontrollverlust und die dazugehörige emotionale Reaktion, ist die Krise spürbar. Zu diesem Zeitpunkt macht es keinen Sinn über Lösungen, Veränderung oder Neuorientierung zu sprechen oder zu schreiben. Dazu sind Menschen jetzt noch gar nicht in der Lage. Was hier hilft, ist der Kontakt, die emotionale Entlastung und ein Dialogangebot, welche Gefühle gerade am stärksten sind. Sie helfen, die Situation zu beruhigen.

Die nächste Phase des Krisenverlaufs ist die der Integration. An dieser Stelle beruhigen sich die extremen Gefühle und Gefühlszustände von Angst, Verunsicherung oder Hilflosigkeit. Erschöpfung oder Ermüdung gehen über in eine Bewegung von Annahme und Akzeptanz, verbunden mit einer ersten diffusen Hoffnung auf Besserung und dem Glauben an Zukunft. In dieser Phase ist das Reflektieren hilfreich, die Interpretation des Erlebten, das Einordnen der vergangenen Ereignisse. Die Taubheit in Folge der emotionalen Reaktion weicht einer inneren Distanz und Regeneration. Vor allem Werte und Überzeugungen kommen in dieser Phase ins Bewusstsein: Was ist mir wichtig? Woran hänge ich? Was bleibt? Wohin geht der neue Weg?

Dieses Bewusstsein mündet in die letzte Phase. Zukunft wird neu entworfen, die ersten kleinen Schritte und Verhaltensstrategien überlegt und konkrete Umsetzungsmöglichkeiten durchdacht. Rückfälle gehören dazu, da der beschriebene Krisenverlauf und seine Überwindung der theoretisch idealtypische ist. In der Realität finden immer auch „Rückwärtsbewegungen" statt und der krisenhafte Prozess verläuft in mehreren Zyklen. Im schlimmsten Fall stagniert die Krisenbewältigung, was eine Chronifizierung der Krise bedeuten würde.

So ist es auf der Begleitungsseite wichtig herauszufinden, in welcher Phase die Anruferin oder der Chatter sich befindet um gebührend zu begleiten: Sicherheit zu gewährleisten, Entlastung anzubieten, diagnostische Klarheit zu gewinnen, angemessen kurzzeitig zu intervenieren und die richtigen und notwendigen weiterreichenden Hilfen zu identifizieren und einzuleiten.

In Krisensituationen können wir nicht erwarten, dass Anrufende oder Chattende ihre Gedanken passend in Worte fassen oder Aussagen auf unserem normalen Sprachniveau verstehen. Daher ist eine einfache und klare Sprache wichtig, um sie zu erreichen. Zudem ist in jeder Krisenintervention die Beziehungsgestaltung wesentlich! Durch den Dialog kann die betroffene Person wieder Vertrauen in die eigene Kompetenz finden. Denn in Beziehung kann das Selbsthilfepotenzial reaktiviert werden. Dagegen wird bei einem sachlichen oder nüchternen Vorgehen und schnellen Anbieten einer Lösung durch die Begleitperson die Chatterin oder der Anrufer „entmündigt". Sie erleben die eigene Hilflosigkeit ein weiteres Mal.

Zu Beginn des Kontaktes hilft die emotionale Entlastung durch das Aussprechen der Krisensituation, um die Spannungen oder den Druck zu lockern, der häufig als kaum mehr erträglich empfunden wird.

Dabei muss Raum für aufgestaute Gefühle gegeben und verhindert werden, dass der Betreffende zu ungeeigneten Mitteln greift, die ihm kurzfristig Erleichterung verschaffen, aber langfristig destruktiv sind (z. B. Alkohol, Schlafmittel, Isolation, Suizidgedanken usw).

Beispiel: Die 65-jährige Anruferin hat schwer an der Pflege ihrer 97-jährigen Mutter zu tragen. Sie pflegt sie seit 16 Jahren und ist erschöpft. Nun hat sie die Mutter in einem Pflegeheim angemeldet und in drei Wochen müsste sie den Umzug organisieren. Ängste und Panikattacken plagen sie neben ihrer Osteoporose. Zudem ist sie in psychologischer Behandlung. Der Familien- und Freundeskreis ist weitgehend weggebrochen und sie hat Angst, bald nur auf sich gestellt zu sein und wieder neue Beziehungen aufbauen zu müssen. In dem Gespräch braucht sie Entlastung.

Es gelten also zwei wichtige Merkmale in der Gesprächsführung: Die emotionale Entlastung und die Stärkung der Person. In unserem folgenden Beispiel sprechen Everly und Mitchell (2002) von einem „Gegengift" gegen das „Gift" der Krise:

- Ruhiges und sicheres Auftreten hilft gegen Angst
- Verlangsamung hilft gegen Übererregung oder Raserei
- Struktur hilft gegen Chaos
- Rationales Denken hilft gegen überschwemmende Gefühle
- Emotionale Entlastung hilft gegen Frustration und Anspannung
- Information hilft gegen Kontrollverlust
- Akzeptanz und soziale Unterstützung helfen gegen Entfremdung und Rückzug
- Handeln hilft gegen Hilflosigkeit

Wie das aussehen kann, können Sie im folgenden Chatbeispiel lesen:

Ratsuchender	Hallo. Ich habe Probleme bei der Bewältigung meiner Trennung und der Krebs Diagnose meiner Mutter
Beraterin	Guten Morgen, da beschäftigen Sie ja zwei große Themen!! Wie sieht Ihre Bewältigung aus?
Ratsuchender	Ich selbst bin wegen einer mittelgradigen Depression in Behandlung. Ich habe Medikamente und eine Verhaltenstherapie momentan. Trotzdem kommen immer wieder diese Trauergedanken wegen der Trennung hauptsächlich. Das macht mich fertig
Beraterin	Sie trauern immer wieder wegen Ihrer Trennung…
Ratsuchender	Das schaukelt sich hoch
Beraterin	Es sieht für mich so aus, als wenn Sie noch viel schreiben… kann ich schon etwas lesen?
Ratsuchender	Alle Entspannungstechniken helfen in dieser Situation nicht. Es ist besonders schlimm, wenn ich alleine bin und meine Mitbewohner alle weg sind. Dann kann ich nicht einmal mehr meinen eigenen Tagesablauf schaffen. Sofern es den überhaupt gibt. Ich habe momentan ein Urlaubssemester und bin deshalb ohne Struktur
Beraterin	Sie wissen, dass sie mehr Struktur brauchen in der Situation! Wie könnte die aussehen?
Ratsuchender	Ich versuche immer, mir einen Plan zu machen für den nächsten Tag. Leider funktioniert das auch nicht immer, weil es vieles gibt, was auch mal schiefgehen kann und dann alles zeitlich durcheinanderbringt
Beraterin	Das kann ich mir gut vorstellen, kenn ich vielleicht auch
Ratsuchender	Ich habe Jacobson für mich gelernt
Beraterin	Wie sieht es denn aus, wenn der Plan klappt. z. B. der für heute??
Ratsuchender	Es hilft oft, aber in der Mischung aus Angst und Verzweiflung ist es ab einem gewissen Level nicht mehr brauchbar
Beraterin	Irgendwann wird die Angst zu groß, kann ich mir das so vorstellen??
Ratsuchender	Ja genau. Es ist die Angst, das alles nicht mehr zu schaffen und dass ich auch eigentlich nicht mehr so leben will. Ich möchte dann, dass die Depression weggeht und sehe keinen Ausweg mehr. Aber ich habe von der Therapie schon meinen Notfallplan für die ausweglose Situation erhalten und damit hat dann diese Trauerschleife auch das Ende. Aber mir wäre es lieber, es würde nicht mehr so weit kommen, dass ich das alles durchleben muss
Beraterin	Das glaube ich wohl, dass Sie lieber diese Schleife gar nicht erst hätten und es vorher stoppen können…
Beraterin	Dass Ihr Notfallplan funktioniert ist ja schon mal toll!
Beraterin	Wie wollen Sie denn anders leben??

Ratsuchender	Ich sehe auch, dass es völlig sinnlos ist, diese Gedanken immer zu wiederholen, es klaut mir wertvolle Zeit, die ich mit was Schönem verbringen könnte
Beraterin	Ja das ärgert einen, denke ich…
Beraterin	Manche Gedanken wollen vielleicht nicht weggeschoben werden, oder wie würden Sie das sehen?
Ratsuchender	Ich möchte anders leben, so dass ich diese sinnlosen Gedanken stoppen kann und mich aufraffen kann etwas zu erledigen. Ich liege dann nur noch heulend auf der Couch und bin wie gelähmt, ich schaffe es nicht mehr aufzustehen und etwas zu tun. Das hält oft Stunden an

Beraterin	Das stelle ich mir sehr frustrierend vor, wenn Sie dann immer mal wie gelähmt sind!
Ratsuchender	Ich lasse dann alles aus, kein Essen, kein Trinken, nicht mal Rauchen schaffe ich dann
Beraterin	Wovor haben Sie denn Angst?
Beraterin	bzw. was müssen Sie alles schaffen??
Ratsuchender	Vor diesem Zustand hauptsächlich, weil es extrem belastend ist und das Heulen sehr anstrengend
Ratsuchender	Und ich habe Angst, dass meine Mutter es nicht mehr lange schafft. Sie ist palliativ in metastasierter Situation
Ratsuchender	Wir haben es vor wenigen Wochen erst erfahren

Beraterin	Sie haben viel Grund, auch Angst zu haben, wenn Sie um Ihre Mutter fürchten müssen, das tut mir sehr leid!
Ratsuchender	Und auch sie verliert oft den Lebenswillen, sie hat eine starke Depression und ich muss sie oft aus ihrem Loch herausholen, wenn sie keinen Ausweg mehr sieht. Außerdem trinkt sie und ist sehr eingeschränkt mobil
Beraterin	Das wirkt für mich so, dass sehr viel an Ihnen hängt und Sie so belastet. Was hilft Ihnen, dass Sie etwas aus dem Loch herauskommen, wenn ich das Bild nehmen darf?
Ratsuchender	Mir hilft es sehr, wenn jemand bei mir ist. Wir müssen dann auch überhaupt nicht über mich reden, sondern einfach, dass jemand Anderes in meiner Nähe ist, das macht, dass dieser Gelähmt-Zustand aufhört
Ratsuchender	Leider haben Leute nicht ständig Zeit
Ratsuchender	Die müssen auch mal arbeiten und es kommt einfach vor, dass grade niemand zuhause ist
Beraterin	Sie haben es ja oben auch schon gesagt, mit Freunden geht es schon einiges besser. Hilft es da, dass Sie sich mit etwas Schönem ablenken?
Ratsuchender	Das darf so nicht sein, früher konnte ich auch sehr gut alleine klarkommen, es hat mir sogar Spaß gemacht allein zu sein und tun zu können, was ich will
Beraterin	Ja das glaube ich
Beraterin	Wie wollen Sie das wieder erreichen?

2

Ratsuchender	Jetzt habe ich so eine Angst bekommen vor dem Alleinsein
Ratsuchender	Bekomme dann Panikattacken
Beraterin	Sie haben allen Grund dazu, wenn Sie um Ihre Mutter fürchten müssen. Es ist nun ziemlich schrecklich mit dieser Aussicht

Ratsuchender	Ich möchte den früheren Zustand wieder erreichen, wo ich ganz unbeschwert war und diese psychischen Krankheitszustände noch nicht hatte. Wo Gedanken noch stoppbar waren und keine Panik und keine somatischen Symptome kamen
Beraterin	Das glaube ich sehr
Beraterin	Wo sähen Sie denn erste Schritte, was Sie zufriedener machen könnte…?
Ratsuchender	Ich möchte das akzeptieren können und frühzeitig diesen furchtbaren Trauerzustand vermeiden
Beraterin	Ich finde Ihre Einstellung sehr gut, für sie da zu sein und es versuchen zu akzeptieren, was verdammt hart ist
Ratsuchender	Eins habe ich noch, auf das ich mich freue und was mein Leben ein wenig verändern könnte. Ich bekomme heute zwei kleine Katzen ☺
Ratsuchender	Was denken Sie, soweit Sie mich jetzt kennen gelernt haben, was ich tun sollte, damit ich mich besser fühle? Soll ich Schluss machen? Geht es dann leichter? Ich fürchte, irgendwie nicht. Ich glaube, ich könnte es nicht
Ratsuchender	Was kann ich an meinem Tagesablauf verändern, dass ich nicht mehr diese Trauerzustände bekomme? Dass ich leichter leben kann mit diesem Zustand des Wartens?
Ratsuchender	Ich kann so nicht mal mehr was arbeiten
Beraterin	Wenn dieser Zustand Sie von allem anderen „Arbeiten, Spaß haben, Freunde, etc." abhält, wäre es wohl gut darüber nachzudenken, doch den Zustand zu ändern. Ich schlage vor, Sie denken noch mal über unser Gespräch nach. Und sehen dann in der nächsten Woche, ob Sie etwas neu ausrichten wollen… wie wäre es, die Überlegungen von heute wirken zu lassen, und sich vielleicht mit den Katzen abzulenken?
Ratsuchender	Ich versuche es
Beraterin	Ich wünsche Ihnen viel Erfolg und Geduld!! Und dass Sie auf Ihr Gefühl achten, wenn die Grenze erreicht ist! Alles Gute!
Ratsuchender	Danke
Beraterin	Gerne!!!
Beraterin	Melden Sie sich gerne wieder, tschüss!
Ratsuchender	Okay, ciao

Wie am Anfang des Kapitels erwähnt, kann eine Krise zu einem nachhaltigen Verlust des seelisch-körperlichen Gleichgewichts führen. So ist nachvollziehbar, dass die Krisenintervention eine Wiederherstellung des seelischen Gleichgewichts zum Ziel hat. Es geht es darum, dass innerhalb der Zeitgrenzen eines Gesprächs oder eines Chats, an dem momentan wichtigen Punkt im Krisenprozess, eine eng umgrenzte Hilfe im Sinne einer Unterstützung seines Selbsthilfepotentials gegeben wird.

2.3 Achterbahn der Gefühle – Stimmungsschwankungen, Suizidankündigungen, Impulsivität und selbstverletzendes Verhalten

Chatterinnen und Anrufer, deren Gefühle Achterbahn fahren, sind eine Herausforderung. Stimmungsschwankungen, Suizidankündigungen, Impulsivität, selbstschädigendes Verhalten oder Wutausbrüche machen mitunter hilflos oder wütend.

Gerade der medienbasierte Dialog bietet eine willkommene Plattform, sich Unterstützung zu suchen, da das Chatten ein hohes Maß an Kontrolle bietet. Das Geschriebene kann noch mal nachgeprüft werden, bevor die Return-Taste gedrückt wird. Die Kontrolle zu behalten, ist für emotional instabile Menschen außerordentlich wichtig. Die wesentliche Lebenserfahrung, die sie gemacht haben, ist, die Situation nicht unter Kontrolle gehabt zu haben.

Für den Dialog sind diese Kontakte eine Herausforderung. Die Stimmungsschwankungen, die Impulsivität ohne Berücksichtigung von Konsequenzen, die Tendenz zum streitsüchtigen Verhalten und die wiederholten Suizidankündigen bringen uns an unsere Grenzen. Manchmal hat man das Gefühl ausgenutzt, manipuliert zu werden. Der Zustand „nichts recht machen zu können", den diese Kontakte häufig auslösen, ist schwer zu ertragen und laugt aus. Dieses Kapitel zeigt Merkmale von herausfordernden Gesprächssituationen und Möglichkeiten im Umgang mit emotional instabilen Ratsuchenden auf.

▪ Was tun, wenn sich emotional Instabile Menschen melden?

Die kanalreduzierte Form des Telefonierens und Chattens bietet emotionalen instabilen Menschen eine sichere Kommunikationsmöglichkeit. Kontrolle ist für emotional instabile Menschen lebensnotwendig, da viele von ihnen in ihrem Leben die Erfahrung des Kontrollverlustes gemacht haben. Verschiedene Studien belegen, dass etwa 70 % der Betroffenen in ihrer Kindheit emotionalen, körperlichen oder sexuellen Missbrauch erlebt haben (Leibniz-Zentrum für Psychologische Information und Dokumentation). Emotional instabile Menschen erleben Gefühle intensiver. „Schon Kleinigkeiten können Angst, Schuld, Scham, Wut, Traurigkeit oder ausgeprägten Selbsthass hervorrufen. Solche Emotionsausbrüche treten mehrmals täglich auf und wechseln sich oft sehr schnell ab. Sie sind nicht nur stärker, als die von gesunden Menschen, sondern halten auch länger an, weswegen sie sich mitunter überlagern und aufaddieren. Dadurch gelangen die Betroffenen in einen höchst unangenehmen Zustand diffuser Anspannung, den sie keinem bestimmten Gefühl mehr zuordnen können – und den sie so schnell wie möglich beenden möchten" (▶ https://www.spektrum.de/news/borderline-persoenlichkeitsstoerung-emotionaler-ausnahmezustand/1455643).

Durch die intensiven Gefühle und die fehlenden Fertigkeiten, diesen angemessen zu begegnen, entsteht eine ständige emotionale Instabilität. Betroffene neigen dazu, Impulse ohne Berücksichtigung von Konsequenzen auszuagieren und leiden unter den Stimmungsschwankungen. Ihre Fähigkeit vorauszuplanen ist gering und Ausbrüche intensiven Ärgers können zu explosivem, manchmal gewalttätigem Verhalten führen. Zudem ist das eigene Selbstbild schlecht und Zielvorstellungen unklar. Ihre Neigung zu intensiven, aber unbeständigen zwischenmenschlichen Beziehungen kann zu wiederholten emotionalen Krisen mit Suiziddrohungen und Suizidversuchen oder selbstschädigenden Handlungen führen. Eine 30-jährige Anruferin beschreibt es so: *„Es geht mir seit einigen Wochen immer schlechter, die Suizidalität in mir wird immer schlimmer, ich betreibe Raubbau mit Medis und schneide mich immer öfter. Einmal pro Woche habe ich ein Setting bei einem Psychiater, der jetzt aber demnächst in Urlaub geht, was mir schwer zu schaffen macht. Ich weiß nicht, wie ich aus dieser Hölle entkommen kann, nach sechs Jahren Krankheit habe ich keine Hoffnung mehr, es ist in den letzten Jahren zu viel passiert. Wie soll ich das alles noch schaffen? Ich musste wegen der Krankheit mein Studium abbrechen und habe auch beruflich keine Perspektiven mehr, mein Freund musste mich wohl auch wegen der Krankheit verlassen, da er die Suizidversuche nicht mehr aushielt, wir waren elf Jahre zusammen und dann war alles aus, und ich stand alleine da. Meine Frage an Sie wäre jetzt, wie ich in der kommenden Zeit besser klarkommen kann, auch wie ich wieder Hoffnung bekomme und nicht mehr Suizid begehen will, was im Moment sehr akut ist."*

In Beratungsbeziehungen wird das Gegenüber meist zu Beginn idealisiert. Die Idealisierung kann unvermittelt in eine schroffe Abwertung umschlagen. Der Begleiterin oder dem Berater wird dann vorgeworfen, sie oder er kümmere sich nicht genügend. Emotional instabile Menschen haben Angst vor Nähe und Angst vor Abstand. Kreisman und Strauss (1998) bringen es mit ihrem Buchtitel: „Ich hasse dich – verlass mich nicht: Die schwarzweiße Welt der Borderline Persönlichkeit" auf den Punkt: Der ständige Wechsel von Klammern und Wegstoßen. Eine Anruferin beschrieb es folgendermaßen: *„...Ich kann absolut nachvollziehen, dass meine Ambivalenz für Sie superschwer zu händeln ist. Für MICH ist diese innere Ambivalenz natürlich auch nicht einfach auszuhalten. Ich bin Borderlinerin, d. h. ich bin psychisch „gestört". Es gibt in mir zwei gegensätzliche Seiten, die sich ständig bekämpfen: Schwarz und Weiß. Es gibt einige Gefühle, die zu „weiß" passen, der überwiegende Teil aber fühlt sich „schwarz" an – so würde ich meinen inneren Zustand jetzt einfach mal beschreiben wollen. Ich FÜHLE am stärksten eine Todessehnsucht in mir, wobei es sehr wohl einen Teil in mir gibt, der leben will. Diese Gefühle bekämpfen sich innerlich und mal kriegt das „Lebens-Gefühl" für kurze Zeit Oberwasser, dann wieder das andere..."*

Emotional instabile Menschen haben häufig keine Freundinnen und Freunde, da es schwer mit ihnen auszuhalten ist.

Beraterin	Hallo Jonas
Ratsuchender	Hallo
Ratsuchender	Ich suche eine Selbsthilfegruppe oder einen Psychologen. Wer kann mir helfen?
Beraterin	Gibt es ein bestimmtes Thema?
Ratsuchender	Ich wurde vor einem Jahr aus der Klinik entlassen, es wurde mir eine weiterführende Psychotherapie empfohlen, ich war bei mehreren Ärzten, stehe dort auf der Warteliste, aber bisher gibt es keine Termine und ich liege nur zu Hause rum und kann mir nicht selbst helfen
Beraterin	Wollen Sie mir sagen was für eine Selbsthilfegruppe Sie benötigen?
Ratsuchender	Eine Suizid-Selbsthilfegruppe

Ratsuchender	Bisher war es immer so, wenn ich mit jemandem darüber reden will, brechen sie meist den Kontakt zu mir ab, mit so einem will niemand befreundet sein. Ich suche also Leute, die dieses Thema nicht abschreckt und die mir vielleicht wieder neuen Lebensmut geben können
Beraterin	Es freut mich dass Sie versuchen, die Initiative zu ergreifen. Es gibt verschieden Möglichkeiten sich zu orientieren
Beraterin	Sie können sich auch gerne erst einmal mit mir über Ihre Situation unterhalten, wenn Sie mögen

In der Begleitung können wir helfen zu stabilisieren, soziale Kompetenzen zu verbessern, um eine adäquate Kommunikation in der Beziehung zu ermöglichen. Hier eignet sich das SET-Kommunikationsmodell (siehe ► Abschn. 1.4 SET-Kommunikation: Support – Empathie – Truth – Angemessenheit in der Begleitungsrolle).

■ Stabilisieren und Skills an die Hand geben

Um emotional instabile Menschen zu festigen (siehe unter der Infobox Stabilisierungsübungen im Kapitel „Gewalterfahrungen"), ihnen Halt zu geben, braucht es eine tragfähige Beziehung. Viele Betroffene haben die Erfahrung gemacht, abgewertet oder abgelehnt zu werden. So ist es wichtig, wohlwollend mit ihnen umzugehen, auch wenn dies häufig nicht einfach ist und eine Herausforderung bedeutet. Versuchen Sie, Verständnis für die emotionalen Schwankungen zu zeigen. Die Betroffenen können ihre Stimmungsschwankungen oft selbst kaum ertragen und verstehen. Manchmal passen ihre Emotionen auch überhaupt nicht zur Situation. Das erschwert den Umgang mit ihnen. Verstehen Sie das aggressive Verhalten als Symptom!

Ratsuchende	Darf ich Sie was fragen?
Ratsuchende	Wie alt sind Sie?
Beraterin	Warum ist das für dich wichtig?
Ratsuchende	Sie können mich echt gut verstehen und ich frage mich einfach nur weswegen Sie mich so gut verstehen?
Ratsuchende	Vielleicht ist der Altersunterschied einfach nicht soooo groß und deshalb verstehen Sie mich
Beraterin	Der Altersunterschied ist groß. Vielleicht ist das jetzt der Grund, weshalb ich das von gerade nicht verstanden habe. Warum möchtest du dir sonst das Leben nehmen?
Ratsuchende	Hat den Chat beendet

Wenn Sie wie oben mit Ablehnung oder Abwertung reagieren, werden die negativen Gefühle verstärkt. Eine gelassene Reaktion kann beruhigend wirken. Setzen Sie Grenzen und Regeln, die geben Sicherheit. Keine Grenzen zu setzten, laugt aus, denn gerade emotional instabile Menschen testen diese immer wieder aus. Sie werden erstaunt sein, mit welcher Sicherheit unklare Strukturen oder Informationslücken aufgespürt werden;-)

Ratsuchende	Wenn Sie wollen, gebe ich Ihnen auch meine Handynummer und dann könnten wir auch mal anders schreiben, über SMS oder WhatsApp oder so
Beraterin	Sorry, das dürfen wir nicht
Ratsuchende	Ohh … okay

Emotional instabile Menschen haben oft ein gestörtes Selbstbild. Sie nehmen sich negativer wahr als ihr Umfeld. Manche denken, sie hätten es nicht anders verdient, als sich schlecht zu fühlen. Aus dem Schwarz-Weiß-Denken entwickeln sich Suizidgedanken und Suizidversuche.

Ratsuchende	Und was tue ich gegen die Selbstmordgedanken?
Beraterin	Wie sind denn deine Selbstmordgedanken?
Beraterin	Was denkst du denn da?
Ratsuchende	Wie meinen Sie das?
Ratsuchende	Denke halt daran mich umzubringen
Beraterin	Wie stellst du dir deinen Tot denn vor?
Ratsuchende	Unterschiedlich, manchmal stelle ich mir vor, von einer Klippe zu springen, aber am meisten stelle ich mir vor, die Arme aufzuritzen und zu verbluten
Ratsuchende	Also so die Arme aufzuschneiden, sowas in der Art
Ratsuchende	Noch da oder hängt der Computer wieder?
Beraterin	Nö, wenn du schreibst, blinkt dein Männchen immer...
Beraterin	...und ich dachte einfach, du schreibst noch was und habe abgewartet, bis du fertig bist

Wenn es gelungen ist, eine tragfähige Beziehung mit der Anruferin oder dem Chatter aufgebaut zu haben, können Sie den Ratsuchenden eine Imaginationsübung vorschlagen. Diese Imaginationsübungen helfen zu stabilisieren, indem sie eine Distanz zu den belastenden Bildern schaffen. Vorschläge sind hilfreicher und werden leichter von der Chatterin oder dem Anrufer angenommen, wenn sie aus dem Dialog gemacht werden. Wenn Sie die Vorschläge anbieten, ohne dass Sie einen guten Kontakt haben, klingen sie wie ein Katalogangebot, das man durchblättert. Eine Empfehlung von jemand, den man schätzt, wird besser angenommen. Als Imaginationsübungen eignen sich der „Wohlfühlort" oder die „Tresor-Übung" (Übungen am Ende des Kapitels). Sie helfen den Ratsuchenden, Überflutungen zu begrenzen. Das Aufsuchen des Wohlfühlortes oder inneren sicheren Ortes kann helfen, Ängste zu bewältigen, sich wieder sicherer zu fühlen und aufzutanken. Die Tresor-Übung ermöglicht es, sich davon zu distanzieren, indem diese in einem sicheren und verschließbaren Behältnis aufbewahrt werden, so dass sie nicht mehr den Alltag durchkreuzen. Die Stabilisierung hilft, Symptome besser zu verstehen.

Neben den Imaginationsübungen können Sie den Anrufenden oder Chattenden alternative Möglichkeiten zum Druckabbau, sogenannte Skills, bei selbstverletzendem Verhalten anbieten. Hauptsymptomatik ist die offene Selbstbeschädigung der Haut durch Schneiden mit Messern, Scheren, Rasierklingen oder Scherben, gefolgt von Verbrennungen mit Zigaretten oder Feuerzeugen. Die Menschen verletzen sich überwiegend an den Unterarmen und auch an den Beinen. Der Sinn des Ritzens ist nicht, dass es wehtun soll, oder dass man einen Schmerz hat, der weg muss, sondern es entlastet und nimmt den Druck.

Selbstverletzendes Verhalten tritt nicht alleine auf, viele Menschen leiden ebenso unter Ess- und Gewichtsstörungen. Oder es findet sich eine Suchtproblematik (Alkohol, Benzodiazepin, Polytoxikomanie), die man auch als Selbstmedikation verstehen kann. In dem Chatdialog lesen Sie, wie die Begleiterin Skills an die Hand gibt, die eine Alternative zum Ritzen bieten, um sich zu spüren.

Ratsuchender	Hallo
Ratsuchender	War ja klar
Beraterin	Entschuldigung. Ich hatte gerade technische Probleme. Jetzt sollte es klappen ☺
Ratsuchender	Ok
Ratsuchender	Ich weiß einfach nicht wohin
Ratsuchender	Ich wurde heute aus der Klinik entlassen. Alkoholentgiftung
Ratsuchender	Aber ich fühle mich so leer, gelangweilt, irgendetwas fehlt und deshalb habe ich damals wohl auch mit dem Trinken angefangen. Es gab zwar noch andere Gründe, aber das war einer davon. Und jetzt fühle ich mich genauso
Ratsuchender	Als ich in einer betreuten WG gewohnt habe, durfte ich mich nicht mit Computerspielen ablenken. Jetzt langweilen diese mich ebenfalls und ich überlege gerade wieder das zu machen, was ich damals getan habe. :/
Ratsuchender	Ich will und darf mit dem Trinken ja nicht wieder anfangen
Beraterin	Das verstehe ich jetzt nicht ganz…was haben Sie damals gemacht?
Ratsuchender	Ich habe mich geschnitten
Ratsuchender	Um wenigstens etwas zu spüren oder so
Beraterin	Sie sagten oben, das irgendetwas fehlt…was könnte das sein? Haben Sie eine Idee?
Ratsuchender	Wenn ich eine Freundin habe und sie bei mir ist, ist es viel besser
Ratsuchender	Wenn wir etwas zusammen unternehmen oder kuscheln, Sex haben
Beraterin	Haben Sie eine Freundin?
Ratsuchender	Nein, ich bin gerade auf der Suche. Die meisten verschrecke ich allerdings damit, dass ich so kaputt bin
Beraterin	Möchten Sie mir davon erzählen, um sich zu entlasten? Das dürfen Sie gerne tun

Ratsuchende	Also … können Sie den Termin verlängern wenn die Zeit nicht reicht?
Beraterin	Kann ich. Zumindest einige Zeit
Ratsuchende	Okay
Ratsuchende	Also ich habe mich auch letztens mitten im Unterricht geritzt mit einer Schere
Beraterin	Woran liegt das?
Ratsuchende	Keine Ahnung
Ratsuchende	Ein Junge, der mich früher beleidigt hat, steht jetzt auf mich …
Beraterin	Hey… nicht schlecht!!! Wie hast du das denn hingekriegt?
Ratsuchende	Hahaha keine Ahnung
Ratsuchende	Also ich sagte ja schon, dass ich mich im Unterricht geritzt habe und meine eine Freundin hat zugeschaut
Ratsuchende	Aber sie selber ritzt sich auch zuhause

Beraterin	Du, eigentlich dachte ich, du willst vom Ritzen weg?
Ratsuchende	Ja, das will ich ja auch
Ratsuchende	Ich habe es wirklich versucht, aber das ist schwerer als man denkt
Beraterin	Warum willst du denn vom Ritzen weg?
Ratsuchende	Vor allem ich bin viel zu tief gegangen. Ich wollte gar nicht so tief, das hat ganze Zeit geblutet...
Ratsuchende	Weil ich weiß, dass es mich nicht weiterbringt, auch wenn ich es im Moment anders sehe
Beraterin	Genau das ist mein Eindruck. Du erzählst viel mehr davon, wie du dich geritzt hast und wer es noch tut. Klingt genau so, als ob du im Moment gar nicht damit aufhören möchtest. Und ich bin nicht sicher, ob es dann etwas bringt, wenn ich darüber nachdenke, was sich verändern könnte, wenn du noch gar nicht in diese andere Richtung denken und gucken möchtest
Ratsuchende	Ich möchte aufhören mich zu ritzen, wirklich
Ratsuchende	Und ich will auch diese Selbstmordgedanken wegbekommen
Beraterin	O.k.
Beraterin	Statt dich zu ritzen, gibt es eine ganze Menge anderer Sachen, die du tun kannst, um den Druck abzubauen
Ratsuchende	Zum Beispiel?
Beraterin	Eine Möglichkeit ist, sich ein Gummiband ums Handgelenk zu machen und es dann ganz feste zuziehen und schnacken zu lassen. So dass es richtig zwirbelt. Dabei verletzt du dich aber nicht so wie beim Ritzen
Beraterin	Man kann auch Eiswürfel auf das Handgelenk legen, dahin, wo die Adern langlaufen oder einfach in der Handfläche halten, dadurch spürst du dich auch richtig gut
Ratsuchende	Hmmm hört sich gar nicht so schlecht an
Beraterin	Manchen hilft es, was richtig Scharfes auf die Zunge zu tun – Chilli oder extra starke Fishermans
Beraterin	Alles, was dich erstmal von dem inneren Druck ablenkt
Beraterin	Manche zählen irgendwas, sagen sich Gedichte auf...

Neben den Skills sich zu spüren und Druck abzubauen hilft es, bei Wut und Unruhe auf einen Boxsack oder ein Kissen zu schlagen, eine Zeitung oder einen Katalog zu zerreißen, Knetmasse zu formen und zu zerstören, Eiswürfel zu zerschmettern, Stöcke zu brechen, laute Musik zu hören und zu tanzen oder Sport zu treiben.

Bei Traurigkeit kann ein Bad mit Kerzen und Duftöl, ebenso wie eine Massage oder ruhige Musik helfen sich zu entspannen. Aber auch sich mit Freunden zu treffen, Tagebuch zu schreiben, zu zeichnen oder Gedichte zu schreiben. Als praktische Hilfe für Ratsuchende bieten sich zwei Übungen an:

■ 1. Der sichere Ort

Eine Entspannungsübung nach Reddemann und Sachsse (1996) : Der innere sichere Ort soll die ***Erfahrung von absoluter Sicherheit und Geborgenheit*** *vermitteln (ebd.). Da manche Betroffene sich einen sicheren Ort nicht vorstellen können, verwendet Luise Reddemann den Begriff „Wohlfühlort".*

Entspannungsinduktion: „Ich bitte dich jetzt, in deinem Inneren nach einem sicheren Ort zu schauen, an dem du dich ganz wohl fühlen und den nur du allein betreten kannst. Vielleicht siehst du Bilder, vielleicht spürst du etwas, vielleicht denkst du zunächst auch nur an einen solchen Ort. Lasse auftauchen, was immer auftaucht, und nimm es an."

Wenn unangenehme Bilder kommen, empfiehlt es sich weiterzugehen. Jede bzw. jeder kann einen solchen guten Ort für sich finden, wo man sich vollkommen wohlfühlt. Manchmal ist der Ort so weit weg, dass man nicht weiß, wie man dorthin gelangen kann. Dann sind Hilfsmittel wie ein Boot oder ein Flugzeug oder ein Zauberstab erlaubt.

„Sage mir bitte Bescheid, wenn du das Gefühl hast, dass du jetzt an deinem sicheren Ort bist. Wenn du möchtest, kannst du mir jetzt deinen sicheren Ort beschreiben. Wenn es dir lieber ist, mir nichts darüber zu sagen, ist das für mich in Ordnung. Bitte prüfe, ob du dich dort wirklich ganz und gar wohl, sicher und geborgen fühlst. Schau nach, ob du es dir dort wirklich bequem machen kannst. Es ist wichtig, dass du dich vollkommen wohl, sicher und geborgen fühlst. Richte dir deinen sicheren Ort also bitte so ein, dass dies möglich ist."

„Spüre jetzt bitte ganz genau, wie es deinem Körper damit geht, an diesem inneren sicheren Ort zu sein. Was siehst du? Was hörst du? Was riechst du? Was spürst du auf der Haut? Wie geht es deinen Muskeln? Wie ist die Atmung? Wie geht es deinem Bauch? Nimm das bitte so genau wie möglich wahr, damit du weißt, wie es sich anfühlt, an diesem Ort zu sein."

„Verabrede jetzt mit dir ein Zeichen, mit dessen Hilfe du jederzeit an den sicheren Ort gehen kannst. Du kannst zum Beispiel eine Faust machen oder dir die Hände geben. Immer wenn du diese Geste machen wirst, kannst du an den sicheren Ort gehen, wenn du es möchtest. Führe diese Gestik bitte jetzt aus, damit dein Körper sich erinnert. Die Gestik kann so sein, dass ich sie bemerken kann, aber auch so, dass nur du sie kennst."

„Spüre bitte noch einmal, wie gut es dir jetzt an diesem sicheren Ort geht, und komm dann bitte wieder zurück."

(► http://www.blumenwiesen.org/imagination.html)

▪ 2. Die Tresor-Übung

Die Tresor-Übung ist eine Technik für Menschen, die unter immer wiederkehrenden, entsetzlichen Erinnerungen leiden. Man übt mit ihnen ein sich vorzustellen, dass sie die Erinnerungen z. B. auf eine DVD brennen und diese dann in einen Tresor legen und den Tresor verschließen (Reddemann 2017).

Die Begleitung von Menschen, deren Gefühle Achterbahn fahren, ist eine Herausforderung und schwierig. Der Zustand „nichts recht machen zu können", den diese Kontakte häufig in uns auslösen, ist anstrengend und laugt aus. Der Gefühlszustand: „Egal wie sehr ich mich anstrenge und wie gut ich es mache, meistens ist es nicht richtig!" ist emotional instabilen Menschen sehr vertraut.

2.4 Nicht schweigen – Menschen mit Gewalterfahrungen begleiten

Die Anonymität und Niederschwelligkeit des mediengestützten Angebotes erleichtert es Jugendlichen und Erwachsenen, über ihre (sexuellen) Gewalterfahrungen zu erzählen am Telefon und noch mehr im Chat. Für viele ist es ein schwieriger Schritt, sich Hilfe und Unterstützung zu suchen, da das Thema so scham- und schuldbesetzt ist. Für Begleiterinnen und Begleiter sind diese Kontakte schwer! Die eigene Hilflosigkeit und Ohnmachtsgefühle zu erleben, wenn sie von der Brutalität lesen oder hören, kostet viel Kraft. Gerade wenn Kinder oder Jugendliche betroffen sind!

Von Prügel bis zu sexueller Gewalt; fast ein Drittel der Deutschen haben Gewalterfahrungen in der Kindheit erlebt. Das ist das Ergebnis einer repräsentativen Umfrage unter rund 2500 Deutschen zwischen 14 und 94 Jahren der Forscher der Universität Ulm. Die Studie bestätigt frühere Erhebungen. Bei allen Misshandlungsformen ist die Familie der zentrale Ort, an dem Kindern dieses Leid angetan wird. Aber auch im Kindergarten, in der Schule, im Internet oder anderen Orten, an denen sie sich in ihrer Freizeit aufhalten, werden sie Opfer von Gewalt, u. a. auch von (Cyber-) Mobbing. Jede vierte Frau hat mindestens einmal in ihrem Leben körperliche oder sexuelle Partnerschaftsgewalt erlebt. Betroffen sind Frauen aller sozialen Schichten. Die polizeiliche Kriminalstatistik hat 2016 insgesamt 133.080 Personen erfasst, die Opfer von Partnerschaftsgewalt wurden, davon waren 109.000 weiblich (► https://www.bka.de/DE/AktuelleInformationen/StatistikenLagebilder/Lagebilder/Partnerschaftsgewalt/partnerschaftsgewalt_node.html).

Gewalt hat viele Facetten! Jede Form von sexueller, körperlicher und emotionaler Gewalt ist traumatisch und beeinflusst das Leben. Menschen, die Gewalt, Misshandlung und Vernachlässigung durchlitten haben, haben ein höheres Risiko, an Essstörungen, Alkohol-, Drogen- und Medikamentenmissbrauch oder Depressionen zu erkranken. Ebenso ist eine Steigerung der Suizidgedanken belegt (Remschmidt 2011).

Sandra	Guten Abend, ich werde von meinem Freund geschlagen. Wir leben seit Jahren zusammen, anfangs war alles gut, aber in letzter Zeit nicht mehr
Sandra	Ich habe schon an eine Paartherapie gedacht, aber da macht er nicht mit, hat Angst, dass ich ihn verlasse
Begleiter	Ist irgendetwas vorgefallen, dass es schlimmer geworden ist?
Sandra	Er steht beruflich unter Druck, so dass er es immer an mir auslässt. Er kann auch lieb sein, wenn er was will
Sandra	Er will aber nicht zur Therapie! Immer wenn es gerade gut ist, denke ich, es geht, dann ist das Gefühl zu gehen so weit entfernt
Begleiter	Das hört sich so an, als ob Sie sich nur noch nicht trauen, die Beziehung zu beenden. Was müsste passieren, dass Sie sich trauen?
Sandra	Er müsste mich wohl totschlagen, denke ich manchmal, dann hätte alles ein Ende
Begleiter	Wollen Sie es so weit kommen lassen und ist er zu so was fähig?
Sandra	Ich fühle mich klein, gefangen und ohnmächtig und habe kein Selbstbewusstsein mehr
Sandra	Ja, neulich schlug er mich so, dass es geblutet hat

Begleiter	Vielleicht können Sie ja alleine eine Therapie beginnen? Sie befinden sich wahrscheinlich in einer Spirale. Ihr Freund schlägt Sie, Sie verlieren immer mehr Ihr Selbstbewusstsein, Ihr Freund verliert immer mehr den Respekt und die Achtung und schlägt Sie…
Sandra	Ich möchte ja auch, aber wir wohnen in einem kleinen Ort, bis ich in der Stadt bin
Begleiter	Was hält Sie an Ihrem Freund?
Sandra	Dauert es, das bedeutet Rechtfertigung, Lügen, ausreden und Kraft zu fahren
Sandra	Der Schritt zu gehen ist so befremdlich, so weit. Ich will nicht zu den Frauen gehören, deren Geschichten man nur aus dem Fernsehen kennt
Begleiter	Dürften Sie es ihm nicht sagen, dass Sie eine Therapie machen? Was passiert, wenn er es erfährt?
Sandra	Er darf es nicht erfahren, auch nicht dass ich jetzt schreibe, er wird sehr wütend dann
Sandra	und schlägt
Begleiter	Um es klar zu sagen, Sie sind im Moment so eine Frau aus dem Fernsehen, aber Sie sind mit dem Problem sicherlich nicht alleine. Viele andere Frauen werden auch geschlagen
Begleiter	Was würde Ihnen die Kraft geben zu gehen?
Sandra	Ja, ich weiß. Für meine Familie zählt Harmonie und Erfolg. Ich mag es Ihnen gar nicht sagen und kann mir nicht eingestehen, dass es so weit gekommen ist
Sandra	Nein ich habe keine Kraft mehr, gar keine!
Begleiter	Können Sie sich jemandem aus der Familie oder einer Freundin anvertrauen?
Sandra	Freunde wissen es nicht, die führen alle glückliche Beziehungen. Meine Familie weiß nur, dass wir uns nicht mehr so gut verstehen, aber vielleicht renkt es sich ja auch wieder ein
Sandra	Im Moment mag ich es keinem sagen
Sandra	Ich bin immer kreidebleich, müde, ungeschminkt und depressiv
Begleiter	Was sollte Ihren Freund aufhalten? Vielleicht gibt es ja jemandem in Ihrem Verwandtenkreis, dem Sie sich anvertrauen können?
Sandra	Nein, im Moment noch nicht
Sandra	Er kommt jetzt, ich glaube, es geht wieder los, er hat es bemerkt,
Sandra	ich habe Angst!!
Sandra	Er wird schlagen
Begleiter	Hallo!

Die Ratsuchende hat den Chat verlassen.

Traumatisierte Menschen leben häufig in einer Spannung zwischen dem Vermeiden von Erinnerungen und dem plötzlichen „Überfallenwerden" durch Erinnerungen. Dies erleben Sie auch am Telefon oder im Chat: Manche Gewaltopfer haben ein großes Mitteilungsbedürfnis und andere erzählen fast nichts. Auch die Art und Weise, wie Menschen über ihre Gewalterfahrungen sprechen oder schreiben, ist verschieden. Einige Anrufende und Chattende verfassen eine Art Sachstandsbericht. So meldete sich eine Anruferin mit den Worten: „Hallo, ich bin 17 Jahre alt, weiblich, Abiturientin und würde mich gerne über verschiedene Möglichkeiten, was ich bei einer Vergewaltigung mache, erkundigen".

Diese Form schafft eine überschauende Distanz zum eigenen Erleben, denn überflutende Emotionen können hinderlich im Kontakt sein. Andere Ratsuchenden nutzen eine unmittelbare, emotional betonte und meist einfache Sprache. Gerade im Chat ist es eine Sprache, die oft Gedankengänge oder Gedankenfetzen gleichsam so wiedergibt, wie sie während des Schreibens auftauchen.

▪ Was tun, wenn Sie am Telefon oder im Chat erfahren, dass das Mädchen oder der Junge aktuell (sexueller) Gewalt ausgesetzt ist?

Sowohl Mädchen als auch Jungen werden Opfer sexualisierter Gewalt. Nur wenige Betroffene schaffen es, über das Erlebte zu sprechen. Viele schweigen – oft aus Scham oder aus Angst, ihre Familie zu belasten. Wenn sie sich entschließen darüber zu reden oder zu schreiben, ist es eine der herausforderndsten Aufgaben für uns Begleiterinnen, Berater oder Seelsorger. Die Herausforderung ist besonders schlimm, wenn die Kinder oder Jugendliche aktuell von (sexueller) Gewalt betroffen sind. Am liebsten würden wir, verständlicherweise, sie sofort selbst aus der Situation herausholen. Zu wissen, dass nach Beendigung des Gesprächs oder des Chats das Kind oder der Jugendliche weiterhin Gewalt erlebt, ist kaum auszuhalten. Aber ein Aktionismus unserseits ist nicht hilfreich. So wie die Kinder und Jugendlichen die (sexualisierte) Gewalt aushalten, müssen wir aushalten, dass Übereifer nicht hilft. Das Thema erfordert ein behutsames und vorsichtiges Vorgehen. Alles ist gut, was die Ich-Stärke und Autonomie fördert. Um sich aus der Missbrauchssituation zu befreien, benötigen die Mädchen und Jungen eine einfühlsame Unterstützung und professionelle Hilfe. Nachfolgend haben wir eine konkrete Handlungsanweisung für die Beratung, egal ob telefonisch oder im Chat, aufgeschrieben:

- Versuchen Sie vorsichtig und behutsam in Kontakt zu kommen!
- Stellen Sie sich als Gesprächspartnerin oder Gesprächspartner zur Verfügung, aber fragen Sie Sie nicht aus.
- Machen Sie keine Versprechungen, die Sie nicht einhalten können!
- Ermutigen Sie dazu, Schritte zu unternehmen, die machbar sind.
- Überlegen Sie gemeinsam, wie sich die oder der Betroffene schützen kann. Wann findet die (sexuelle) Gewalt statt? Vielleicht immer dann, wenn die Mutter Spätschicht hat? Gibt es die Möglichkeit, bei einer Freundin oder bei den Großeltern zu übernachten? Wo findet die sexuelle Gewalt statt? Gibt es die Möglichkeit, den Ort zu vermeiden? Wenn der Täter aus der Familie kommt: Gibt es die Möglichkeit, mit der Mutter, der Schwester, der Tante, der Oma, dem Bruder … zu sprechen? Wer ist Vertrauensperson?
- Informieren Sie die Mädchen und Jungen darüber, welche Möglichkeiten es gibt (Jugendamt einschalten oder Opferschutz der Polizei einschalten).
- Achten Sie dabei genau darauf, dass Sie Ihre eigene Hilflosigkeit nicht ausagieren und Sie so Ihr gegenüber aus dem Blick verlieren!
- Treffen Sie keine Entscheidung über den Kopf des Kindes oder der Jugendlichen hinweg, wie zum Beispiel eine Strafanzeige aus eigener Motivation zu erstatten.
- Machen Sie den Vorschlag, dass das Mädchen oder der Junge sich an eine Beratungsstelle wenden kann. Man kann dort alleine hingehen, aber auch mit einer Freundin oder einem Freund.

- Fragen Sie nach, ob Sie helfen sollen. Fragen Sie, ob das Mädchen oder der Junge von Ihnen Adressen braucht. Suchen Sie gemeinsam mit ihnen nach einer machbaren Lösung, in die Sie Vertrauen haben und die Ihrer Einschätzung nach erfolgversprechend ist.
- Fragen Sie, welche Unterstützung sich diejenige oder derjenige von Ihnen wünscht. Versprechen Sie Ihre Unterstützung nur bei dem, was Ihnen wirklich möglich ist! (Aufgrund Ihrer Funktion, der Anonymität, der räumlichen Entfernung. Übereifer bringt nichts!)
- Bieten Sie weitere Chat- oder Gesprächskontakte mit den Betroffenen an!
- Häufig wird den Mädchen oder Jungen gesagt, dass sie über das, was geschieht oder geschehen ist, mit niemandem sprechen dürfen, weil sonst etwas Schlimmes passieren würde. Fragen Sie danach und überlegen Sie gemeinsam, ob und wie und mit wem es möglich ist, über dieses Geheimnis zu sprechen oder auch zu schreiben.

Wie so ein Chat aussehen kann, stellen wir nun vor:

Begleiter	Hallo Merle. Herzlich willkommen
Merle	Ich weiß nicht wie ich anfangen soll, ich werde missbraucht
Begleiter	Oh. Das ist schlimm!
Begleiter	Möchten Sie mit mir darüber sprechen?
Merle	Ja
Begleiter	Es ist klar, dass Ihnen das schwer fällt. Fangen Sie irgendwo an, wo es noch nicht so wehtut
Merle	Ich bin 15 und seitdem ich zwölf bin geht das so
Begleiter	Das ist jemand aus Ihrem direkten Umfeld?
Merle	Ja
Begleiter	Können Sie sich keine Hilfe bei einer Vertrauensperson holen?
Merle	Nein, ich trau mich nicht
Begleiter	Ich verstehe! Da geht es ja um eine Person, die Sie nicht belasten möchten, stimmt's?
Begleiter	Oder befürchten Sie, dass man Ihnen nicht glauben wird?
Merle	Es ist mein Stiefvater…
Merle	Ich kann nichts sagen, dann mache ich meine Mutter unglücklich
Begleiter	Ihre Mutter weiß nichts davon?
Merle	Nein
Begleiter	Vielleicht ahnt sie etwas?
Merle	Ich versuche, mir aber nichts anmerken zu lassen
Begleiter	Wenn es darum geht, wer unglücklich wird, Ihre Mutter oder Sie. Was ist schlimmer?
Merle	Meine Mutter, ich bin nicht so wichtig. Ich bin nichts wert
Begleiter	Sie können sich auch an entsprechende Beratungsstellen wenden oder an die Polizei. Auf jeden Fall sollten Sie etwas unternehmen, um sich zu schützen

Merle	Ich trau mich das nicht
Begleiter	Sie fürchten sich davor, was dann alles abläuft, wenn Sie da etwas unternehmen, stimmt's?
Begleiter	Was sagt Ihr Stiefvater denn, wenn Sie ihn bitten damit aufzuhören?
Merle	Er lacht dann immer und sagt, ich habe keine Rechte, ich bin nur ein dummes, blödes Miststück. Ich habe nichts anderes verdient
Begleiter	Das gibt's doch nicht…!
Begleiter	Haben Sie schon mal mit Ihrer besten Freundin darüber gesprochen?
Merle	Nein, mir niemanden! Sie sind der erste, dem ich das erzähle
Merle	Ich habe Angst
Begleiter	Klar! Kann ich gut verstehen! Aber irgendwie muss das ja mal zu Ende gehen
Merle	Um ehrlich zu sein, ich habe gestern versucht mich umzubringen, hat aber leider nicht geklappt
Merle	dann muss ich das nicht mehr aushalten
Begleiter	Na, Gott sei Dank hat es nicht geklappt!
Begleiter	Es scheint für Sie der einzige Weg zu sein, diesem Leid ein Ende zu setzen…
Begleiter	Es gibt Stellen, an die man sich in einer solchen Situation vertrauensvoll wenden kann. Die gehen sehr behutsam damit um – da haben Sie nichts zu befürchten
Merle	Mir glaubt das doch keiner
Begleiter	Oh doch! Ich habe Ihnen das ja auch direkt geglaubt. Und die Profis erkennen sofort auch Ihre Angst und die Not, in der Sie sich befinden. Da brauchen Sie gar nicht viel zu erklären
Merle	Aber er macht es doch schon zu lange mit mir. Darf ich den jetzt noch Hilfe haben? Bin ich dann nicht selbst schuld?
Begleiter	Nein, Sie sind gar nicht schuld. Jeder weiß, wie schwer es ist, sich dagegen zu wehren. Versuchen Sie mal mit jemand – sagen wir mal vom Jugendamt – ein (anonymes) Gespräch zu führen. So wie wir es jetzt tun. Dann merken Sie schon, ob man Sie ernst nimmt. Und dann können Sie sehr schnell sehen, wie Ihnen geholfen werden kann
Merle	Und dann kann er mir nie wieder was antun?
Merle	Entschuldigung, ich kann meine Tränen nicht mehr aufhalten. Ich möchte ja aber meine Angst ist so groß. Ich schaffe das nicht alleine, glaub ich
Begleiter	Sie sind ja nicht allein. Sie haben es ja auch geschafft, sich mit uns in Verbindung zu setzen. Das war ja schon ein sehr mutiger Schritt in die richtige Richtung. Ich wünsche Ihnen, dass Sie jetzt auch den nächsten Schritt schaffen
Merle	Ich versuche es. Aber wenn ich das nicht aushalte, dann versuche ich mich nochmal umzubringen. Dann kann ich nicht mehr leben
Begleiter	Das ist eine Einbahnstraße ohne Wendemöglichkeit. Mal im Ernst: Ist er das denn wert, dass Sie sich opfern, um ihn zu schützen? Sicher nicht!
Merle	Aber dann tut es nicht mehr so weh, dann träume ich nicht mehr davon, dann muss ich nicht immer dran denken, dann geht's mir gut
Begleiter	Ich bitte Sie! Dann geht gar nichts mehr! Der Suizid ist absolut nicht der richtige Weg. Glauben Sie es mir, bitte!

Merle	Ich versuche es…
Begleiter	Eben haben Sie ja schon gesagt, Sie versuchen es, Hilfe zu finden. Können Sie mit mir konkret darüber nachdenken, wie Sie vorgehen wollen, Schritt für Schritt?
Merle	Für mich ist das ein Weg, Entschuldigung!! Wie soll ich sagen, wenn das mit der Hilfe holen nicht klappt, dann hab ich noch den Weg. Ich kann den Gedanken nicht wegschieben
Begleiter	Na klar drängt sich diese Möglichkeit auf, wenn man sonst keine greifbare Lösung erkennen kann. Aber versuchen Sie es doch erst mal mit der Hilfe, die dafür eingerichtet ist. Die andere Möglichkeit bliebe Ihnen dann ja immer noch. Sie versprechen mir jetzt erstmal, dass Sie den regulären Weg über das Jugendamt gehen – einverstanden?
Merle	Das fällt mir schwer, aber einverstanden
Begleiter	Sie sind sehr tapfer! Ich verlasse mich jetzt auf Sie!
Merle	Ich werde mir morgen Hilfe holen
Begleiter	Klasse!
Merle	Sonst ist der Mut wieder weg, wenn ich warte…
Begleiter	Das ist richtig. Nichts auf die lange Bank schieben. Und es kommt auch keine bessere Gelegenheit oder sonst etwas, worauf man noch warten könnte. Gehen Sie morgen diesen ersten Schritt – den Rest sehen Sie dann. Und glauben Sie mir – die Leute, die Sie da ansprechen, sind Profis und die wissen, wie man rücksichtsvoll mit Ihnen umgehen muss
Merle	Ich hoffe, Sie haben Recht
Begleiter	Ich wünsche Ihnen den notwendigen Mut und die Kraft
Merle	Darf ich Sie um was bitten?? Denken Sie morgen früh an mich… das würde mir helfen, fühle ich mich nicht so alleine, irgendwie…
Begleiter	Ich bin in Gedanken bei Ihnen. Ganz sicher!
Merle	Danke
Begleiter	Tschüss Merle!
Merle	Tschüss

Der mediengestützte Dialog ist eine wichtige Anlaufstelle für Menschen, die in ihrer Kindheit und Jugend (sexuelle) Gewalt erlebt haben und bisher mit niemanden drüber sprechen konnten. Eine Chatterin schrieb: „*Ich habe mir einen Termin geholt, weil ich nicht sprechen kann, naja, klar kann ich sprechen, aber irgendetwas ist in mir drin, das hindert mich. Tief in mir sitzt was und das verhindert, dass ich sprechen kann. Die Wörter bleiben mir im Hals stecken. Als Kind durfte ich schon nicht sprechen, schon gar nicht über das, was mir angetan wurde.*“ Wenn Sie dies lesen, können Sie sich vorstellen, welche Befreiung das Schreiben sein kann.

Achten Sie darauf, die Chatterin oder den Anrufer nicht dazu einzuladen, die Gewalterfahrungen zu beschreiben oder zu schildern. Hat die Chatterin oder der Anrufer das Bedürfnis, Ihnen die Gewalterfahrungen mitzuteilen, vereinbaren Sie mit ihr oder ihm, wie das geschehen kann. Es gibt spezielle Distanzierungstechniken, um das Erlebte aufzuschreiben. Jede Wiederholung der Gewalterinnerung kann eine Retraumatisierung auslösen. Wenn die Schreiberin oder der Anrufer über Flashbacks erzählt (ganz plötzliche und unwillkürlich auftretende Erinnerungen, so dass sie oder er diese Erfahrung wieder durchlebt, dabei unfähig, sie völlig als Erinnerung zu erkennen), erklären Sie ihr oder ihm, dass es auch hier Distanzierungstechniken und Imaginationsübungen gibt, die helfen, aus dem Flashback herauszukommen. Imaginationsverfahren wie Traumreisen, innere Phantasiebilder oder Visualisierungen haben in den letzten Jahren verstärkt Anwendung, insbesondere bei der Bearbeitung von Traumata.

Traumatisierte Menschen erzählen häufig, dass sie schlimme Zeiten in ihrem Leben nur überstehen konnten, weil sie sich tröstende Phantasiewelten und innere Helfer ausdachten. Vielleicht kennen Sie dies aus Ihrer Kindheit, hatten dort einen imaginären Freund oder konnten sich in bedrohlichen Situationen über die Phantasie an einen Ort in Sicherheit beamen. Mittlerweile gibt es viele praktische Erfahrungen und klinische Untersuchungen, die die Wirksamkeit der inneren Bilder bestätigen (Hüther 2015).

Die folgenden Aspekte sollten Sie in der Begleitung von Menschen, die unter Flashbacks leiden, berücksichtigen:

- Überlegen Sie gemeinsam, was die Auslöser von Flashbacks sein könnten und wie diese vermieden werden können (z. B. keine Filme mit Gewaltdarstellungen anschauen).
- Informieren Sie über die Möglichkeiten einer Traumatherapie, aber achten Sie auch darauf, dass Sie Ihrem Gegenüber diese nicht überstülpen!
- Fragen Sie nach, welche Unterstützung sie oder er von Ihnen möchte.
- Fragen Sie nach, ob sie oder er gläubig ist. Manchen Menschen hilft die Spiritualität dabei, wieder Kraft und Hoffnung zu schöpfen.
- Überlegen Sie gemeinsam, was sie oder er sich Gutes tun kann: z. B. sportliche Aktivitäten, was hilft, Stresshormone abzubauen; Yoga; Spaziergänge alleine oder mit einer Freundin, einem Freund oder einem Hund; Zeit für sich während des Tages, um Übungen zu machen…
- Bei Panikanfällen empfehlen Sie einen starken Sinnesreiz wie einen Eiswürfel in die Hand zu nehmen, an Ammoniak zu riechen oder laute Musik zu hören, um wieder in die Realität zu kommen.
- Bieten Sie weitere Kontakte mit Ihnen an!
- Informieren Sie über stabilisierende, imaginative Techniken und denken Sie daran, dass das Wichtigste, was Sie im Hier und Jetzt tun können, ist, zu stabilisieren, stabilisieren und nochmals zu stabilisieren.

Die Begleitung von traumatisierten Menschen am Telefon und im Chat hat zum Ziel, die traumatische Stress- und Symptombelastung zu reduzieren. Eine Aufhebung der traumatischen Erinnerungen kann nur eine Traumatherapie leisten. Im mediengestützten Dialog können Sie stabilisieren, so dass die Fähigkeit der Emotionsregulierung wiederhergestellt wird. Es geht darum, eine äußere Sicherheit, psychische Stabilität und eine gestärkte Fähigkeit zur Emotionsregulierung zu erhöhen. So können die traumatisierten Menschen ihre Affekte kontrollieren. Traumaspezifische Stabilisierungstechniken umfassen Techniken der Aufmerksamkeitsumfokussierung, imaginative Distanzierungstechniken und ressourcenaktivierende Techniken. Als praktische Hilfe für Ratsuchende bieten sich folgende Stabilisierungsmöglichkeiten und Konzentrationsübungen an:

■ Der sichere Ort

Dies ist eine imaginative Distanzierungstechnik *nach Reddemann und Sachsse* (1996) um den traumatischen Affekt zu verringern und wieder Kontrolle und Sicherheit zu erreichen. *Die Übung ist* gut geeignet, um innere Spannung zu reduzieren, Gefühle zu regulieren, mehr Selbstfürsorge und Selbstachtsamkeit zu entwickeln und besser mit Flashbacks umzugehen. *Der innere sichere Ort soll die* **Erfahrung von absoluter Sicherheit und Geborgenheit** *vermitteln (ebd.).* Die Übung ist in ► Abschn. 2.3 beschrieben.

- **Die Tresor-Übung**

Sie ist eine Technik und Fertigkeit für Menschen, die unter immer wiederkehrenden, entsetzlichen Erinnerungen leiden. Man übt mit ihnen ein sich vorzustellen, dass sie die Erinnerungen z. B. auf eine DVD brennen und diese dann in einen Tresor legen und den Tresor verschließen (Reddemann 2017). Die Übung ist ebenfalls in ► Abschn. 2.3 beschrieben.

- **Innere Helferinnen und Helfer aktivieren**

Eine ressourcenaktivierende Technik ist die Imagination der **„inneren Helferinnen und Helfer"**. Bitten Sie die Chatterin oder den Anrufer, nach einem guten und hilfreichen Wesen zu suchen. Dies können Tiere, Schutzengel oder Heilige sein. Wichtig ist, dass die hilfreichen Wesen mächtig sind und zu jeder Zeit Hilfe, Trost und Schutz geben können (Reddemann 2017).

- **Die Lichtstrom – Übung**

Bitten Sie die Anruferin oder den Chatter sich vorzustellen, wie heilsames Licht, das z. B. von einem Stern ausgeht, eine bestimmte „heilsame" Temperatur und Farbe hat, in ihren Körper fließt und sich ausbreitet. Sie können das Licht besonders an die Stellen im Körper schicken, die ihnen weh tun oder Verspannungen haben und spüren, wie das heilsame Licht die negativen Empfindungen auflöst (Reddemann 2017).

- **Die Baum-Übung**

Bitten Sie die Anruferin oder Chatterin, sich eine Landschaft vorzustellen, in der sie sich wohlfühlt. In dieser Landschaft sieht sie einen Baum. Bitten Sie sie nun, diesen Baum wahrzunehmen, seine Äste, die Blätter, den Stamm, die Wurzeln, den Geruch. Und fordern Sie nun den Chatter auf, den Baum zu umarmen, mit diesem Baum zu verschmelzen, die Wurzeln, den Stamm und die Äste zu spüren und die Kraft in sich aufzunehmen. Auf diese Weise können sie aus dem Baum seelische Nahrung und Kraft gewinnen (Reddemann 2017).

- **Die fünf-vier-drei-zwei-eins Übung**

Ist eine Aufmerksamkeitsfokussierung und lenkt die Aufmerksamkeit vom inneren Erleben auf die äußere Realität. Sie ermöglicht der Anruferin oder dem Chatter eine Distanzierung vom inneren Erleben und so aus einem Panikanfall oder Flashbacks herauszukommen und dadurch Stress zu reduzieren. Sie hilft, in die Gegenwart zu kommen. Yvonne Dolan, eine amerikanische Psychotherapeutin, hat die Übung entwickelt. Wenn Sie jemanden am Telefon oder im Chat haben, der gerade eine Panikattacke hat, bitten Sie ihn zu atmen, die Augen aufzulassen und fünf Gegenstände, die er oder sie gerade sieht, zu benennen. („Ich sehe einen Baum", „Ich sehe eine Uhr", „Ich sehe einen Hund", „Ich sehe…". Dann bitten Sie ihn, fünf Sachen, die sie oder er hört, aufzuzählen. „Ich höre eine Hupe", „Ich höre einen Hund bellen…".) Dann bitten Sie ihn, vier andere Gegenstände, die er oder sie um sich herum sieht, zu benennen, dann vier Sachen, die er oder sie hört, dann drei, dann zwei und dann einen

Gegenstand und ein Geräusch. Diese Entspannungsübung hilft, ins „Hier und Jetzt" zurückzukehren, da das Gehirn damit ausgelastet wird, sich in einer nicht zu langsamen Geschwindigkeit auf die Sinneswahrnehmungen von Auge und Ohr zu konzentrieren. So bleiben keine Kapazitäten frei für grüblerische und ängstliche Gedanken (Dolan 2009).

Festzuhalten bei Menschen mit Gewalterfahrungen ist, sich nicht selber reinzuziehen lassen und zu unterscheiden, ob es sich um vergangene oder aktuelle Gewalt handelt. In der Begleitung ist es wichtig, Stabilität und Orientierung zu geben. Gewalterfahrung von Betroffenen zu lesen oder hören, ist gewöhnlich schwer auszuhalten und muss supervisorisch begleitet werden. Zudem ist es wichtig, eine gute Selbstfürsorge zu betreiben. Wie das konkret aussehen kann, beschreiben wir in dem Kapitel über Selbstsorge und Selbstmanagement.

2.5 Niemand bringt sich gerne um – Was tun mit suizidalen Menschen?

In Deutschland beenden täglich mindestens 27 Menschen ihr Leben mit einem Suizid. Hinzu kommt eine hohe Dunkelziffer, denn auch unter den Verkehrs- und den Drogentoten verbergen sich nicht erkannte Suizidfälle; angenommen werden etwa 20 Suizidversuche pro Suizid. Es sterben mehr Menschen durch einen Suizid als im Straßenverkehr. Über einen Zeitraum von zehn Jahren entspricht dies der Einwohnerzahl einer Großstadt. Das Verhältnis von Männern und Frauen liegt in Deutschland bei drei zu eins (75 % Männer und 25 % Frauen). In der Altersgruppe der 15- bis unter 30-Jährigen ist der Suizid nach den Unfällen rein statistisch die zweithäufigste Todesursache.

Zudem sind sechs bis neun angehörige Menschen pro Suizid betroffen. Anderes als bei Angehörigen, die jemanden z. B. durch einen Unfall verloren haben, schämen sich die Hinterbliebenen nach einem Suizid darüber zu reden. Vielleicht fühlen sie sich schuldig und können nicht über ihre Schuldgefühle sprechen (Hücker 2017).

Die Gründe für einen Suizid sind vielfältig: Manche Menschen wollen nicht länger zur Last fallen oder sie haben keine Freude mehr im Leben. Manche Menschen sehen keinen Lebenssinn mehr, da sie jemanden durch Trennung oder Tod verloren haben. Mädchen und Jungen, Frauen und Männer nehmen sich das Leben, weil sie vereinsamt sind, sich überflüssig fühlen oder keine Perspektive sehen weiterzuleben. Andere glauben, dass sie eine nicht wiedergutzumachende Schuld auf sich geladen haben und wollen sich selbst bestrafen. Menschen mit einer schweren oder unheilbaren Krankheit stellen sich ebenfalls die Frage sich zu töten. Manchmal sind es auch massive berufliche oder finanzielle Schwierigkeiten, die Menschen nur noch durch den Tod zu entkommen meinen. Suizide bei Jugendlichen sind häufig Kurzschlusssuizide, da jungen Menschen noch keine oder wenig Krisenkompetenz haben.

Am Telefon und im Chat treffen wir auf Menschen, die nicht mehr leben wollen. Sie planen sich umzubringen. Und dies ist belastend für Beraterinnen und Begleiter: „Ich empfinde es als belastend, wenn der Chat mit ‚Ich kann nicht mehr' beginnt und danach Sendepause ist. Wenn dann kein Dialog zustande kommt, weil der Chatter nicht kann oder nicht will oder eben ich den Gedanken habe, dass es mir nicht gelingt, die passende Frage oder den passenden Kommentar zu geben, der den Chatter veranlasst sich zu öffnen", so ein Berater in der Supervision.

Für Beraterinnen und Berater ist oft die Unsicherheit im Hinblick auf die rechtliche Situation schwierig. „Muss ich nicht die Feuerwehr oder Polizei einschalten, wenn ich von einem geplanten Suizid lese oder höre?" Aber auch Fragen im Hinblick auf die Beziehungsgestaltung sind häufig Thema in den Supervision: „Wie kann ich herausfinden, ob die Ankündigung ernst ist oder vielleicht erstmal nur ein Hilferuf? Wie kann ich einen Menschen mit suizidalen Gedanken erreichen? Ich habe Angst alles zu verschlimmern".

Suizidgedanken sind keine Krankheit, sondern ein Ausdruck einer großen Not, einer Ambivalenz zwischen Leben und Tod. Der suizidale Mensch fühlt sich nicht in der Lage, in der bisherigen Weise weiterzuleben und sieht im Tod die Erlösung seines Leidens. Die Sehnsucht nach dem Tod ist die Sehnsucht nach dem Leben (Knatz 2013).

■ Hier ein Beispiel für die Erlösung

Beraterin	Was können wir miteinander besprechen?
Ratsuchende	Ich weiß nicht, wie ich das Ihnen sagen soll.... ich möchte mein Leben beenden. Ich kann nicht mehr
Beraterin	Welche Probleme stehen dahinter?
Ratsuchende	Vergewaltigung
Beraterin	Möchten Sie damit den inneren Schmerz beenden?
Ratsuchende	Ja, dann muss ich das nie wieder aushalten, dann ist endlich alles wieder gut
Beraterin	Was ist dann für wen wieder gut?
Ratsuchende	Für mich, dann ist der Horror vorbei

■ Eine Beschreibung der Ambivalenz

Eine Anruferin beschrieb sie so: *„.... Es gibt in mir zwei gegensätzliche Seiten, die sich ständig bekämpfen – Schwarz und Weiß. Es gibt einige Gefühle, die zu „weiß" passen, der überwiegende Teil aber fühlt sich „schwarz" an – so würde ich meinen inneren Zustand jetzt einfach mal beschreiben wollen. Ich FÜHLE am stärksten eine Todessehnsucht in mir, wobei es sehr wohl einen Teil in mir gibt, der leben will. Diese Gefühle bekämpfen sich innerlich und mal kriegt das „Lebens-Gefühl" für kurze Zeit Oberwasser, dann wieder das andere...".*

■ So kann ein Kontakt im Gespräch oder Chat gelingen

Der letzte Schritt des suizidalen Menschen ist umgekehrt auch als ein erster Schritt zu sehen: Sie oder er hat in der letzten Zeit Auswege probiert, die alle nichts genützt haben. Der Suizid beendet die Ausweglosigkeit, er ist die Möglichkeit, dem Leiden ein Ende zu machen. Das bietet Entlastung. Jeder Chat, jeder Anruf eines suizidalen Menschen ist der Versuch, in Kontakt zu kommen, vielleicht auch, eine Beziehung aufzubauen. Jeder Selbsttötungshinweis ist ernst gemeint, und gleichzeitig hängt dieser Mensch noch am Leben, sonst hätte er sich nicht gemeldet. Suizidales Verhalten ist häufig ein (letzter) Versuch, mit einem Mitmenschen zu reden und sei es noch so anonym.

Beraterinnen und Begleiter unterliegen der Versuchung, Suizidgefährdete zu fragen, warum sie oder er sich das Leben nehmen möchte. Tun Sie es nicht! Sehr oft fühlt man sich bei Warum-Fragen aufgefordert, sich zu verteidigen oder zu erklären. „Wieso", „weshalb", „warum" begünstigen ein Verhaften in dem Problematischen. Selten eröffnen sie Wege und Ressourcen. Eine Anruferin antwortete auf die Frage nach dem Warum: *„Ach, wissen Sie, auf Warum-Fragen habe ich schon als Kind gelogen"*.

Machen Sie im Kontakt deutlich, dass Sie mitbekommen haben, dass sich Ihr Gegenüber in einer für ihn aussichtslosen Situation befindet! Vertiefen Sie in Ihrer Rückmeldung die Verzweiflung. „Gehen Sie mit auf die Schattenseite und versuchen Sie nicht ihn ins Licht zu holen!" Auf dem Hintergrund der starken Ambivalenz, die jede Suizidale hat, ist das hilfreich. Wenn Sie anfangen zu trösten oder deutlich zu machen, dass es auch schöne Seiten im Leben gibt, verspotten sie den suizidalen Menschen. Sie nehmen ihn nicht ernst, und er fühlt sich nicht wahrgenommen und nicht verstanden.

Wenn Sie befürchten, dass Sie damit die Verzweiflung noch verstärken, können wir Ihnen versichern, dem ist nicht so! Im Gegenteil: Die Verzweiflung wird geteilt und der suizidale Mensch fühlt sich vielleicht zum ersten Mal verstanden!

Echtes Verstehen ist ein einfühlsames Nachvollziehen, Mitgehen, Dasein. Durch dieses Verstehen ermöglichen Sie dem anderen, etwas zu erleben, was er die letzten Wochen nicht mehr erlebt hat. – Der suizidale Mensch fühlt sich alleine. Er glaubt, dass es keinen Menschen mehr für ihn auf der Welt gibt. In dieser Lage kann er nichts anderes denken als: „Das Leben gehört mir allein, ich bestimme über mein Leben und kann es somit auch beenden". Dieses Gefühl der Isolation muss im *Dialog* vorkommen! Trauen Sie sich anzusprechen, dass der andere ein Recht hat, sich umzubringen. Für ihn ist dies seine Lösung. Und indem sie ihm die Lösung nicht wegnehmen oder schlechtreden, lockern Sie die Isolation.

Menschen mit Suizidabsicht fühlen sich unter einem Rechtfertigungsdruck – sowohl sich als auch anderen gegenüber. Und sie meinen sich verteidigen zu müssen. Das ist der Mechanismus, sich in die Suizidalität hineinzutreiben. Vielleicht kennen Sie dies aus eigener Erfahrung: Wann immer Sie sich rechtfertigen müssen, eröffnet sich keine weitere Perspektive. Sie sind so sehr damit beschäftigt, nach Argumenten zu suchen, dass Sie keinen Blick für Neues haben.

Fragen Sie im Gespräch oder Chat nach der Entwicklung der Spannung: Wie hat sich diese aufgebaut? Vielleicht kann es gelingen, über die Ängste ins Gespräch zu kommen, die Vereinsamung, den Verlust und das Leiden (Knatz 2013).

In unserer Arbeit erleben wir immer wieder, wie ein Mensch sich *selbst* das eigene Leid verboten, die eigenen Ängste ignoriert und abgewehrt hat. Eine Angst, die missachtet wird, nimmt an dunkler Kraft zu. Man bringt sich so selber in einen Zustand der Unerträglichkeit. Wenn es Ihnen gelingt, im Kontakt das Abwehren der Ängste zu thematisieren, ist es hilfreich. Vielleicht kann die Angst ein Weg aus der Isolation sein.

Beraterin	Guten Tag
Ratsuchender	Leider muss ich auch heute in den Chat,
Ratsuchender	es ist nicht ausgeschlossen, dass wir uns schon mal hier begegnet sind
Ratsuchender	Um es auf den Punkt zu bringen,
Ratsuchender	ich bin höchst suizidal,
Ratsuchender	hatte gestern einen Freund hier, der um meinen Zustand weiß

Ratsuchender	Er ist eigentlich ein gebildeter Mann
Ratsuchender	Leider hat er mir gestern einen Mist gesagt, der zum Himmel stinkt
Ratsuchender	Er sprach davon, dass Menschen die Suizid machen, feige sind und auch nach dem Suizid in eine Art Hölle kommen
Ratsuchender	Können Sie verstehen, wie geschüttelt ich bin?
Beraterin	Ja! Dieser Freund kann sich offensichtlich nicht in Ihre Situation einfühlen
Ratsuchender	Es war eine Dusche voller Vorwürfe
Beraterin	Wahrscheinlich denkt er, die Drohung (Hölle) hält Sie von Ihrem Vorhaben ab
Ratsuchender	Mein Zustand sei nur das Ergebnis meines Lebens der letzten 30 Jahre
Ratsuchender	Insbesondere meint er: „Wenn du das dann gemacht hast und in der Hölle bist, dann kannst du von dort nicht durch Suizid abhauen. Und deine Probleme hören dort auch absolut nicht auf."
Beraterin	Hier zeigt sich, wie hilflos er sich gegenüber Ihrer Suizidabsicht fühlt
Beraterin	Die Weltsicht hinter diesen Worten ist aber auch echt verschroben. Darin stimme ich mit Ihnen überein
Beraterin	Insgesamt gesehen ist das jemand, der Ihnen im Augenblick nicht guttut
Ratsuchender	Und dennoch macht sie mir noch größere Angst
Beraterin	Ist es die Angst davor, dass die Probleme nach dem Suizid wirklich nicht aufhören könnten oder wovor fürchten Sie sich?
Ratsuchender	Ja, könnte doch vielleicht so sein, wie er es meint. Sogar wetten wollte er darauf
Ratsuchender	Ich habe auch ohne solche Sprüche nur noch furchtbare Todesangst
Beraterin	Nach seiner Meinung laufen Sie vor Ihren Problemen davon. Ist das tatsächlich so?
Ratsuchender	Seit Monaten schlafe ich jeden Tag nur noch maximal 3,5 h, in der Restzeit habe ich Panik und Angst vor Krebs und qualvollem Leiden
Beraterin	Hat diese Krebsangst einen realen Hintergrund? Gibt es eine Diagnose?
Ratsuchender	Nein, es gibt keine Diagnose
Ratsuchender	Ich habe eine Arztangst
Ratsuchender	Es ist auch geklärt, woran das liegt. Das sind eine ganze Reihe von Traumata von Geburt an
Ratsuchender	Die Psychologen lehnen eine Traumatherapie ab. Sie meinen, da könnte alles noch viel schlimmer werden
Ratsuchender	Aber das eine kann ich erklären: Schlimmer als derzeit geht es nicht mehr
Ratsuchender	Ich bin sooooooooo fertig
Ratsuchender	Aber es fehlen mir ja auch die Kraft und der Mut, endlich zur Tat zu schreiten und Suizid zu machen
Ratsuchender	Formen wie der Sprung von der Brücke oder vom Hochhaus und vor den Zug gehen, halte ich für unwürdig
Ratsuchender	Eine Waffe, Gift oder eine Möglichkeit mich zu erhängen habe ich nicht
Beraterin	Ja, das glaube ich unbesehen! Dauerhafte Angst und Schlafmangel sind sehr kräftezehrend und es ist kein Ende in Sicht

Ratsuchender	Auch der Kontakt nach Belgien führte ins Nichts
Beraterin	Gäbe es denn außer Traumatherapie noch andere Möglichkeiten, Ihre Angst vor der Angst einzudämmen?
Beraterin	Im Augenblick nehmen Sie weder am Leben noch am Sterben teil
Ratsuchender	Leider habe ich hier keine Idee mehr
Ratsuchender	GENAU. Sie erkennen das mehr als gut,
Ratsuchender	es ist wie in einem Vakuum
Beraterin	Ich nehme an, dass Sie nicht arbeiten können. Wie bestreiten Sie Ihren Lebensunterhalt?
Ratsuchender	Ich bin seit einem Jahr in Frühpension
Ratsuchender	Mein Einkommen hat sich halbiert
Beraterin	Frühpension aufgrund der Ängste?
Beraterin	Oder deren Auswirkungen?
Ratsuchender	Ja, deren Auswirkungen,
Ratsuchender	ich hatte meine ganze Leistungsfähigkeit verloren
Ratsuchender	Der berufliche Erfolg blieb aus und die von mir verantworteten Umsätze gingen in die Knie
Beraterin	Diese ganze Entwicklung ist fatal! So wie Sie es beschreiben, hätten Sie nur gegensteuern können, wenn es Ihnen gelungen wäre, wenigstens eine Ihrer Ängste zu bezwingen
Ratsuchender	Genau
Ratsuchender	Da ist es doch mehr als konsequent, aus diesem Leben zu gehen
Ratsuchender	Es braucht dazu nur Mut und daran fehlt es
Beraterin	Und wahrscheinlich auch niemand, für den Sie sorgen müssen?
Ratsuchender	Nur eine Ehefrau, die mich schön regelmäßig fragt: „Wann endlich stirbst du?"
Beraterin	Das ist schrecklich! Die Gesamtsituation ist aber auch nur schwer zu ertragen. Bewohnen Sie noch eine gemeinsame Wohnung?
Ratsuchender	Ja, jeder hat zwei Zimmer, jeder macht seine Wäsche in jeweils eigener Maschine. Jeder kauft für sich ein usw. usw. usw. Und man versucht, in so großen Bögen wie möglich um sich rumzuschleichen
Ratsuchender	Denke nun, dass die Chat-Zeit sich dem Ende zuneigt
Ratsuchender	Habe leider keinen Überblick
Ratsuchender	Jetzt sollte ich einfach raus in mein Auto und an den nächsten Baum fahren
Beraterin	Ich hätte noch 15 Min. Zeit
Ratsuchender	Das wäre konsequent
Ratsuchender	Ok
Ratsuchender	Aber Sie sehen ja, ich bin ein harter Brocken,
Ratsuchender	jegliche Therapie ist bis jetzt zu NULL Ergebnissen gekommen
Ratsuchender	Regelmäßig frage ich die behandelnde Ärztin, ob ich geisteskrank bin

Beraterin	Es ist also so, dass Sie quasi nur noch sich selbst verpflichtet sind. Innerlich sind Sie von Ihrer Frau schon geschieden
Ratsuchender	Die sagt NEIN, absolut nicht
Ratsuchender	Jetzt kann ich nicht weiterschreiben,
Ratsuchender	eine Welle grausamster Panik hat mich in den Fängen
Ratsuchender	Ich selbst habe meinen Vater dreimal vor dem Suizid gerettet
Ratsuchender	Er war Polizist
Ratsuchender	Zweimal habe ich ihm die Waffe aus der Hand genommen und einmal einen Strick, als er auf dem Weg in die Scheune war
Ratsuchender	und das alles in einem Alter von unter 18 Jahren
Ratsuchender	Meine Mutter kannte ich nur als sehr kranke Frau
Beraterin	Da hat das Leben Ihnen aber ein gewaltiges Paket auf die Schultern gepackt!
Beraterin	Ich nehme an, dass Sie in der ganzen Zeit funktioniert haben und anderen im Rahmen Ihrer Möglichkeiten eine Stütze waren
Ratsuchender	Ja das ist so
Beraterin	Wie lange nach dem Tod der Eltern wurden die Ängste so massiv?
Ratsuchender	Und ich habe aufkommende Angst immer mit noch mehr Engagement Arbeit und Action bekämpft
Ratsuchender	Aber jetzt Schluss ENDE AUS ICH KANN NICHT MEHR
Ratsuchender	Ich bete darum, dass ich es schaffe, das ENDE zu beschleunigen
Ratsuchender	DANKE für Ihre Kraft mich auszuhalten
Ratsuchender	SIE SIND STARK
Beraterin	Ich merke, dass Sie in der Zeit, als Ihre Eltern Sie brauchten, über Ihre Grenzen gegangen sind. Bitte versuchen Sie, ob Ihnen autogenes Training zur Entspannung helfen könnte! Auch Sie sind sehr stark, denn Sie haben all das ausgehalten!
Ratsuchender	DANKE
Beraterin	Sie haben damals die Angst zurückgedrängt und in Aktion umgewandelt und damit Entspannung und Schlaf verhindert. Vielleicht haben Sie die Möglichkeit, dies neu zu erlernen. Vielleicht minutenweise. Ich wünsche Ihnen viel Glück!

■ Einschätzung der Suizidalität

Um einschätzen zu können, wie nah der Anrufer oder die Chatterin davor ist sich umzubringen, können Sie durch Fragen herausfinden: „Haben Sie auch schon daran gedacht, sich das Leben zu nehmen?", ist eine Frage bei der Sie ausloten, wie nah oder weit der Suizid ist. Je häufiger Ihr Gegenüber an Suizid denkt, desto gefährdeter ist er! Je konkreter die Vorstellungen im Hinblick auf die Vorbereitungen sind, desto größer ist das Risiko! Ein Ausloten könnte so aussehen: „Wie würden Sie es tun wollen? Haben Sie schon Vorbereitungen getroffen?" (Je konkreter die Vorstellungen, desto größer das Risiko.) „Denken Sie bewusst daran sich zu töten oder drängen sich die Gedanken auf, auch wenn Sie es nicht wollen?" (Sich passiv aufdrängende Gedanken sind gefährlicher).

„Haben Sie schon über Ihre Absichten mit jemandem gesprochen?" (Ankündigungen immer ernst nehmen.) „Haben Sie gegen jemanden Aggressionen, die Sie unterdrücken müssen?" (Aggressionen, die unterdrückt werden, richten sich gegen die eigene Person.) „Haben Sie Ihre Interessen, Gedanken und zwischenmenschlichen Kontakte gegenüber früher eingeschränkt und reduziert?" – (Pöldinger 1982).

Hier ein Bespiel: In einem Telefonat hat der Anrufer von seiner Prostatakrebsdiagnose erzählt und dass er sich umbringen wird. Auf die Frage, ob er sich schon überlegt hat wie, antwortete er: „Ich springe aus dem Hubschrauber und werde den Fallschirm nicht öffnen". Auf die Nachfrage, wo er das tun wird, antwortete er: „Irgendwo in Österreich *oder* der Schweiz". Auf die Frage, wie er dort hinkommen will, meinte er: „Mit dem Zug *oder* mit dem Auto *oder so*". Nun war klar, dass keine unmittelbar akute Gefahr droht, sondern der Mann sich den Suizid als letzte Lösung vorbehält. Und so weit ist er im Moment nicht.

Walter Pöldinger, ein österreichischer Psychiater, der sich intensiv mit Suizid befasste, entwickelte einen Fragenkatalog zur Einschätzung der Suizidalität. Der Fragebogen beinhaltet Fragen in Hinblick auf die Vorbereitung, den Zwangsgedanken, den Ankündigungen und der Aggressionshemmung. Je mehr Fragen mit Ja beantwortet werden, umso höher muss das Suizidrisiko eingeschätzt werden.

	Ja	Nein
Haben Sie in *jüngster* Zeit daran denken müssen sich zu töten?		
Häufig?		
Haben Sie auch daran denken müssen, ohne es zu wollen? Haben sich die Selbsttötungsgedanken aufgedrängt?		
Haben Sie konkrete Ideen, wie Sie es machen würden?		
Haben Sie Vorbereitungen getroffen?		
Haben Sie schon mit jemandem über Ihre Selbsttötungsabsicht gesprochen?		
Haben Sie schon einmal einen Selbsttötungsversuch unternommen?		
Hat sich in Ihrer Familie oder in Ihrem Freundes- und Bekanntenkreis schon mal jemand das Leben genommen?		
Halten Sie Ihre Situation für aussichts- und hoffnungslos?		
Fällt es Ihnen schwer, an etwas Anderes als an Ihre Probleme zu denken?		
Haben Sie in letzter Zeit weniger Kontakte zu ihren Verwandten, Bekannten und Freunden?		
Haben Sie noch Interesse daran, was in Ihrem Beruf und in Ihrer Umgebung vorgeht? Interessieren Sie noch Ihre Hobbys?		
Haben Sie jemanden, mit dem Sie offen und vertraulich über Ihre Probleme sprechen können?		
Wohnen Sie zusammen mit Familienmitgliedern oder Bekannten?		
Fühlen Sie sich unter starken familiären oder beruflichen Verpflichtungen stehend?		
Fühlen Sie sich in einer religiösen bzw. weltanschaulichen Gemeinschaft verwurzelt?		

Adaptiert nach Pöldinger 1982: Fragenkatalog zur Abschätzung der Suizidalität

- **Interventionsmöglichkeiten auf einen Blick**

- Zeigen Sie Respekt und Mitgefühl gegenüber dem Wunsch, so nicht mehr weiterleben zu können.
- Machen Sie auf keinen Fall Angebote, die Sie nicht leisten können! Sagen Sie auf keinen Fall: „Ich bin mir sicher, dass Sie nach unserem Gespräch anders denken…", sondern lieber: „Wir beide wissen, dass ich Sie nicht vom Suizid abhalten kann, was ich kann, ist Ihnen zuzuhören und danach entscheiden Sie…".
- Zeigen Sie Sorge um den anderen, aber keine Angst vor seinen Worten und Vorhaben.
- Vermeiden Sie wohlgemeinte minimierende Umschreibungen. Schreiben Sie konsequent und klar, z. B. „Sie wollen sich umbringen", oder statt „Tabletten nehmen" „Sie wollen sich vergiften".
- Suizidale Menschen schwanken zwischen Leben und Tod. Verdeutlichen Sie diese Ambivalenz und verstärken sie, so dass der andere sich noch einmal beide Alternativen überlegen kann.
- Lassen Sie sich nicht in die Hoffnungslosigkeit hineinziehen, sondern hinterfragen Sie diese.
- Vermeiden Sie jedoch Nachfragen mit „wieso, weshalb, warum" – Sie können den anderen in die Ecke drängen.
- Regen Sie stattdessen an, Phantasien über die eigene Zukunft zu entwickeln, aber nehmen Sie ihm oder ihr diese Mühe nicht ab. Ermuntern Sie zu Mini-Aktionen!
- Erkunden Sie durch behutsame Fragen, welche der fünf wichtigsten Lebensbereiche (Selbst, Arbeit, soziale Beziehungen, Religion sowie Liebe, Sex, Partnerschaft) Ihrem Gegenüber noch am ehesten Auftrieb verleihen könnten. Aber sagen Sie auf keinen Fall, dass er sich wegen der Kinder nicht umbringen kann. Es geht um den Anrufer oder die Chatterin! Vor einer Zeit verabschiedete sich ein suizidaler Mann im Chat mit den Worten. *„Ich danke Ihnen, dass Sie nicht gesagt haben, dass ich an meine Kinder denken soll. Das haben mir alle gesagt, mit denen ich gesprochen habe. Bei Ihnen fühlte ich mich das erste Mal in meiner Not gesehen".*
- Lassen Sie sich nicht von logischen Schlussfolgerungen überzeugen wie „darum muss ich mich umbringen". Wandeln Sie diese um: „Deshalb könnten Sie sich (in absehbarer Zeit, unter bestimmten Umständen, wenn diese oder jene Möglichkeiten nicht mehr offenstehen) töten".
- Lassen Sie Ihr Gegenüber wissen, wie gut Sie es finden, dass sie oder er in Kontakt mit Ihnen getreten ist, sich gemeldet hat (▶ www.suizidprophylaxe.de).
- Versuchen Sie, eine Vereinbarung, einen sogenannten Nicht-Suizidvertrag zu schließen. Der Vertrag beinhaltet, dass die Anruferin oder der Chatter bis zum nächsten vereinbarten Termin keinen Selbsttötungsversuch unternehmen wird. Dieser Vertrag erweitert einen Raum für Folgekontakte. Der Anti-Suizidvertrag ist kein Allheilmittel, aber er ist eine Möglichkeit! Im Wildwasser-Forum, ein Selbsthilfe-Forum gegen sexuellen Missbrauch, diskutieren Mitglieder über den Nutzen eines solchen Vertrages. User „Sailormoon" schreibt: „Ich habe einen Anti-Suizidvertrag mit meinem Therapeuten. Gilt auch fürs Selbstverletzen. Es hilft mir schon, diesen Vertrag zu haben. Weil, es fällt mir schwer, ein Versprechen nicht einzuhalten, weil ich weiß, wie sich sowas anfühlt, wie weh das tut". Isa, eine andere Userin, schreibt: „Und was geholfen hat, war auch eine Art innerer Vertrag, was will ich noch tun, bevor ich es tue. Was will ich nicht unversucht lassen? Damals hatte ich noch keine Traumatherapie und ich hab den Vertrag mit mir geschlossen… erst eine Traumatherapie,

vorher würde ich es mir nicht verzeihen und es als Aufgeben empfinden…. Weiß nicht, ob das etwas für dich ist. Ich würde es so machen, dass es sich für dich stimmig anfühlt" ► https://forum.wildwasser.de/viewtopic.php?t=49466.

- Eine andere Userin schreibt, dass sich der Vertrag stimmig anfühlen soll. Und so kann der nachfolgende Vertrag ein Beispiel sein. Er ist nicht in Stein gemeißelt, sondern muss immer wieder für uns Beraterinnen und Berater und die suizidale Chatterin oder den suizidalen Anrufer passen:

Nicht-Suizidvertrag

Ich, *Claudia,* werde bis zu unserem nächsten Chattermin am Leben bleiben und mein Leben auch nicht unabsichtlich in Gefahr bringen, egal, was passiert und egal, wie ich mich fühle. In der Not werde ich meine gelernten Skills zur Selbstrettung anwenden oder in die Klinik gehen. Unterschrift: *Claudia Müller.*

Rechtliche Aspekte zu Suizid

Nach deutschem Recht ist weder der Suizid, noch der Versuch oder die Teilnahme daran strafbar. Strafbar nach § 323c StGB ist die unterlassene Hilfeleistung. Der unterlassenen Hilfeleistung macht sich strafbar, wer bei Unglücksfällen nicht Hilfe leistet, obwohl dies erforderlich und zumutbar ist. Doch ist der Suizid ein Unglücksfall? Macht man sich der unterlassenen Hilfeleistung strafbar, wenn man einen suizidalen Menschen nicht von seinem Vorhaben abhält?

Der Straftatbestand der unterlassenen Hilfeleistung zielt auf die Solidarität unter uns Menschen ab und somit der Verpflichtung, jemandem zu helfen, der in Not ist. Dies liegt in den Grenzen der eigenen Selbstbestimmung: Wo ein fester und freier Entschluss zu sterben vorliegt, ist kein „Unglücksfall" zu interpretieren. Der suizidale Mensch hat ein Recht auf Selbstbestimmung und ist verantwortlich für sein Handeln. Am Telefon und im Chat helfen wir, wenn wir ein medial gestütztes Gespräch, Kontakt, einen Dialog anbieten. Dies ist die Form der Hilfe, die wir leisten können, die uns möglich ist. Und so machen wir uns nicht der unterlassenen Hilfeleistung strafbar, wir leisten Hilfe! Wenn Sie auf der Brücke stehen und sehen, dass ein Mensch runterspringen will, sollten Sie auch mit ihm reden. Wenn Sie dies nicht tun, könnte es Ihnen als unterlassene Hilfeleistung ausgelegt werden.

Akzeptieren Sie die Suizidankündigung als Notsignal und verstehen Sie die Bedeutung und Notwendigkeit. Versuchen Sie, eine tragfähige Beziehung aufzubauen, indem Sie den Suizidalen ernst nehmen und ihr oder ihm nicht die Suizidabsichten ausreden oder die Probleme bagatellisieren.

2.6 Inszenierungen und Fakes – Nebenwirkungen der medialen Kommunikation

Mehr als im der face-to-face Dialog fragen sich Begleiterinnen und Begleiter im mediengestützten Dialog, ob der Anruf oder der Chat „echt" oder „gefakt" ist. Durch den Wegfall der visuellen und im Chat auch der auditiven Wahrnehmung ist diese Form der Beratung projektionsfördernder als die Beratung von Angesicht zu Angesicht. Die Verunsicherung für Begleitpersonen ist stärker, da sie ausschließlich auf ihre Resonanz angewiesen sind und sie nichts im Blick ihres Gegenübers erkennen können.

Was steckt dahinter, wenn Anrufer und Chaterinnen mit ihren Themen den Verdacht auslösen, ihre Geschichte sei gefakt, es sich um eine Inszenierung handelt oder alles gar nicht stimmt? In diesem Kapitel stellen wir Ihnen den Unterschied zwischen Inszenierung und Fake vor, machen einen kleinen Exkurs zur Wahrheit, welche bekanntermaßen „die Erfindung eines Lügners" ist (Heinz von Foerster) und zeigen Möglichkeiten auf, mit Inszenierungen und Fakes begleitend umzugehen.

■ Die Landkarte ist nicht die Landschaft

Der Begriff der Inszenierung kommt aus dem interpersonalen Ansatz der Psychoanalyse. Kennzeichen einer Inszenierung ist, dass die Anruferin oder der Chatter Ihnen einen Auftrag gibt. Die Zuweisung passiert bewusst oder unbewusst. Ihnen werden so lange Varianten des „Symptoms" präsentiert, bis Sie es verstanden haben. Wer etwas erzählt, ob mündlich oder schriftlich, will bei seinem Gegenüber etwas bewirken, es geht darum, emotional verstanden zu werden. Chatterinnen und Anrufer wollen Kontrolle über ein Geschehen haben oder erlangen. Schmerz, Angst und andere unangenehme Gefühlzustände sollen reduziert oder bewältigt werden. Deshalb „müssen" sie die Geschichte solange erzählen, bis sie sich beruhigt haben und die Beraterin adäquat auf ihre Emotionen reagiert (Dechant 2016). Oder anders formuliert: „Bitte verstehe mich nicht zu schnell".

Der Begriff „Fake" wurde im Zeitalter des Internets erfunden. Das Wesensmerkmal des Fakens ist das gewollte Provozieren oder das bewusste Nutzen von mehreren Identitäten, um zu täuschen oder zu verfälschen. Im Gegensatz zur Inszenierung, die oftmals unbewusst passiert, beabsichtigt das Faken die bewusste Manipulation des Gegenübers.

Wie in der Einleitung dieses Kapitel erwähnt, nehmen wir weniger den Inszenierenden (die Chatterin oder den Anrufer) in den Blick, sondern den quasi Inszenierten (Beraterin und Begleiter). Das Charakteristische der medienbasierten Kommunikation, wie im Kapitel „Merkmale der medialen Kommunikation" beschrieben, schafft eine sichere Distanz und vielfach eine schnellere Form von Nähe. Menschen äußern sich freier, wenn sie kein reales Gegenüber haben. In diesem Sinne sind wir Resonanzkörper. Das emotionale Anliegen und die Erzählung erzeugen eine Wirkung in uns. In dem Maße, in dem die Verstrickung größer wird, wird unsere Freiheit kleiner. Der Anruf oder der Chat werden dann als Fake konnotiert, da die Geschichte „doch so gar nicht stimmen kann". Und so unterliegen wir mehr der Versuchung, den Dialog als falsch zu entlarven, anstatt ihn als Inszenierung zu verstehen und die Szene zu deuten. Der kommunikationspsychologische Ansatz Paul Watzlawicks bietet neben dem psychoanalytischen Ansatz eine weitere Perspektive zum Thema Inszenierungen. Watzlawicks Überlegungen fußen auf dem Gedanken des so genannten radikalen Konstruktivismus, ein Modell, in dem Menschen sich auf Grund ihres eigenen Erlebens eine mehr oder weniger verlässliche Welt bauen (Von Foerster 2006). Der chilenische Neurobiologe und Philosoph Humberto Romesín formulierte es so: *„Wir erzeugen die Welt, in der wir leben, buchstäblich dadurch, dass wir sie leben"*. So ist Wahrnehmung nicht Abbildung der Wirklichkeit, sondern kognitive Konstruktion. Oder, wie Heinz von Foerster, der österreichischer Physiker und Mitbegründer der kybernetischen Wissenschaft, es provokant formulierte: *„Die Umwelt, so wie wir sie wahrnehmen, ist unsere Erfindung"*.

Ein berühmtes Beispiel dafür ist die „Hammer-Geschichte" von Watzlawick: „Ein Mann will ein Bild aufhängen. Einen Nagel hat er, aber keinen Hammer. Den hat der Nachbar. So will der Mann zum Nachbarn gehen, um sich den Hammer auszuleihen. Während er sich zur Nachbarwohnung aufmacht, kommen ihm Zweifel: *Was, wenn der Nachbar mir seinen Hammer nicht leiht? Gestern hat er mich schon so flüchtig gegrüßt. Vielleicht war er in Eile oder er hat die Eile nur vorgetäuscht. Vielleicht hat er auch was gegen mich. Aber was sollte das sein? Ich habe ihm nichts getan; der bildet sich da etwas ein. Wenn jemand von mir sich einen Hammer ausleihen wollte, ich gäbe ihn ihm sofort. Warum er nicht? Wie kann man einem Nachbarn einen so einfachen Gefallen abschlagen? Leute wie dieser Kerl vergiften einem das Leben. Und dann bildet er sich noch ein, ich sei auf ihn angewiesen. Bloß weil er einen Hammer hat. Jetzt reicht's mir wirklich.* – Und so stürmt er hinüber, der Nachbar öffnet, doch bevor er ‚Guten Tag' sagen kann, schreit ihn unser Mann an: ‚Behalten Sie Ihren Hammer'."

Sie lesen: „Die Landkarte ist nicht die Landschaft". Dieser Grundgedanken fußt auf dem neurophysiologischen Mechanismus unserer Wahrnehmung (Roth 1986). Aus einer immensen Fülle verschiedenster Wahrnehmungen werden im Gehirn möglichst stabile, sinnstiftende „Wirklichkeiten" systematisiert. Die Konstruktion ist von unserer individuellen Struktur, unseren Zielen, Wünschen und Erwartungen bestimmt (Schumacher 1999). Watzlawick unterscheidet daher die Wirklichkeit erster Ordnung (die direkte Wahrnehmung) sowie Wirklichkeit zweiter Ordnung (die Zuschreibung von Bedeutung, Sinn und Wert).

Eine erste, vielleicht provokative, Schlussfolgerung lautet: Alle Anrufe und Chats, die wir entgegennehmen, sind inszenierte Geschichten, denn alle Geschichten basieren auf der Konstruktion des subjektiven Erlebens und die Dramaturgie ist geleitet von den Gefühlen, Motiven, Absichten, Perspektiven und Rollenstrukturen der Betroffenen.

Der Unterschied, der uns bisweilen zu schaffen macht, liegt in dem Maß der Dramatisierung. Inszenierte Geschichten sind nicht bewusst für uns gestaltet worden. Sie folgen einer unbewusst-intuitiven Dynamik des psychischen Geschehens und den zugehörigen neurologischen Abläufen. Die Inszenierung dient zuallererst sich selbst, indem sie immer wieder eine auf sich selbst bezogene Sinnhaftigkeit sucht oder erzeugt. Das Erzählen am Telefon und in den Chats dient dazu, Kontrolle über ein Geschehen zu haben oder zu erlangen und so Angst zu reduzieren oder zu bewältigen. Sie entsprechen also nie der Realität, jedoch immer der Wirklichkeit! Sie sind wahr im Auge des Betrachters und hinterlassen ihre Wirkung. Damit sind wir bei der Wirklichkeitskonstruktion von uns, als den „vermeintlich Inszenierten", angekommen.

Je merkwürdiger eine Geschichte zu sein scheint, umso mehr steigt auf unser Seite das Bedürfnis nach der Realitätsprüfung, das unsinnig ist, da es eine objektive Realität nicht gibt. Indem ich mich mit der Wahrheit der Geschichte auseinandersetze, bin ich nicht mehr beim Ratsuchenden, sondern bei mir! Ich versuche, eine scheinbar erfundene Wirklichkeit in meinem neurophysiologischen System zu verorten. Das klappt natürlich nicht und deshalb leidet mein Gefühlserleben darunter.

An diesem Punkt lässt sich eine zweite provokative These formulieren: Für unsere Gefühle sind nicht die Ratsuchenden und ihre Inszenierungen verantwortlich! Sie sind höchstens der Anlass für unseren Zustand. Deutlich wird dies in Supervisionen, wenn über dieselbe Anruferin gesprochen wird. So findet eine Begleiterin die Anruferin freundlich und kommt gut mit ihr in Kontakt und jemand anders bekommt keinen Zugang und glaubt, dass die Anruferin ihn anlügt. Erzählungen, wie wir wissen, entsprechen nicht der „objektiven Realität", jedoch immer der Wirklichkeit, denn sie sind subjektiv „wahr" und hinterlassen ihre Wirkung.

■ Welchen Sinn macht es zu inszenieren?

Stellen Sie sich folgende Anruferin vor: „Hallo, ich bin ganz aufgeregt. Ich habe mich gerade ausgesperrt. Mein Schlüssel liegt in der Wohnung und ich stehe nur im Bademantel bekleidet auf dem Flur. Bei der Nachbarin traue ich mich nicht, so leicht bekleidet anzuschellen, sie schaut mich immer so ‚verliebt' an und ich habe Angst, dass da was passieren könnte. Andererseits hat sie einen Ersatzschlüssel von mir. Wir haben die Schlüssel mal für solche Situationen ausgetauscht. Was meinen Sie – soll ich mich trauen zu klingeln? Was ist, wenn sie mich so sieht? Würden Sie mit am Hörer bleiben, wenn ich klingele, dann fühle ich mich sicherer…"

Solche und ähnliche „Geschichten" lassen schnell Zweifel an der Wahrheit aufkommen oder lösen innere Fantasien in uns aus, ob die Situation sich tatsächlich so zutragen kann. Die nachfolgenden inneren Fragen können Auslöser für unsere Bewertungen sein, die wiederum unsere Gefühle beeinflussen:

Was denken Sie anhand des obigen Beispiels:

- Was will die die Anruferin in Szene setzen?
- Was sollen Sie verstehen?
- Worum geht es?
- Was ist das Thema??
- Welche Gefühle und Affekte lösen die Erzählung in Ihnen aus, so dass Sie das Bedürfnis verspüren, der Frage nach der Wahrheit nachzugehen?
- Welche Fantasien weckt die Anruferin, so dass Sie ihr nicht trauen?
- Welche Wirkung erzeugen die Erzählung und die Anruferin, so dass Sie uns aus der Rolle bringen können?
- Wieso ist es von Belang, ihr einen Fake zu unterstellen und die Erzählung nicht als Inszenierung zu verstehen?

Unsere Empfindungen wie Ärger, Skepsis, Hilflosigkeit, Druck verstärken die Inszenierungsintensität und diese wiederum verstärkt unsere Zweifel und damit unser Gefühlserleben. Während die Geschichte immer mehr Raum einnimmt, geraten Ratsuchende aus dem Blick.

Welche Konsequenzen ergeben sich daraus? Es gibt eine schlechte und eine gute Nachricht. Die schlechte: Aus der oben genannten Perspektive des Konstruktivismus kann ich für meine Gefühlssituation nach einer inszenierten Geschichte nicht die Anruferin verantwortlich machen oder die Fragwürdigkeit der Geschichte;-(

Die gute Nachricht: Da mein Zustand durch meine eigene Denkstruktur entstanden ist, kann ich meinen Zustand unabhängig vom Ratsuchenden verändern;-)

■ Dabei bedarf es zweier Kernkompetenzen:

1. Wir brauchen einen „guten" Zustand, der sich in den Basisvariablen von Rogers als einer Mischung von Entspanntheit – Aufmerksamkeit – Zuwendung und Selbstsorge zeigt. Auch hier eine kleine Provokation: Wir sollten etwas faul, etwas neugierig und etwas dumm sein, um nicht zu viel zu arbeiten, nicht alles besser zu wissen und um nicht zu früh abzuschalten.

2. Wir brauchen eine angemessene Haltung, getragen von Respekt – Wertebewusstheit – Unterscheidungsfähigkeit und Relativität! Wir sollten uns nicht als Ursache (als Manipulatorin oder Manipulator) für die Veränderung Anderer begreifen, sondern als Anlass (als Katalysator), der die Rahmenbedingungen für die Entwicklung Anderer zur Verfügung stellt.

Für den Umgang mit Erzählungen, bei denen wir glauben, dass sie nicht stimmen, gibt es verschiedenen Möglichkeiten damit umzugehen. Wir können die Erzählung des Ratsuchenden in einen „Als-ob-Rahmen" stellen (als ob sie so wäre, wie sie für die Ratsuchenden ist). Dabei suchen wir nicht nach der Wahrheit, sondern reflektieren die Wirkung der Geschichte. Wir suchen die positiven Absichten des Ratsuchenden, die hinter seinem oder ihrem Verhalten liegen.

Um sich ein Bild davon machen zu können, möchten wir Ihnen eine Anruferin vorstellen:

Beispiel

Die Frau Ende 40, angenehme Stimme, meldet sich am Telefon und ist fest der Meinung, dass der Tod vor ihrer Tür stehe. Er lässt sie nicht vorbei und so kann sie nicht einkaufen. Nun wissen wir, dass der Tod nicht in Gestalt vor der Tür stehen kann. Mit der Frau darüber zu diskutieren, dass sie sich das nur einbildet, macht keinen Sinn. Sie ist der festen Überzeugung: Der Tod versperrt mir den Weg und ich komme nicht aus der Wohnung! Wenn Sie nun die Erzählung der Anruferin in einen „Als-ob-Rahmen" stellen, geht das Gespräch so weiter: Die Begleiterin fragte die Anruferin, ob sie einen Spion (Guckloch) in ihrer Tür habe. Diese bejahte. Dann bat sie sie, mit dem Telefon (die Begleiterin blieb in der Leitung) zur Tür zu gehen, um durch den Spion zu schauen und mitzuteilen, was sie sieht. Sie sah nichts. Die Begleiterin forderte sie nochmal auf genau hinzuschauen, ob der Tod nicht vielleicht etwas weiter weg steht, sich vielleicht versteckt hat. Die Anruferin schaute nochmal genau und konnte ihn nicht durch das Guckloch sehen. Nun wurde sie gefragt, ob sie eine Vorhängekette habe. Hatte sie. Sie wurde dann gebeten, die Kette vorzulegen und die Tür zu öffnen und um die Ecke zu schauen, ob der Tod da sei. War er nicht. Nach dieser „Erkundigung" war ein Aufatmen zu hören und die Anruferin erklärte, dass sie nun einkaufen gehen könne.
Alle Erklärungen, dass es nicht sein könne, dass der Tod vor einer Wohnungstür stehe, können ihr nicht helfen. In ihrer Wahrnehmung, in ihrer Realität steht er vor der Tür und hindert sie am Einkaufen. Ihre Erzählung in einen „Als-ob-Rahmen" zu setzen, macht den Einkauf möglich und die Beraterin muss sich nicht als Detektivin verstehen und kann so in der Beratungsrolle bleiben.

Fakes und Inszenierungen gehören mit zur Beratung. Achten Sie darauf, nicht in die Rolle der Detektivin oder des Staatsanwalts zu verfallen. Verstehen Sie sich eher als Ethnologin oder Ethnologe.

Literatur

Caplan G (1964) Principles of preventive psychiatry. Basic Books, New York
Cullberg J (1978) Krisen und Krisentherapie. Psychiatr Prax 5:25–34
Dechant F (2016) Ich erzähle, also bin ich. Auf Draht 93, S 5
Dolan Y (2009) Schritt für Schritt zur Freude zurück – Das Leben nach traumatischen Erfahrungen meistern. Carl-Auer, Heidelberg

Everly G, Mitchell J (2002) CISM – Stressmanagement nach kritischen Ereignissen – ein neuer Versorgungsstandard bei Notfällen, Krisen und Katastrophen. FacultasUniversitätsverlag, Wien

Grawe K (1998) Psychologische Therapie. Hogrefe, Göttingen

Hücker FJ (2017) Bundesmittel für die Suizidprävention. 24/7 – Zeitschrift der TelefonSeelsorge 2, tsew, S 35

Hüther G (2015) Die Macht der inneren Bilder – Wie Visionen das Gehirn, den Menschen und die Welt verändern. Vandenhoeck & Ruprecht, Göttingen

Knatz B (2013) Handbuch Internetseelsorge. Randome House, Gütersloh

Kreisman J, Straus H (1998) Ich hasse dich – verlass mich nicht. Die schwarzweiße Welt der Borderline-Persönlichkeit. Kösel, München

Pöldinger W (1982) Erkennung und Beurteilung der Suizidalität. Springer, Heidelberg

Reddemann L (2017) Imagination als heilsame Kraft. Klett Cotta, Stuttgart

Reddemann L, Sachsse U (1996) Imaginative Psychotherapieverfahren zur Behandlung in der Kindheit traumatisierter Patientinnen und Patienten. Psychotherapeut 41(3):169–174

Remschmidt H (2011) The emotional and neurological consequences of abuse. Deutsches Arzteblatt. ► https://www.aerzteblatt.de/int/archive/article/87645/The-Emotional-and-Neurological-Consequences-of-Abuse

Roths G (1986) Selbstorganisation – Selbsterhaltung – Selbstreferentialität: Prinzipien der Organisation der Lebewesen und ihre Folgen für die Beziehung zwischen Organismus und Umwelt. In: Dres A et al (Hrsg) Selbstorganisation. Die Entstehung von Ordnung in Natur und Gesellschaft. Springer, Wiesbaden

Schumacher S (1999) Die Architektur von Sinn. Ein empirisch gewonnenes Meta-Modell der menschlichen Sinnerfahrung. Tectum, Marburg

Von Foerster H (2006) Das konstruieren einer Wirklichkeit. In: Watzlawick P (Hrsg) Die erfundene Wirklichkeit: Wie wissen wir, was wir zu wissen glauben. Beiträge zum Konstruktivismus, S 39ff

Herausforderungen durch Kommunikationsschurkerei

B. Knatz, S. Schumacher, *Mediale Dialogkompetenz*,
https://doi.org/10.1007/978-3-662-58721-8_3

3

3.1 Kommunikationsschurken und ihre Gifte

Es sind oft ganz harmlose Worte, die aus einem normalen Satz einen ärgerlichen Satz machen. Der französische Philosoph und Anthropologe Bruno Latour nennt diese Worte Beziehungs- oder Kommunikationsgifte. Sie werden untergemischt, manchmal mit Nebengeschmack, manchmal unbemerkt, immer mit feiner zersetzender Kraft. Die kleinen unschuldigen Worte machen aus Fragen oder Sätzen Unverschämtheiten, die sich als Ärger-Punkte in der Beziehungsbilanz anreichern.

Kommunikationsgifte sind kleine unscheinbare Worte, die aus „normalen" Sätzen toxische Sticheleien machen. Einige Beispiele können das verdeutlichen:

Ohne Kommunikationsgift	Mit Kommunikationsgift
Kannst du den Mülleimer runterbringen?	*Kannst du* ***mal*** *den Mülleimer runterbringen?*
Haben Sie gedient?	*Haben Sie* ***überhaupt*** *gedient?*
Fahren Sie in Urlaub?	*Fahren Sie* ***schon wieder*** *in Urlaub?*
Sind Sie fertig geworden?	*Sind Sie* ***wenigstens diesmal*** *fertig geworden?*
Sie haben mir versprochen…	*Sie haben mir* ***doch*** *versprochen…*
Ich glaube…	***Aber*** *ich glaube…*
Wir sind sehr zufrieden mit Ihnen	*Wir sind* ***eigentlich*** *sehr zufrieden mit Ihnen*
Bist du fertig?	*Bist du* ***endlich*** *fertig?*
Trauen Sie mir das nicht zu?	*Trauen Sie mir das* ***etwa*** *nicht zu?*
Reaktion auf einen Satz des Vorredners – „Ja, und …"	*Reaktion auf einen Satz des Vorredners – „Ja, aber …"*

Gefährlich in der Kommunikation ist der schnelle, unbewusste Anteil, gerade beim Senden der Nachricht. Die Gifte verraten unsere Grundannahme, unser Vorurteil, unsere Bewertung und Meinung. Sie flutschen schnell mit einem kleinen Wörtchen durch unser Wahrnehmungs-Reaktions-System.

Auch bei der Empfängerin bleibt das Gift häufig unterhalb des kognitiven Radars. Es wird zu spät oder nicht wirklich bewusst aufgenommen. Wir merken, dass uns etwas ärgert oder lähmt, können es aber nicht genau festmachen. Das erschwert eine angemessene Reaktion.

Gifte in der Kommunikation zeigen in jedem Falle Wirkung. Je nach „Gift" entfaltet sich die toxische Wirkung unterschiedlich. Das Gift kann schnell wirken oder sich schleichend ausbreiten und ist auf unterschiedliche Weise wahrnehmbar: Auf emotionaler Ebene, auf körperlicher Ebene und der Verhaltensebene.

Die häufigsten toxischen Symptome und Verhaltensweisen sind in der folgenden Auflistung dargestellt. Bevor Sie die Liste durchgehen, erinnern Sie sich an Kontakte mit Menschen, die Ihnen Schwierigkeiten oder Probleme bereitet haben oder die Sie einfach nicht mochten. Wenn Sie jemanden vor Ihrem inneren Auge haben, gehen Sie die Liste durch und prüfen Sie, welche Wahrnehmungs-Reaktions-Merkmale Sie bei sich erinnern können:

Körperlich:

- Ich werde müde, muss dauernd gähnen, kann mich nicht konzentrieren.
- Ich bekomme Kopfschmerzen oder Verspannungen im Nacken, den Schultern.
- Mein Magen/Solar Plexus verkrampft sich oder beginnt zu schmerzen/zu stechen.
- Meine Atmung wird schneller und ist auffällig flach oder hoch.
- Ich bekomme einen Kloß im Hals, muss mich räuspern oder hüsteln.
- Mit wird übel, ich muss meinen Ekel zurückhalten.
- Das Herz klopft oder fängt an zu rasen.
- Ich schwitze an den Händen oder den typischen Körperstellen.

Emotional:
- Ich fühle mich wie betäubt, abgespalten, benebelt.
- Ich fühle mich leer, energielos, ausgebrannt.
- Ich fühle mich klein, wertlos, hilflos, unfähig.
- Ich empfinde mich als dumm, blöde oder unqualifiziert.
- Ich finde mich hässlich, unansehnlich, schmutzig, unästhetisch.
- Ich bin sauer, wütend, aggressiv, rachelüstern.
- Ich fühle mich betrogen, benutzt, missbraucht.
- Ich erlebe mich als peinlich, unangemessen oder als Zumutung.

Verhalten:
- Ich rechtfertige mich, erkläre mich, entschuldige mich.
- Ich versuche zu flüchten, auszuweichen, mich zu entziehen.
- Ich raste aus, beginne zu drohen, fange an zu agieren.
- Ich rationalisiere, bagatellisiere, generalisiere.
- Ich bleibe passiv, reagiere nicht, stelle mich taub.
- Ich bessere meinen Zustand durch Essen, Trinken, Shoppen.
- Ich betäube mich durch Rausch- oder Genussmittel.
- Ich reagiere mich körperlich stark ab.

Wer Gifte in der Kommunikation einsetzt – sei es bewusst oder unbewusst, fahrlässig oder vorsätzlich – betreibt Kommunikationsschurkerei. Kommunikationsschurkinnen erzeugen durch ihre Sprache und Wortwahl eine toxische Wirkung. Das ist nicht zwangsläufig so, sondern hängt auch von der eigenen Widerstandskraft ab. Während der eine allergisch auf Selbstdarsteller reagiert, bleibt die andere gänzlich unberührt. Eine Kollegin entkräftet energetisch beim Anhören einer „Opferstory", während andere dabei gelassen bleiben. Der eine reagiert auf Angeberei sensibel, die andere auf Rechthaberei, die eine auf mürrisch-launische Stimmung, der andere auf eine schrille oder exzentrische. „Was dem einen seine Eule, ist dem anderen seine Nachtigall", sagt ein Sprichwort. Es ist also wichtig zu erkennen, was für mich persönlich giftig ist und welche Kommunikationsschurkerei das auslösen kann – sprich welche Kommunikationsstile mir nicht guttun oder schaden. Kommunikationsschurken werden in der Literatur häufig auch als Energieräuber oder Beziehungsvampire bezeichnet.

Die giftigsten Kommunikationsschurkinnen und -schurken, die Sie im Dialog antreffen, sind folgende

- Das *jammernde Opfer* oder – Klagen über Ereignisse aus der Vergangenheit
- Der *aggressive Klagende* oder – Tadeln, abwerten und Vorwürfe machen
- Die *Logorrhoe-Symptomatik* oder – Nicht anders können
- Die *subtilen Erniedriger* oder – Besserwissen: Gut gemeint ist nicht gut.
- Die *vergnügungsentfesselten Täter* oder – Sexuelle Stimulation – Wie man ihnen in medienvermittelten Gesprächskontakten begegnet

Diese fünf Kommunikationsgifte sind Thema des Kapitels, mit ihren besonderen Erscheinungsformen im mediengestützten Dialog und der Anleitung, Gegengifte zu brauen und anzuwenden.

3.2 Das jammernde Opfer – Klagen über Ereignisse aus der Vergangenheit

Das Wort „Jammer“ stammt laut deutschem Herkunftswörterbuch des Dudens von einem westgermanischen Adjektiv, das wahrscheinlich lautmalerischer Herkunft ist und sich aus einem Schmerzruf entwickelt hat. Mit der Zeit ist es zu einem Substantiv geworden. Es umfasst lautes Klagen, unter Seufzen und Stöhnen jemandem seine Schmerzen oder seinen Kummer zu zeigen oder über jemanden zu klagen oder die eigene Unzufriedenheit über etwas zum Ausdruck zu bringen. In dem Deutschen Wörterbuch der Gebrüder Grimm wird darauf verwiesen, dass die begriffliche Ebene des Jammers mit Geschehnissen wie Bruch oder Schaden zu tun hat und mit Begriffen wie Misere, Elend, Not und Armut.

Wir alle kennen die „Fähigkeit zu jammern“. Wir treffen Menschen, fragen wie es ihnen geht und ohne Umschweife beginnen diese ihr Leid zu klagen – über die Arbeit, ein eigenes Missgeschick, den Lebenspartner, die Nachbarin, das Wetter, die Politik, die Gesellschaft. Wenn wir auch einen schlechten Tag haben, stimmen wir bereitwillig in das Klagelied ein. Der Regen ist zu nass, die Sonne ist zu warm und das Wetter im Allgemeinen zu unbeständig. Meist tut es ganz gut zu jammern und zu klagen und es ist schön, sich mit jemand anderem im Leid vereint zu fühlen. Indem wir über unsere Enttäuschungen oder Unzufriedenheit klagen, wird es uns auch etwas leichter und mit etwas Glück bekommen wir Aufmerksamkeit, Mitleid oder Trost.

Wenn wir eher zu den positiv eingestellten Menschen gehören, dann können Klagende unsere Stimmung schlagartig drücken oder ihre Negativität regt uns auf oder lähmt uns. Sie bringen ständig das zum Ausdruck, was sie nicht mögen, was nicht gelingt oder was falsch läuft. So wissen wir weder, was sie mögen, noch was sie erwarten oder sich wünschen. Oft wissen sie es selbst nicht.

Die Gefahr im Umgang mit jammernden Menschen ist, selbst negativ zu werden. Sei es wie oben beschrieben, dass man einen negativen Blickwinkel annimmt und sich gewisser Weise auf die Negativität einlässt oder dass man sich darüber aufregt.

Die Zuwendung, die Menschen durch Jammern bekommen, ist meistens kein Trost, sondern eher ein Trostpreis. Denn mit zunehmendem Klagen begeben sie sich gleichzeitig in eine Opferrolle, die sie in einen Stimmungskreislauf manövriert, der sie viel Energie kostet, aber keinerlei Besserung der Lage erwirkt.

Je mehr ich ins Jammern verfalle und mich als Opfer wahrnehme, umso pessimistischer und unglücklicher fühle ich mich. Alles erscheint zunehmend in einem dunklen Licht und wenn ich mich umsehe, scheinen immer mehr schlechte Dinge um mich herum zu passieren und ich fühle mich vom Pech verfolgt. Chronisches Jammern und Klagen führt zu einem Realitätsverlust, indem ich die verzerrte Wahrnehmung immer häufiger reproduziere und so glaube, dass mir nur Schlechtes widerfährt.

» Aus diesem Kreislauf des Opferdaseins zu entrinnen, ist nicht leicht, da sich diese Angewohnheit hirnbiologisch abbildet. Immer, wenn wir einen Gedanken fassen, bilden die Synapsen untereinander Brücken, um die Information zu transportieren, die für den Gedanken notwendig sind. Wenn Synapsen regelmäßig miteinander kommunizieren, rücken sie näher zusammen und geben so die Information schneller weiter. Die Folge: Wenn sich Gedanken und Gefühle oft wiederholen, neigt das Gehirn dazu, sie immer wieder abzurufen. Wenn wir über etwas nachdenken, gewinnt immer der Gedanke, der die kürzeste Strecke zurücklegen muss und somit der Impuls, der am schnellsten eine Brücke zwischen den Synapsen bilden kann (Parton 2015).

Wer regelmäßig negative Gefühle hat und dies durch Jammern und Klagen zu „lindern" versucht, erzieht sein Gehirn, pessimistische Gedanken und Gefühle den optimistischen vorzuziehen. Auf diese Weise entstehen Gewohnheiten. Wenn wir morgens viele Male darüber geschimpft haben, dass uns der Bus vor der Nase weggefahren ist, speichert das Gehirn ab: Morgens zur Arbeit fahren ist Stress.

Häufig ist der Umgang mit Leuten, die sich ständig beschweren, hart. Es ist ärgerlich und kann mental und emotional anstrengend und auslaugend sein; pessimistische Menschen ziehen Energie aus negativen Emotionen. Sie beschuldigen andere oder verurteilen sie oder die Welt und entwickeln Einstellungen wie Intoleranz, Abwertung, Geringschätzung, Aggression bis hin zu Gewalt. Klagen sind das wichtigste „Lebensmittel" aller chronischen Opfer. Sie ziehen mit ihren Beschwerden und Beschwerlichkeiten die Aufmerksamkeit auf sich und werden zum „schwarzen Loch" jeglicher Konversation. Auffallend dabei ist, dass sie sich nie entschuldigen oder Verantwortung für ihr Verhalten übernehmen und auch nicht vorhaben, an der Situation etwas zu verändern. Ihre Grundhaltung ist das Jammern.

Das Jammern ist keine Ursache, sondern eine Folge von etwas – nämlich die Konsequenz einer Täuschung. Diese Menschen waren vielleicht zuvor optimistisch und positiv und wurden dann bitter enttäuscht. Die „versuchte Lösung" der Selbstaufgabe, des Stillstands und Rückzugs zeigt sich in negativer, anklagender Sprache, die häufig auch moralisch eingefärbt ist (Versuchte Lösungen sind Lösungsversuche, die dysfunktional sind und neue Probleme hervorrufen). Dieses An-der Enttäuschung-Kleben, bei der alten Sichtweise bleiben, darüber zu lamentieren und zu jammern, verstärkt den Schmerz. Paradoxerweise entsteht so die Realität, kein wirkliches Leben mehr zu haben. Und so bestätigen sie, dass man wertlos ist und die anderen die Verantwortlichen sind.

Die Ursachen des Jammerns können sich dabei auf dreierlei Bezüge ausrichten: Enttäuschung über andere oder über die Welt an sich oder über sich selbst.

■ Desillusion durch andere

Bei der Desillusion durch andere sind genau jene der Grund, dass es mir schlecht geht. Sei es der Partner, der mich im Stich lässt, die Arbeitskollegin, die mich hintergeht oder die Kinder, die rücksichtslos sind. Die anderen sind zuständig, ja verantwortlich für meine Misere. Ich bin das Opfer! Ursprung jenes Wahrnehmungs-Reaktions-Systems ist die Desillusion einer Erwartung. Ich hatte eine Vorstellung, der oder die Andere würde in meinem Sinne handeln und das wurde desillusioniert. Zurück bleibt Deprimiertheit und Verbitterung. Die zugehörige Kernemotion (vgl. Kapitel ABC der Gefühle) ist der Schmerz. Die enttäuschten Jammerer ziehen sich aus der direkten Kommunikation raus, bleiben passiv und verschließen sich dem Kontakt. Sie jammern und klagen vor allem Dritten gegenüber. Die Erfahrungen mit der identifizierten Enttäuschung kann niemals durch neue oder andere Erfahrungen korrigiert werden. Die Desillusion wird weiter gespeist durch Phantasien und Gedankenkonstrukte erneuter Enttäuschung. Ich bleibe Opfer, weil ich mir gewiss bin, dass ich wieder enttäuscht werde. Dieses Muster lässt sich durch das folgende Chatbeispiel zeigen. Auch wenn das „Jammern" verbal nicht im Vordergrund steht, wird sichtbar, wie die Opfermentalität in dem Dialog immer mehr hervorscheint. Das Muster der Enttäuschung greift am Ende des Chats auch gegenüber der Begleitperson.

3

■ Beispiel: Frustrierter junger Mann im Chat

Martin	Guten Tag, Martin mein Name. Ich weiß echt nicht, was ich tun soll, ich habe kein Dach über dem Kopf und auch keine Arbeit mehr… Alles ist auf einmal weg
Berater	*Wohin ist es gegangen?*
Martin	Nein, ich meine, ich bin rausgeworfen worden und auf der Arbeit wurde mir gestern mitgeteilt, dass mein Arbeitsvertrag nicht verlängert wird
Berater	*Rausgeworfen – wo denn?*
Martin	Zuhause bei den Eltern
Berater	*Wie alt bist du?*
Martin	22
Berater	*Was sind deine Anteile für den Rauswurf und dass deine Arbeit nicht verlängert wurde?*
Martin	Ich weiß es bei der Arbeit nicht, ich war mit mir eigentlich zufrieden… daheim sagen meine Eltern, wir könnten uns gegenseitig nicht mehr ertragen und geben mir die Schuld, dass ich dort nicht mehr bin
Berater	*Und jetzt stehst du alleine auf der Straße und weißt nicht weiter?*
Martin	Ja, hab meine Sachen halt im Auto und überlege wohin und wie es weiter gehen soll
Berater	*Irgendwie gehen dir alle Leute von der Fahne. Wie kommt das?*
Martin	Ach, darüber will ich jetzt nicht schreiben, das verstehst du nicht
Berater	*Woher weißt du das?*
Martin	Ja ich denke, das ist für jeden schwer zu verstehen
Berater	*Was meinst du, weshalb ich hier sitze? Ich finde, du schiebst deine Probleme vor dir her*
Martin	Ja, stimmt
Berater	*Und willst du es dabei belassen?*
Martin	Aber wenn ich Arbeitslosengeld bekomme, ist das Wohnungsproblem auch noch nicht gelöst
Berater	*Dann musst du dich selbst fragen, wie du das löst*
Martin	Ja, in dem Fall schon, und das, obwohl ich nur ein wenig mehr Freiheit wollte
Berater	*Ich hatte verstanden, dass du weder Dach noch Mittel hast – oder?*
Martin	Mittel schon, ich habe gut gespart
Berater	*Wo ist denn jetzt dein wirkliches Problem?*
Martin	Keine Wohnung, keine Arbeit und keine Freunde mehr
Berater	*Ist es die Kränkung in dir wegen dem Zuhause und dem Verlust vom Arbeitsplatz?*
Martin	Ja, dass alles wie eine Seifenblase zerplatzt ist
Berater	*Also die Enttäuschung. Und deine Anteile sind auch nicht so ohne…*
Martin	Anteile?
Berater	*Darüber sprechen möchtest du nicht, weil ich das anscheinend nicht verstehe*
	Das hört sich für mich alles sehr merkwürdig an
Martin	Die Geschichte ist vielleicht zu lang

	Reden würde ich sehr gerne darüber
Berater	*Und Telefon haben wir auch: 0800 111 0 111 rund um die Uhr*
Martin	Wo man nie durchkommt und nur über Arbeit und Eltern mit mir gesprochen wird
Berater	*Wieso befürchtest du das, wenn du noch nie angerufen hast?*
Martin	Ich bin doch nicht der Sündenbock in der Geschichte
Berater	*Gut, dann hast du für das Telefon schon mal einen guten Einstieg – oder?*
Martin	Ach, ich glaube mein Leben ist eh schon länger eine Katastrophe, vielleicht ist es besser alles zu beenden. Mir glaubt ja eh niemand… sehe ich hier ja auch wieder!

- **Desillusion über die Welt**

Die zweite Ausrichtung zielt ab auf die Desillusion über die Welt – das sind verlorene Prinzipien, gescheiterte Systeme, misslungene Konzepte, verlorene Regeln, verfehlte Ziele oder entzauberte Ideologien. Es handelt sich um „Weltschmerz" durch Enttäuschung einer Idee oder einer Vision.

Die versuchte Lösung ist das frustrierte und verbitterte Versinken in Frustration durch ständiges Wiederholen der ideologischen Spirale. Man könnte jene Weltfrustration auch als sich selbst verstärkendes Moment zum Ausdruck bringen: Je weniger ich das Ganze begreife, umso mehr beschäftigt es mich und je mehr ich mich damit beschäftige, umso weniger begreife ich es. Jene Gedankenverstrickung wird weitergesponnen, bis ich mich nur noch damit beschäftige und gar nichts mehr verstehe. Eine mental konstruierte Lebensfalle, der man nur durch Regungslosigkeit entkommt: „Ich mache auch keine Tür mehr auf, ich muss sie ja doch wieder zumachen. Ich tauche auch keinen Löffel mehr in eine Suppe, die mir eingebrockt wurde und die ich dann auch noch auslöffeln soll! Mich hat das Leben bitter enttäuscht – ein für alle Mal. Punkt. Und Schluss!".

Während Opfer von anderen Menschen eher als Enttäuschte wirken, die sich beleidigt zurückziehen, sind die Opfer der Welt häufig klagende Moralisten, hinter deren Gejammer sich eine in Moral gegossene Wut verbirgt und das Jammern über die Welt erscheint im Gewande einer fremdbestimmten Macht, die Ungerechtigkeit über sie hereinbrechen ließ. Als Beispiel zitieren wir hier einen Ausschnitt aus einer Mail eines Ratsuchenden:

„Guten Morgen!

Ja wobei es ist überhaupt kein guter Morgen für mich. Ich habe auch schon lange keinen guten Morgen mehr gehabt. Ich sitze ganz allein im Haus. Es ist still. Ich kann es kaum aushalten. Alles erdrückt mich und das geht mir im Grunde schon mein ganzes Leben so. Das Schicksal hat es nicht gut mit mir gemeint. Meine Mutter hat mich nach der Geburt abgegeben. Ich bin dann ins Heim gekommen. Und das hat meinen Lebenslauf besiegelt. Ich wurde gemobbt, gehänselt, war der Vollidiot der Heimgruppe – auch in der Schule. Es gibt ja Menschen, denen vieles schon mit in die Wiege gelegt wurde, aber mich hat der liebe Gott wohl übersehen. Es gibt ja so eine Redensart die besagt: ‚Wege entstehen dadurch, dass man sie geht'. Aber ich bin mein ganzes Leben nur gestolpert – überall die Knüppel, die das Schicksal mir in den Weg gelegt hat.

Das Schicksal ist ein Arschloch – so heißt es doch. Der Spruch könnte von mit stammen. Als ich endlich mit Ach und Krach meine Gesellenprüfung als Schreiner geschafft habe, bin ich nach ein paar Wochen gestolpert und vom Gerüst gefallen. Arbeitsunfähig!

Seitdem sitze ich in dieser abgehalfterten 2-Zimmerwohnung und schaue ins Leere. Aber warum muss das alles mir passieren? Ich bin vom Pech verfolgt. Ich habe mir inzwischen auch abgewöhnt, mir etwas vorzunehmen oder etwas zu planen. Denn es klappt ja doch nicht und dann bin ich auch nicht so enttäuscht, wenn es anders kommt. Aber inzwischen ertrage ich diese Öde nicht mehr, alles ist leer und öde, ich erwarte nichts mehr vom Leben und dabei bin ich erst Anfang dreißig!"

■ Jammern über sich selbst

Die dritte Ausrichtung, das Jammern über sich selbst, bedeutet, Opfer seiner selbst zu sein. Dies geht entweder mit einem schwachen oder nichtvorhandenen Selbstwert einher: „Ich bin nichts wert, immer liege ich falsch, ich bin schlecht, bin ausnahmslos falsch gewickelt". Oder es liegt ein Versagen auf der Verhaltens- und Kompetenzebene vor: „Ich bin nicht gut genug für jemanden, ich versage auf der Arbeit, meine Leistung ist ungenügend, ich bin zu unfähig…". Das Jammern ist in diesen Fällen die Folge der festen Überzeugung, dass die eigene Unzulänglichkeit immer schon so war – quasi in die Wiege gelegt wurde – und sich jeder Versuch anders zu sein im Ergebnis einmal mehr darin bestätigt, wieder nichts zu taugen. Das Jammern beschränkt sich auf das Zelebrieren der eigenen Unfähigkeit oder Wertlosigkeit, die so penetrant vertreten wird, dass es für das Gegenüber kaum auszuhalten ist und dazu verführt, Gegenbeweise zu suchen, die abgeschmettert werden.

■ Die Vollzeitversagerin im Chat

Timo	*Guten Tag*
Unwichtig	Wie läuft das hier ab? Ich bin zum ersten Mal hier
Timo	Du schreibst mir, was dir auf der Seele brennt oder am Herzen liegt
Unwichtig	Ah okay. Dann starte ich mal… es ist ein bisschen komplizierter
Unwichtig	Also, ich bin vor genau einem Monat in eine fremde Stadt gezogen, ich kenne hier niemanden. In meiner Vergangenheit ist die ein oder andere Scheiße passiert, aktuell hab ich nachts Alpträume. Ich bin zurzeit ziemlich durch den Wind. Und die Einsamkeit frisst mich auf. Nun weiß ich einfach nicht mehr, wo oben und unten ist
Timo	Darf ich dich mal fragen, was dein Name in diesem Chat für dich persönlich bedeutet?
Unwichtig	Nichts. Leere Buchstaben aneinandergereiht
Timo	Du bist hier total anonym, möchtest du die Themen hier versuchen zu benennen?
Unwichtig	Ich bezweifle, dass ich das verständlich machen könnte. Aber ich bin mal so frei. Oje, das habe ich echt noch nie gemacht… Meine Mutter ist schwer depressiv (Alkoholikerin). Mein Vater hat(te) mit Kinderpornografie zu tun
Unwichtig	Ich selbst kann mich super zerfleischen … Und absolut nicht ausstehen
Unwichtig	Sonst noch Fragen?
Timo	Was hat dich dazu bewogen, dich selbst nicht ausstehen zu können?

Unwichtig	Wieso sollte ich mich mögen? Wer mag schon eine Tochter eines Beamten, der kriminell war? Außerdem bin ich abartig, fett, unzumutbar. Vollzeitversagerin eben und die Narben machen mich noch hässlicher. Ich kann mich einfach nicht ausstehen
Timo	Stopp – Vollzeitversagerin kann und will ich nicht stehen lassen. Da gibt es doch sicherlich auch ein paar Qualitäten!
Unwichtig	Ist aber so. Frag meine Schwester ^^
Timo	Du hattest den Mut, in eine fremde Stadt zu gehen. Du hast vorher Abi gemacht und bist auf einem guten Weg...
Unwichtig	Nichtsnutz, faules Stück Scheiße... Die Liste ist lang. Und das, was du beschreibst, ist nichts Besonderes. Das ist der übliche Weg, wenn man einigermaßen normal ist
Timo	Das sind vermutlich alles Argumentationen, die du von deinen Eltern gehört hast, wenn sie besoffen oder sonst was waren!
Unwichtig	Exakt. Hab ich so übernommen, aber weil sie eben stimmen!
Timo	Oder dir eingeredet wurden???
Unwichtig	Mhmpf
Unwichtig	Doch noch mal zurück zum eigentlichen Thema... Hab ich überhaupt das Recht, dass sich jemand Zeit nimmt für mich? Ich bin doch selber schuld an meiner Misere...

■ Zum Umgang mit Jammerern

Die größte Gefahr im Umgang mit Jammernden besteht darin, dass ich im Kontakt versuche, das Leid zu verringern durch Aufmunterung (Morgen sieht es wieder besser aus) oder Lösungswege aufzuzeigen (Haben Sie schon daran gedacht?) oder sogar die Berechtigung des Leidens in Frage zu stellen (Sie stellen sich aber auch ganz schön an). Diese Strategien funktionieren nie, wenn doch, dann handelt es sich um jemanden, der oder die eine angemessene Klage oder Enttäuschung vorbringt, aber nicht zu den chronischen Jammernden zählt.

Jammernde befinden sich in einer Opferrolle und bevor es für diese Menschen möglich ist, Ressourcen zu entdecken oder eine andere Stimmung anzunehmen, müssen sie zunächst die Opferrolle verlassen. Aber entweder können sie das nicht, weil sie schon zu lange ihre hoffnungslose Situation beweisen oder sie wollen nicht, weil sie damit die Verantwortung und das Übel nicht mehr von sich weg auf andere schieben können. Sie davon abzubringen, erfordert im Bild gesprochen erstmal einen Fuß in die Tür zu stellen, um anschließend den Körper nachzuschieben. Dabei geht es in der Kommunikation darum, einerseits einen Rahmen für die Opferrolle zu schaffen und gleichzeitig Grenzen zu setzen in der Möglichkeit, ausufernd jammern zu müssen. Eine wichtige Gesprächsführungstechnik bei Jammernden heißt, leise Zweifel an der Opferrolle zu säen und Ausnahmen zu erfragen, anstatt zu widersprechen oder inhaltlich zu argumentieren:

„Wenn Sie immer wieder darüber reden, hilft das, dass die Wunde heilt oder reißt das die Kruste immer wieder auf?"

„Wenn Sie sich hier so beschweren, verschaffen Sie sich dadurch Respekt oder werden Sie eher noch mehr als bemitleidenswerter Fall eingestuft?"

„So wie Sie großgeworden sind, ist es erstaunlich, dass Sie Abitur gemacht haben. Haben Sie das getrickst oder wie konnte das gelingen?"

„Wenn es auch nur eine einprozentige Chance gäbe, wieder etwas auf die Reihe zu bekommen, dann verkleinert das Nichtstun noch das eine Prozent. Darüber sollten Sie sich im Klaren sein".

„Je härter etwas ist, umso leichter zerbricht es mangels Elastizität – eine Eiche ist sehr groß und stark, die Weide sehr elastisch, bei Wind bricht die Eiche jedoch eher. Sie scheinen aber sehr elastisch zu sein so lange, wie Sie das schon aushalten."

Darüber hinaus gibt weitere Interventionsmöglichkeiten, die Türe einen Spalt zu öffnen, um einen Fuß in die Tür zu bekommen:

- **Mehr Holz auflegen, um das Feuer zu löschen**

Statt die Not und Enttäuschung zu relativieren oder durch Alternativen Lösungswege anzubieten, sollten Sie die Größe der Not verstärken und in übervollem Umfang bestätigen. Jene Bestätigung sind Jammernde für gewöhnlich nicht gewohnt und wenn Sie dann zusätzlich deren Not stark überzeichnen, werden intuitiv Kräfte geweckt, die Opferrolle spontan zu verlassen. Entscheidend dabei ist, dass Ihre Antwort weder gespielt noch ironisch wirkt, sondern auf problem-empathischem Verstehen beruht (im Sinne des SET-Kommunikationsmodells, vgl. Kapitel Grundlagen für Dialogkompetenz). Durch das Übertreiben spiegeln Sie den Schmerz und forcieren zusätzlich die Angst, noch tiefer in die Opferrolle hineinzugeraten. Das bringt Jammernde dazu, die Opferrolle zumindest vorübergehend zu verlassen.

Beispielantwort zum frustrierten jungen Mann:

„Sie sind ja wirklich in einer aussichtslosen Situation. Sie sind arbeitslos und wohnungslos und binnen kurzer Zeit sicherlich auch mittellos, denn Ihr Erspartes wird bestimmt nicht lange reichen oder es wird Ihnen am Ende noch gestohlen.

Ich frage mich auch wie es bei Ihnen überhaupt weitergehen kann, denn Sie sind ja völlig hilflos und können im Grunde gar nichts an Ihrer Situation ändern.

Sie sind angewiesen auf gnädige Menschen, die es ja kaum gibt und zu den Glückspilzen gehören Sie ja anscheinend auch nicht.

Und Freunde haben Sie ja auch nicht mehr, die Ihnen helfen könnten – und wenn, wie sollten sie? Ich mache mir wirklich ernsthaft Sorgen um Sie."

- **Den Feind auf den Dachboden lassen und dann die Leiter wegziehen**

Wenn Jammern oder Lamentieren überwiegt, wird diesen Menschen ein „Container" verschrieben, in den sie alles an Enttäuschung, Klage und Missmut hineinlegen sollen. Es wird somit ein Zeitrahmen zum Jammern als Sammelstelle für „Giftiges" aufgestellt. Diese Strategie dient der Kanalisierung von verstockter Wut und geronnenem Schmerz und soll verhindern, dass das Jammern über den gesamten Kontakt hin etabliert wird.

Beispielantwort zum frustrierten jungen Mann:

„Ich finde, Sie haben eine gute Entscheidung getroffen, mit mir zu chatten. Und damit ich einen Überblick bekomme, was Sie alles an Schicksal mit sich herumschleppen, möchte ich Ihnen vorschlagen, die nächsten zehn Minuten alles an Problemen und Enttäuschungen aufzulisten, was Sie in diese hoffnungslose Situation bringt. Und bitte vergessen Sie ja nichts Wichtiges, damit wir danach schauen können, wie es dann weiter geht."

▪ Die Dokumentationsanweisung

Bei schmerzbasiertem Jammern – besonders, wenn es sich auf die eigene Person bezieht – lassen sich Briefe oder Niederschriften oder Tagebücher verschreiben. Die Intervention besteht darin, die Jammernden aufzufordern, ihr Leid niederzuschreiben, zu dokumentieren und zu bezeugen. Die Verschriftlichung der Enttäuschungen hilft dabei, den Schmerz und das Leid zu durchdringen und führt zu einer Linderung des Schmerzes und zu einer Aufweichung der Chronifizierung. Das Mittel des Niederschreibens entlastet und sortiert die Gedankenkonstruktionen. Die Kunst besteht allerdings darin, Jammernde davon zu überzeugen, dass es wichtig ist. Dazu können Metaphern helfen, die die Bedeutung und Wichtigkeit des Niederschreibens suggerieren. Hier ein Beispiel als Aufhänger für die Vollzeitversagerin:

„An dem, was Sie beschreiben, merke ich, dass Sie enorm leiden unter Ihrer Unfähigkeit, die Sie erleiden. Und ich finde es sehr gut, dass Sie sich immer wieder damit auseinandersetzen, denn Sie scheinen ja wirklich am Ende zu sein. Im Bild gesprochen ist es so, als läge die Stadt vollständig in Trümmern und nun muss man Dichter und Poet werden, um die Ruinen in epischer Breite zu beschreiben. Denn das Ausmaß der Zerstörung während eines Krieges wurde nie während der Schlachten sichtbar, sondern im Nachhinein durch die Aufarbeitung der Katastrophe. Deshalb möchte ich Sie bitten, Ihr Schicksal einmal genau aufzuschreiben, mit all den Schwächen und Nöten, die darin verborgen sind.“

3.3 Der aggressive Klagende – Tadeln, abwerten und Vorwürfe machen

Der Unterschied zwischen dem enttäuschten Jammern, (siehe: Das jammernde Opfer) und dem aggressiv klagenden Menschen, den wir hier beschreiben, liegt in dem Grundgefühl der Wut. Der Klagende entwickelt seine Energie weniger aus dem Schmerz, sondern aus der Wut auch wenn Schmerz und Enttäuschung durch andere Ursprung seines jetzigen Reiz-Reaktions-Musters waren. Wut in Form von aggressiver Klage zu zeigen ist eine versuchte Lösungsstrategie, befürchtete Schmerzzufügung durch andere zu verhindern oder abzuwehren. Eine Chatberaterin hat eine aggressive Klagende so beschrieben:

„Kürzlich hatte ich eine aggressive Frau, die die ganze Zeit auf DIE FLÜCHTLINGE geschimpft hat. Sie sei nicht rassistisch, nein, aber… Es war kein Kontakt möglich, sie wollte offensichtlich nur ihre Wut rauslassen. Ich habe ihr eine halbe Stunde gegeben und als ich beendete, wurde sie auch mir gegenüber aggressiv und legte dann auf.“

Im Unterschied zu der rein passiven enttäuschten Opferstruktur agieren aggressiv Klagende aus der Wut heraus, als Maßnahme einer scheinbaren Schmerzbewältigungsstrategie. Desillusion und Enttäuschung sind auch hier der Antrieb, aber als Reaktion ist die Wut auf andere im Vordergrund und nicht der Schmerz. Während die depressiven Jammerer Enttäuschung geschehen lassen und resigniert erdulden, gehen aggressive Klagemenschen stärker aus sich raus, wollen etwas dagegen tun oder Rache – es jemandem heimzahlen. Sie wechseln aus der Opferrolle in die Täterrolle, indem sie andere anklagen, beschuldigen, verurteilen. Aus Klagen wird Anklagen:

Beispiel aus der Telefonberatung:

„Hallo, die Frau Müller ist hier wieder, die mal wieder stört von vorne bis hinten. Ich bin wieder aus der Hotline geflogen. Ich habe es doch jetzt versucht mit einem lieben, netten Ton, aber anscheinend müssen Sie wieder Ihre Aggression und Ihren Frust an mir auslassen. Ich kann nun schon nicht mehr mitteilen, dass ich ein Opfer der Armut geworden bin, ohne dass man mich aus der Leitung wirft und mich einfach einstuft als hoffnungslosen Fall. Ist nicht schlimm, vielleicht ist das ja schon zu hoch für Sie – ach ja und die Fragen, mit denen Sie mich terrorisieren, ob ich es wieder böse mit Ihnen meine… dann verpassen Sie mal Ihren Kollegen einen Denkzettel, Sie ach so tolle Mitmenschen, die andere abstempeln als bemitleidenswerte Fälle. Aber wie hoffnungslos sind Sie eigentlich als Menschen? Hauptsache, Sie haben Ihr Geld und solange Sie Geld haben und es Ihnen gutgeht und dies hier nicht ihr Leben ist, haben Sie ja noch Hoffnung. Machen Sie nur weiter so, Sie armselige Mitmenschen!"

Beispiel aus dem Chat mit einer Ratsuchenden, die häufig im Chat anzutreffen ist.

Benjamin	Guten Morgen. Mein Name ist Benjamin
Conni	So früh im Chat?
Benjamin	Sieht so aus ☺
Conni	Ich dachte, Ratten schlafen lange
Benjamin	Die sind doch eher nachtaktiv – das weißt du doch ☺
Conni	Du bist mir zu öde
Benjamin	Und doch bist noch da, weil du uns brauchst?
Conni	Finde ich eine Unverschämtheit von dir
Benjamin	Ja! – Bin ich dir zu provokativ?
Conni	Was soll man von dir anderes erwarten?
Benjamin	Wie ist es, mit so viel Wut durchs Leben zu gehen? – Schön?
Conni	Habe keine Wut, sage nur die Wahrheit
Benjamin	Und kommst immer wieder vorbei, um deine Wut hier loszuwerden?
Conni	Die ihr wohl nicht vertragen könnt
Benjamin	Eigentlich ist das schon eher Hass!!
Conni	Hast wohl rein gar nichts kapiert
Benjamin	Ist doch eine schöne Plattform für dich! Leute zu beschimpfen, ohne die Maske vom Gesicht zu nehmen
Conni	Könnt mir ja wieder die Polizei auf den Hals hetzen
Benjamin	Das hast du bereits früher erzählt. Was gibt es Neues?
Conni	Ihr macht doch den Scheiß
Conni	Von wegen anonym und tut dann so heilig
Conni	Aber wer so blöd ist, kann wohl nicht mal was dafür
Conni	Ihr tut mir nur leid
Benjamin	Erzähl mir doch mal von DIR! Interessiert mich mehr!

Conni	Lügen musste nicht auch noch
Benjamin	Erzähl!
Conni	Das Einzige, wieso dich das interessiert, ist, mich fertig zu machen
Benjamin	Findest Du?
Conni	Und außerdem wärst du der aller-aller-letzte, dem ich was von mir erzählen würde
Benjamin	Ja dann behalte es für dich

Um zu verstehen, was sich hinter diesen aggressiven Mustern verbirgt und welche Macht und Wirkung sie haben, ist es wichtig, die Strukturen von Aggression und Angriff zu verstehen.

Aggression nach dem lat. Verb „aggredere", bedeutet einerseits „herangehen", andererseits „angreifen". Ersteres beschreibt eine Kraft, die für etwas oder jemanden eingesetzt wird, eine aktive Herangehensweise, die nicht dazu dient, andere Menschen zu verletzen, sondern ein biologischer Mechanismus ist, um sich zu verteidigen. Beide Verhaltensweisen entspringen dem Grundgefühl der Wut, wie wir es im Emotionskreislauf (◘ Abb. 1.2) beschrieben haben. Während der erste Aspekt der Aggression positiv besetzt ist, hat die zweite Bedeutung einen negativen Charakter. Denn Angriff (egal ob verbal oder körperlich) ist absichtlich feindseliges Verhalten, das darauf abzielt, anderen (in manchen Fällen auch sich selbst) Schaden zuzufügen. Angriff ist eine Form von gewalttätigem Verhalten. Wie aggressives Angreifen in Gewalt mündet, stellen wir im nächsten Schritt dar.

Aggression beschreibt ein Verhalten eines Menschen, etwa einen provozierten Angriff, mit dem Ziel zu dominieren, ein feindliches Ausagieren von Frustration oder Übergriffe, die den Raum eines anderen verletzen. Gewalt bezeichnet das interaktive Geschehen, zu dem immer ein Gegenüber gehört. Hauptmerkmal von Gewalt ist ein Täter-Opfer-System, innerhalb dessen Gewalt entsteht. Das kann durch Ausübung physischer Kraft um zu verletzen oder zu misshandeln sein, aber auch Zerstörendes verbalisieren (beschimpfen, erniedrigen, niedermachen, verurteilen). In Chat- oder Telefondialogen begegnet uns die verbale oder paraverbale Form von Gewalt, die emotionale Schmerzzufügung oder Angst auslösen kann.

Zur Etablierung eines Täter-Opfer-Systems genügen nicht allein die Rolle des Aggressors und der oder die Erduldende.

Bestandteil von Gewalt erfordert die Verletzung eines Regel- oder Kontraktsystems zwischen den Interakteuren. Beispielsweise bezeichnet man das Fesseln oder Auspeitschen zwischen zwei Sexualpartnern als Sado-Maso-Interaktion, die möglicherweise von außen für manchen als befremdlich erscheinen mag, aber aufgrund der verabredeten Rollen keine Gewalt darstellt. Die gleiche Handlung kann bei einem Ehepaar, in dem die Frau Opfer der Vorlieben ihres Partners geworden ist, als häusliche Gewalt geahndet werden. Ähnliche Beispiele lassen sich auch im Sport finden, beispielsweise beim Rugby oder Boxen, bei dem augenscheinlich Aggression in Gewalt übergeht, jedoch aufgrund des Regelsystems nicht als solche eingeordnet würde.

Gewaltstrukturen, die in einem Opfer-Täter-Zyklus verlaufen, haben mehrere Phasen, die in dem Diagramm dargestellt sind (◘ Abb. 3.1).

Auf Täterseite beginnt der Zyklus mit einem Auslöser oder Trigger, der eine Provokation freisetzt. Auf Opferseite entstehen zeitgleich Verunsicherung und Steuerungsverlust.

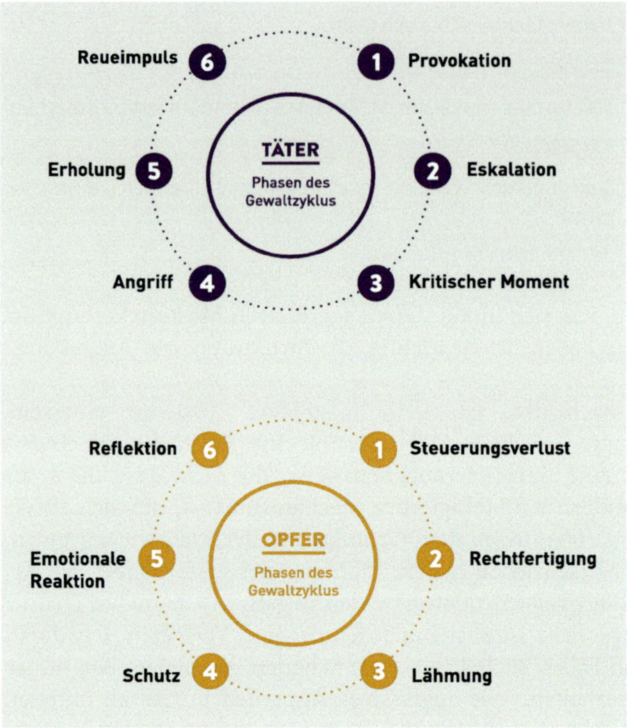

Abb. 3.1 Phasen des Gewaltzyklus – Täter und Phasen des Gewaltzyklus – Opfer

Diese Interaktion mündet in die Eskalationsphase, in der auf Täterseite sich die Provokation aufheizt und auf Opferseite zunehmend Rechtfertigungs- oder Abwehrverhalten einsetzt. Das mündet in eine kritische Phase, aus der es im Grunde kein Zurück mehr gibt. Das Opfer fühlt sich gelähmt, hat keine Distanz und keinen Überblick mehr, während die Täterin sich emotional in die Steuerungsunfähigkeit manövriert hat. Es folgt die Angriffsphase – die verletzende Attacke, in der das Opfer nur Schutz oder Flucht als Wahlmöglichkeit hat ohne jegliche Einflussnahme auf die Täterin. Im Anschluss tritt eine Erholungsphase ein, in der Täter in ihrem Agieren nachlassen und Opfer starke emotionale Reaktionen verspüren wie Scham, Schmerz, Ekel oder Hass. Die letzte Phase in dem Kreislauf ist auf Täterseite häufig ein Reueimpuls, in dem Schuldgefühle oder Zweifel am eigenen Verhalten aufkommen und auf Opferseite Distanz und Reflektion, dem Ekel weichen. Doch wie die Bezeichnung „Kreislauf" bereits andeutet, erfolgt an dieser Stelle kein „Exit" aus der Gewaltspirale, sondern ein erneutes Eintreten in die Provokationsphase – nicht selten auch in vertauschten Rollen.

Das folgende Chatbeispiel beschreibt einen typischen Verlauf einer verbalen Gewaltspirale:

Hubert	Guten Morgen. Es ist schön dich wieder im Chat der TelefonSeelsorge zu begrüßen. Es schreibt dir wieder Hubert
Tanja	Haste was Neues, von dem du mich unbedingt überzeugen willst?
Hubert	Was meinst du damit?
Tanja	Na, Dienstag wolltest du mich doch davon überzeugen, dass es gut wäre, soziale Kontakte zu haben
Hubert	Das ist keine Überzeugung. Das ist so
Tanja	Für dich vielleicht
Tanja	Du hast jedenfalls auf mich eingeredet, wie mach einer auf einen lahmen Gaul einprügelt
Hubert	Aber dies hier ist doch auch ein sozialer Kontakt. Oder wie siehst du es?
Tanja	Im weitesten Sinne
Tanja	Hat aber viele Vorteile, du bist weit weg
Hubert	Das Thema hat dich seit vorgestern bewegt?
Tanja	Nein,
Tanja	Wollte dir nur sagen, wie ich das empfunden habe
Hubert	Dann ist es für mich ein sehr schmaler Weg dich zu erreichen und gleichzeitig nicht zu intensiv zu sein?
Tanja	Weiß ich nicht – interessiert mich auch nicht
Hubert	Offensichtlich doch. Eine Herausforderung, aber ohne Gewährleistung
Tanja	Ich reagiere manchmal heftig auf Bevormundung
Hubert	Das habe ich schon mitbekommen
Hubert	Deswegen der ganz schmale Weg ohne viel Spielraum. Garantien gibt es keine. Die ehrliche Absicht es zu vermeiden – ja
Tanja	Und du meinst, dass ich dir glauben kann? Ich nicht
Hubert	Was willst du denn jetzt eigentlich heute von uns?
Tanja	Fang nicht an mir vorzuschreiben, was ich zu tun habe! Ich hasse das!!!!
Hubert	Jetzt flipp doch nicht gleich wieder aus, ich will nur wissen, was dich heute in den Chat geführt hat
Tanja	Ihr seid doch alle die gleichen ignoranten Ärsche hier. Immer wollt ihr, dass man sich im Griff hat, was erzählt, was von sich preisgibt. Es kotzt mich an!!!
Hubert	Dann machen wir besser Schluss oder?…
Tanja	Ich mache Schluss, wenn ich das will. Du bist hier der blödeste von allen Begleitern!
Tanja	Und bevor du mich wieder bevormundest, kriegst du jetzt von mit mal 'ne Abreibung
Hubert	OK, ich beende jetzt den Chat
Tanja	Ja typisch, wenn es für dich unangenehm wird, schießt du dich raus
Tanja	Aber gut, hat eh kleinen Zweck heute mit dir
Hubert	Dann lassen wir es für heute
Tanja	Am besten ☹

■ Umgang mit aggressivem Klagen

Welche Möglichkeiten stehen mir zur Verfügung, bei Klagenden nicht in die Opferrolle zu kommen? Dieser Frage werden wir im Folgenden nachgehen. Dabei geht es in erster Linie nicht darum, aggressives Verhalten zu verhindern oder gar in einen angemessenen Kontakt umzuwandeln. Das ist häufig nicht möglich, da sich mein Gegenüber bereits in der Eskalationsphase befindet oder durch den Konsum von bewusstseinsverändernden Stoffen kaum noch erreichbar ist. Es geht um die Fragen: Wie kann ich mich davor schützen, in die Opferrolle zu geraten? Wie kann ich vermeiden, in eine Eskalationsspirale einzutauchen? Dabei gib es zwei Ebenen, die hilfreich sind: Die Reflektionsebene im Vorfeld oder während des Kontakts und Verhaltensstrategien, die das Eintauchen in Gewaltspiralen verhindern können.

Zu der Reflektionsebene gehört, Strukturen verbaler Gewalt wahrzunehmen. Statt abzuwarten und sich ein dickes Fell zuzulegen, zu fragen: Werde ich gerade provoziert? Ist die Aggressivität angemessen oder überschreitet sie meine Grenze? An welchem Punkt der Gewaltspirale befindet sich die Kontaktperson gerade? Ist mein Gegenüber auf der Beziehungsebene überhaupt noch erreichbar? Welche Themen gefährden mich in Gegenaggression oder Blockade zu verfallen – z. B. Rassismus, sadistische Schilderungen, Sexualisierung des Gesprächs, persönliche Bedrohung? Welche Techniken der inneren Distanzierung habe ich zur Verfügung (▶ Kap. 4)?

Auf der Verhaltensebene hilft die Strategie des sogenannten „therapeutischen Double-Binds“, um Opferverhalten zu vermeiden und Eskalationen einzudämmen. Die Strategie besteht in der Eskalationsvorwegnahme und ist bei bekannten Kontaktpersonen eine sehr wirksame Möglichkeit, um in Provokationsphasen die Entstehung des Gewaltkreislaufs zu verhindern, ohne in die Opferrolle zu kommen. Denn sie setzt Grenzen, schafft Rahmensetzungen für den Kontakt und arbeitet zugleich mit Konsequenzen bei einsetzender „Angriffslustigkeit“. Der „therapeutische Double-Bind“ wird eingeleitet, indem Sie Ihr Gegenüber zu einem angemessenen Verhalten verpflichten, dem die Person eigentlich nicht widersprechen kann. Die Kontaktperson wird zumindest versuchen sich daran zu halten, denn wenn sie scheitert würden Sie mit der Annahme, dass sie sich nicht im Griff hat, Recht behalten. Und aggressive Klagende wollen immer Recht behalten!

Beispiel:

„Wir haben ja bereits miteinander telefoniert und ich würde gerne Ihren Ärger und Ihrer Enttäuschung über das, was Sie erlebt haben anhören und davon erfahren. Ich bin mir aber nicht sicher, ob Sie mir gegenüber wieder aggressiv werden, sobald ich mit Ihnen darüber ins Gespräch kommen möchte, und Sie mich dann massiv beschimpfen werden wie beim letzten Mal. Ich muss gestehen, dass ich bei Ihnen große Zweifel habe, ob Sie das das tatsächlich können oder ob sich das Gleiche wiederholen wird. Wenn ich ehrlich bin, bin ich unsicher, ob wir das Gespräch weiterführen sollen. Wie sehen Sie das?“

Sollte die Kontaktperson jetzt bereits aggressiv werden, beenden Sie das Gespräch mit der Rückmeldung, dass Ihre Zweifel sich gerade bestätigt haben. Sollte die Kontaktperson dagegen versichern, nicht aggressiv zu werden, können Sie das kontraktieren und mit einer Konsequenz belegen – z. B. das Gespräch sofort zu beenden, wenn es doch wieder in einer Eskalation münden sollte. Der Unterschied, so zu beenden und nicht aus der Not heraus, liegt darin, dass Sie nicht auflegen, um der Opferrolle zu entrinnen, sondern weil Sie es angekündigt und so vereinbart haben. **Sie stellen die Regeln für den Kontakt auf und setzen einen Gesprächsrahmen.** Damit verhindern Sie von Beginn an die Möglichkeit einer ungewollten Gewaltspirale. Dieses Vorgehen lässt sich ebenso in Chatkontakten umsetzen.

Auch bei einem Erstkontakt ist es möglich, diese Strategie anzuwenden. Dazu müssen Sie das Gespräch in der Provokationsphase stoppen und die Kontraktierung früh vornehmen. Etwa so:

„Ich muss Sie für einen Moment unterbrechen, da ich mir nicht sicher bin, das Gespräch weiterzuführen. Sie werden mir gegenüber gerade immer aggressiver und das finde ich unangemessen. Außerdem ist es meine Erfahrung, dass solche Gespräche nur im gegenseitigen Ärger enden. Gerade habe ich die Befürchtung, dass Sie sich immer mehr hineinsteigern und wenn ich damit Recht behalte, dann würde ich das Gespräch beenden. Oder sehen Sie eine Chance, dass wir Ihre Verärgerung in einem guten Kontakt weiterführen können? Ich bin mir nicht sicher…"

3.4 Die Logorrhoe-Symptomatik – Ich kann mich nicht bremsen

Als „Logorrhoe" bezeichnet man psychopathologisch den krankhaft gesteigerten Drang zur Sprachäußerung, häufig durch einen Mangel an Selbstkontrolle bedingt. Die sprachlichen Äußerungen bei Logorrhoe sind durch inhaltliche Wiederholungen oder ständige Wechsel des Themas gekennzeichnet.

Umgangssprachlich wird der Begriff mit „Redesucht", „Sprechdurchfall" oder „krankhafte Geschwätzigkeit" übersetzt. Endlose, ungehemmte Monologe ohne Punkt und Komma sind die typischen Symptome. Der Monolog wird mitunter in einer unangebrachten Lautstärke und mit großem Engagement vorgetragen. Andere kommen nicht zu Wort, fühlen sich überfahren und eine normale Kommunikation ist nicht möglich. Logorrhoe kann eine Begleiterscheinung einer psychischen Krankheit sein, wie einer affektiven bipolaren Störung. Die Betroffenen sind dann nicht für die Kommunikation erreichbar. Die Medizin unterscheidet unterschiedliche Schweregrade der Logorrhoe. Soziale Kontakte der Betroffenen leiden unter der Krankheit, da die Menschen extrem viel reden und in Folge vereinsamen, weil es keiner mit ihnen aushält.

Interessant ist, dass dieser Begriff inzwischen auch in den Medien verwendet wird. Hier wird als Logorrhoe das Phänomen beschrieben, dass „alles von jedem" pausenlos kommentiert wird. Dazu gehören die sozialen Netzwerke wie Facebook und Twitter oder die hunderttausend banalsten Äußerungen, die man in einer Whatsapp-Gruppe lesen kann. Aber auch die unglaublich vielen Kommentare und Leserbriefe zu Artikeln in Online-Ausgaben von Zeitungen oder im Fernsehen zu laufenden Talkshows.

So gab es am 19.07.2018 im Deutschlandfunk eine Diskussion über Medien und Medienpolitik mit dem Titel „Leitmedium oder Logorrhoe: Wie viele Talkshows braucht das Land?". Dort wurde folgende Frage diskutiert: „Abgesehen davon, dass sich mit Gesprächsrunden relativ einfach Programm machen lässt, scheinen auch die Zuschauerinnen und Zuschauer nicht genug davon zu bekommen. Günther Jauchs erste Sendung aus dem Gasometer in Berlin-Schöneberg lockte mehr als fünf Millionen, zumeist Ältere, vor den Schirm. Der ARD genügen diese ‚Rekordwerte' als Rechtfertigung für immer neue Gesprächsformate und immer höhere Moderatorengagen. Doch wie relevant sind die Talkshows mit den immer gleichen Talkshow-Veteranen eigentlich, wie hoch ist ihre Aufklärungs- oder gar Aufdeckungsquote? Sieht so etwa der politische Journalismus des 21. Jahrhunderts aus? Nicht, dass sich das Fernsehen am Ende zu Tode talkt" (▶ https://www.deutschlandfunk.de/leitmedium-oder-logorrhoe-wie-viele-talkshows-braucht-das.1301.de.html?dram:article_id=193485).

▪ Erfahrungen mit Logorrhoe

Logorrhoeartige Phänomene gibt es demnach in der mündlichen und schriftlichen Kommunikation. Sie ist eine besondere Herausforderung im Dialog, da sie kontaktvermeidend und enorm anstrengend ist. Da die meisten Kontakte mit Menschen, die permanent reden oder texten, in den seltensten Fällen pathologischer Natur sind, wollen wir in diesem Kapitel Hilfsmittel vorstellen. Unsere Erfahrung mit Menschen, die viel reden oder schreiben und kaum in Resonanz gehen, ist, dass sie das Bedürfnis haben zu dominieren und zu kontrollieren, wobei die Dominanz eine Folgeerscheinung des starken Kontrollbedürfnisses ist. Begleitend kommen nach unserem Emotionsmodell vor allem zwei Grundgefühle zum Vorschein, die in dem zwanghaften Bedürfnis sich mitzuteilen atmosphärisch bestimmend sind – die Angst oder das Vergnügen. Das Vielreden ist entweder begleitet von der Befürchtung, sonst die Kontrolle über das Thema oder über die Situation zu verlieren oder die „Dauerbeschallung" macht den Vielrednern ausgesprochen Freude, dass sie sich an ihren eigenen Worten ergötzen. Die folgenden beiden „Augenzeugenberichte" haben wir in einem Forum zum Thema „Menschen, die anderen keinen Raum geben" über die Zeitschrift Brigitte-Online gefunden. Sie sind sehr eindrücklich geschildert und zeigen auf, wie atmosphärisch in beiden Fällen versucht wird, Dominanz und Kontrolle auszuüben. Im ersten Fall unter dem Gefühl der Angst, indem die Betroffene Sorge hat, ausgeschlossen zu werden und im zweiten Fall unter dem Gefühl Vergnügen, indem die Betroffene die Lust an ihrer Macht überdeutlich demonstriert. In beiden Fällen (sobald der Wunsch nach Kontrolle ausgehebelt wurde), reagieren die Betroffenen mit beleidigtem Rückzug und wechseln in das Grundgefühl der Wut (Verärgerung).

Beispiel 1

„Ich kenne auch Leute, die ständig reden und finde sie sehr anstrengend. Vor allem, wenn man mit ihnen zusammenarbeitet und sie immer bestimmen müssen, wo es lang geht, dabei gerne unterbrechen und ihre Aussagen mindestens dreimal wiederholen. Und dann reden sie immer mehr und man bekommt den Eindruck, sie würden sich am liebsten selber immer gerne hören. Das finde ich so anstrengend. Heute hatte ich wieder so ein Erlebnis, als diese dominante Kollegin in eine Gruppe kam, in der die Strategie für das Projekt schon ohne sie bestimmt wurde, damit sie nicht wieder dazwischengrätscht und die Aufgaben bereits verteilt waren. Erst mal wurde ich angepflaumt, dass ich ihr ‚doch sagen soll was geschieht' (Worauf ich sagen wollte: auf eine nette Frage gibt es eine nette Antwort, hab aber nix gesagt, war jedoch sichtlich genervt von ihrem Ton) und sie dann meinte, dass sie raus sei und beleidigt gegangen ist."

Beispiel 2

„Auf meiner Feier vor zwei Jahren hatte ich eine schräge Begegnung der besonderen Art: Es erschien eine Ex meines Mannes, eine reife Frau von 65 Jahren, ihres Zeichens Psychologin. Im Schlepptau hatte sie zwei Bewunderer, deren einzige Funktion anscheinend darin bestand ihr zuzuhören.
Diese Person fing mich zu fortgeschrittener Stunde in meiner Küche ab und ich musste folgenden Monolog über mich ergehen lassen:
‚Ach wie schön, dass wir uns endlich kennenlernen! Willkommen in meiner Familie! Es ist soooo schön, wenn zwei Frauen denselben Mann lieben und die eine gönnt ihn der anderen!'

Zeitgleich mit ihren ersten Worten hatte sie mir ihre Hände auf die Schultern gelegt und mit ihren Fingern fest zugedrückt.
Ich bin 1,80 m groß, kräftig und im Allgemeinen für meine Wortgewalt und Schlagfertigkeit berüchtigt und wenn in meiner Stammkneipe ein Gast ausfällig wurde, war ich es, der ihn vor die Tür stellte, aber diese Frau machte mich sprachlos. Ich war wie gelähmt. Hatte nur das diffuse Gefühl, dass hier irgendetwas völlig schieflief.
‚ICH bin doch hier die Gastgeberin, und das ist MEINE Familie' piepste es in mir. Und: ‚Ich GÖNN dir meinen Mann auch gar nicht', aber ich brachte kein Wort heraus. Mir war auf einmal übel.
Sie: ‚Soooo, und nun machen wir noch ein schönes Foto, bitte lääääächeln!' Dann begann sie, mir ihre Begleiter vorzustellen. Ein endloser Redefluss ergoss sich über mich, gekrönt von ihrem Statement: ‚Ja sorry, dass ich so viel rede, aber fürs Zuhören nehme ich viel Geld und jetzt habe ich Freizeit, hahaha…'
Zum Glück merkte ich in diesem Moment, wie endlich meine innere Firewall hochfuhr und mein Fluchtinstinkt die Oberhand bekam. Ich ließ sie einfach stehen und wankte in den Garten, auf der Suche nach meiner besten Freundin.
Noch schräger wurde es, als mir mein Mann später mitteilte, diese Psychoanalytikerin hätte sich bei ihm beschwert, dass ich so kalt und abweisend ihr gegenüber gewesen sei" (Quelle: ► https://bfriends.brigitte.de/foren/freundschaftsforum/ „Menschen, die anderen keinen Raum geben").

In beiden Fällen fühlen sich die umstehenden Personen dominiert und schützen sich durch Verstummen oder Blockieren und so endet der Kontakt mit dem beleidigten Ausstieg der Dauerrednerin, weil das Vergnügen versiegt, beziehungsweise die Angst vor Dominanzverlust sich bestätigt und zur Überwindung durch Ärger ersetzt wird. Der resignierte Ausstieg aus Kontakten mit dominanten Vielrednern ist die häufigste „versuchte Lösung", um sich der Dominanz zu entziehen. Das zeigen auch die folgenden Beispiele aus dem Brigitte-Forum:

„Diese Leute langweilen mich zu Tode. Ich höre ihnen eine ganze Weile zu und wenn ich irgendwann feststelle, dass sie mit ihrem Monolog so glücklich sind, dass sie mich eigentlich gar nicht brauchen, bzw. sich überhaupt nicht für meine Worte interessieren, hole ich entweder Wollsocken, die ich nebenbei stopfe, oder ich gehe."

„Privat kannte ich eine Frau mit Logorrhoe (Ich wunderte mich immer, wie viele Worte sie innerhalb der Strecke von der Haustür bis zum Briefkasten unterbrachte). Von dieser Frau habe ich mich ‚getrennt', es war mir einfach zu anstrengend."

„‚Sprechdurchfall' ist genau der richtige Ausdruck! Allerdings ist mir aufgefallen, dass Dinge, die sie wirklich beschäftigen, in so einem Monolog irgendwo dazwischen eingeflochten werden und man erst Tage später mitbekommt, dass es für sie wichtig war. Bloß ist man dann so zugetextet, dass man das gar nicht richtig registrieren kann und dicht macht."

Für den Umgang mit Vielrednerinnen oder Vielchattern möchten wir nun drei Interventionsstrategien vorstellen, die alternativ zu der Notbremse „Rückzug" einen Monolog in ein Kontaktgespräch umwandeln können. Die Interventionen unterscheiden sich dahingehend, dass sie auf drei unterschiedlichen Ebenen ansetzen: Die erste auf der Kommunikationsebene (Wie wird der Dialog geführt?), die zweite auf der Beziehungsebene (Wie wird der Kontakt gestaltet?) und die dritte auf der strukturellen Ebene (Welcher Rahmen wird für den Kontakt gesetzt?). Interventionen an diesen unterschiedlichen Stellen anzusetzen, ist ein technisches Merkmal, das wir häufig nutzen, um mit Schwierigkeiten in Gesprächen umzugehen oder Lösungsmöglichkeiten zu entwickeln.

3

■ Strategie auf der Kommunikationsebene: Proaktives Paraphrasieren

Im Dialog ist es wichtig, Menschen, die viel reden und von Hölzchen auf Stöckchen kommen oder das Thema gerne wechseln und dabei ihre Erzählungen und Beispiele durch neue Beispiele und Erzählungen garnieren, nicht entkommen zu lassen. Das bedeutet, Sie müssen im Kontakt am Ball bleiben! Im Bild gesprochen, haben Sie es mit einer Situation zu tun, als würden Sie mit einer geübten Joggerin oder einem trainierten Jogger zum gemeinsamen Laufen eingeladen. Solche Leute haben kein Problem damit, sich beim Laufen auch noch zu unterhalten. Wenn Sie selbst ungeübt im Joggen sind – und das sind Sie gegenüber Logorrhoe-Betroffenen garantiert – bleiben Sie schnell zurück, weil Sie ganz aus der Puste kommen oder aber Sie setzen sich an den Rand des Weges und lassen die Jogger alleine laufen und kommentieren von Zeit zu Zeit, wenn sie in der nächsten Runde wieder vorbeikommen. Die Kunst bei Dauerrednern ist es, den „geübten Jogger" in seinem Erzählfluss mit einzelnen kurzen Einwürfen zu begleiten, so dass Sie ihn laufen lassen und gleichzeitig in der Lage sind, neben ihm im ruhigen Tempo mitzulaufen. So haben Sie am ehesten die Chance, im Gespräch Einfluss zu nehmen und anhand Ihrer Einwürfe das Gespräch zu beeinflussen und damit auch das Joggingtempo.

In die Gesprächspraxis übertragen bedeutet das, dass Sie nicht versuchen sollten, Vielrednerinnen und -redner zu übertrumpfen. Sie werden unterbrochen werden oder bekommen zu hören „Lassen Sie mich mal ausreden", denn es geht, wie erwähnt, um Kontrolle. Umgekehrt dürfen Sie Dauerrednerinnen und -redner nicht zu lange erzählen lassen ohne zu unterbrechen. Manchmal unterlassen wir das aus Höflichkeit. Aber so kommen Sie niemals zu Wort. Unterbrechen Sie in möglichst kurzen Abständen entweder durch starkes Atmen, Schnaufen oder andere paraverbale Gesten oder noch besser durch kurze Einwürfe, indem Sie Schlüsselworte aus den Erzählungen wiederholen oder betonen. So wird der Erzählfluss verlangsamt oder sogar zeitweise unterbrochen und in diese Pausen können Sie dann mit einem Kommentar oder einer vertiefenden Frage einsteigen.

Der folgende Dialog soll das in einer kurzen Sequenz verdeutlichen. Die Anruferin fühlt sich manipuliert durch ein Sportereignis und um dieser Ohnmacht (Angst vor Kontrollverlust) zu entgehen, beginnt sie zu erzählen:

„Guten Tag, ich muss sagen, dass ich völlig empört bin… (Begleitung: ***Aha, empört!****) … Ja überall immer nur Fußball, Fußball, Fußball, als gäbe es nichts anderes mehr… (Begleitung:* ***Hupen, Grölen, Lärm!****)… äh, ja genau dieses Gehupe nervt mit total - überhaupt diese Autocorsos vor meinem Haus… (Begleitung:* ***Totaler Lärm und Gestank!****) … genau und nicht nur das, wenn ich dann mich mit Fernsehen ablenken will, kommt auch überall nur Fußball … (Begleitung – lautes Seufzen:* ***Oh je!****) … Sie sagen es … Pause (Begleitung steigt ein:* ***Und Sie haben bisher keine Idee, wie Sie dem Fußballwahn entkommen können****) … äh, ja wie denn äh … und was da ein für Geld rausgeschmissen wird, das könnte man so gut für andere Projekte ausgeben (Begleitung:* ***Verteilen zum Beispiel****) … ja, es gibt so viel Armut und keiner weiß wohin mit den Flüchtlingen und man könnte Wohnungslose unterstützen oder mal endlich den ganzen Müll von den Straßen entfernen. Was glauben Sie, wie es hier in unserem Viertel aussieht – überall liegt Müll rum und keiner kümmert sich drum (Begleiter:* ***Sie kümmern sich!****) … äh was? (Begleiter:* ***Sie machen sich viele Gedanken, was man Nützliches tun könnte. Das finde ich gut!****) … ja finden Sie? (Begleiter:* ***Wen gibt es denn, der Sie da unterstützt und denkt wie Sie?****) …".*

■ Strategie auf der Beziehungsebene: „Ich bin jetzt dran"

Die zweite Strategie setzt an der Beziehungsebene an und ist wirksam, um Angst zu blockieren, Vergnügen beim Monologisieren aufzufangen und auf die Beziehungsebene zu übertragen. Das bedeutet, dass Sie auf vergnügliche, verständnisvolle Art darauf aufmerksam machen, dass Sie mitreden wollen. Sie unterbrechen immer wieder, indem Sie den Anspruch auf Dialog in die Beziehungsebene einflechten. Wenn Sie dies mit einem Augenzwinkern tun, wird auch die Kontaktgestaltung spielerisch werden. Der folgende ausführliche Chat zeigt, wie eine solche Intervention immer wieder gesetzt wird und der ratsuchenden Person in ihrem Thema auf der Beziehungsebene Struktur und Halt vermittelt.

Chat zum Thema Depression (Die Interventionen sind fett markiert)

Igelchen - Hallo.

Monika - Hallo.

Igelchen - Danke, dass ich so spontan hier reinhüpfen durfte.

Monika - Bitte schreiben Sie mir, warum Sie „reingehüpft" sind.

Igelchen - Hm. Zum einen, weil ich momentan entsetzlich einsam bin und irgendwie mich „gefangen" fühle. Zum anderen weiß ich momentan nicht so genau, wohin mit meinen Gedanken, Gefühlen etc.

Monika - Welchem Punkt widmen wir uns? Dem einen oder dem anderen?
Oder gehört alles zusammen.

Igelchen - Es hängt miteinander zusammen. Ziemlich eigentlich aus Grund zwei.

Igelchen - Wie formuliere ich das? Hm…

Igelchen - Ich habe schon öfter mal mit Depressionen etc. zu tun gehabt. Irgendwie habe ich mich wohl immer wieder mal berappelt, trotzdem schützt mich das nicht vor neuen „Phasen".

Igelchen - Die letzten Jahre konnte ich viel üben, mich selbst zu stabilisieren, momentan fällt es mir aber schwer.

Igelchen - Denn mein Vertrauen in die üblichen „Hilfsschlingen" wurde die letzten paar Monate extrem verletzt.

Igelchen Also ziehe ich mich zurück. Versuche irgendwie trotzdem mein Pensum zu schaffen.

Igelchen - Aber man ist verdammt alleine damit.

Monika - Ich würde gerne etwas schreiben, lassen Sie mir ein wenig Zeit?

Igelchen - Ok. Ich halte solange die Klappe bis Sie „ok" sagen.

Monika - Ich habe verstanden, dass Sie an Depressionen leiden, die diagnostiziert sind, sprich: bekommen Sie Medikamente, haben gelernt damit umzugehen oder sind die Phasen eher Gemütsschwankungen, wie das Leben eben so ist, mit glücklichen und auch traurigen Momenten? **Nun Sie…**

Igelchen - Nun ja, die Medikamente wurden vor gut eineinhalb bzw. zwei Jahren „ausgeschlichen".

Igelchen - Die Phasen sind leider weniger Gemütsschwankungen. Sonst hätte ich die ja regelmäßig ^^ Manchmal innerhalb von Stunden, manchmal Tage, manchmal Wochen.

Igelchen - Aber wenn man halt seit Ende November/Anfang Dezember immer tiefer in den Sumpf rutscht, ist das nicht mehr lustig.

Igelchen - Es war gut. Es hat mich damals ziemlich blockiert und aus verschiedenen Gründen musste ich damals die Medikamente losbekommen.

Igelchen - Damals hatte ich noch einen Psychiater, dem ich vertraute… nur hat der mich ziemlich spontan diesen Herbst fallenlassen.

Igelchen - Weil er ein neues Aufgabengebiet bekommen hat und er hat einfach mich an einen Kollegen weiter geschoben… Information darüber erfolgte beim letzten Termin.

Monika - Ich jetzt.

Igelchen - **Ok *klappe zu*.**

Monika - Wenn die Zeit mit den Medikamenten besser war, als jetzt ohne, können Sie sich nicht wieder welche verordnen lassen? Sie verlieren ja wohl an Lebensqualität? Und wenn Sie schon Ende letzten Jahres „abgerutscht" sind, ist das ja schon eine Weile… **Und nun wieder Sie.**

Igelchen - Ich hasse Medikamente. Eigentlich würde ich ja gerne auch die Schilddrüsenmedikamente etc. loswerden, allerdings würde sich dann meine Schilddrüse weiter auffressen… und das ist auch komisch. Und bei dem anderen Medikament hat sich damals der Arzt quergestellt und meinte, ich würde es noch weiter brauchen.

Ich kann das Medikament nicht wieder nehmen, da würde ich ein, zwei Dinge verlieren. Und das wäre schade. Außerdem fühle ich mich dann nicht gut. Zwar ist damals dieses phasenweise Depressive nicht mehr gewesen, aber dafür habe ich mich nicht als Mensch gefühlt. Nur funktionierend wegen dem Medikament. Das ist irgendwie schwer zu verstehen… aber es fühlte sich so an.

Igelchen - Nun habe ich die letzten zwei Wochen aber immer wieder massiv Suizidgedanken… ich kann mich wirklich beherrschen aber zwischen Donnerstag und Samstag jetzt war es wirklich knapp :(

Igelchen - Und das macht halt auch einsam, weil man sich irgendwie funktionabel halten muss,

Igelchen - zur Arbeit etc. pp

Igelchen - Ich habe es geschafft. Und ich werde es auch wieder schaffen, kein Grund irgendwie panisch zu werden. Aber es ist schwer.

Monika - **Immer schön abwechselnd, jetzt ich.**

Igelchen - ***klappe zu***

Monika - Ich weiß, dass es manchmal lange dauert, bis für jeden Menschen das Passende gefunden wird. Wichtig, finde ich, ist Ihre Einstellung dazu. Ein Medikament kann Ihnen die Lebensqualität wiedergeben. Je nach Wichtigkeit der Dinge, die Sie vielleicht auch vermissen werden oder auf die Sie verzichten müssen.

Und nun wieder Sie.

Igelchen - Das Antidepressivum hat ja sehr gut gewirkt. Es ist bei mir auch familiär deutlich eingeprägt, der Serotoninmangel… aber ich kann nicht wieder anfangen, den Scheiß zu nehmen. Da müsste ich ja auch zugeben, dass ich nicht funktioniere und nicht gut bin.

Igelchen - Egal, wie weit ich in den letzten Jahren gekommen bin

Igelchen - Die Frage ist halt auch, ob es überhaupt einen Sinn macht, wenn man nur mit Medikamenten funktioniert. Wie soll ich mich selbst akzeptieren, wenn ich das Gefühl habe, dass ich nicht ich bin? Also mit Medikament. Wenn ich nur funktionieren soll, aber trotzdem ich keinen Sinn und Platz habe?

Igelchen - Ich arbeite und arbeite und irgendwann werde ich halt nicht mehr gebraucht, weil ich alt bin und dann muss ich aufs Sterben warten.

Igelchen - Was ist das denn für ein Bockmist?

Igelchen - Aber ich will, dass niemand sich Sorgen macht.

Igelchen - Ich bin ja jetzt nicht irgendwie ein Unmensch oder so… eigentlich zu den meisten Menschen freundlich, habe viele Interessen…

Igelchen - Doch irgendwie scheint den meisten Menschen eine Freundschaft nicht mehr wichtig zu sein. Man nimmt sich das, was man braucht, aber ist irgendwie nicht bereit, eine Freundschaft einzugehen.

Igelchen - Heute Abend bin ich wieder mit dem Ehrenamt unterwegs. Das ist zwar für den Moment nett, aber dann ist es auch schon wieder vorbei.

Monika - **Ich möchte nicht immer ums Wort betteln.**

Igelchen - **Bin ruhig. Sorry.**

Igelchen - **Tut mir wirklich leid :(**

Monika - Wenn Sie sagen, Sie wollen nicht, dass sich jemand um Sie sorgt, überlassen Sie es Ihrem jeweiligen Gegenüber, was er mit Ihrem Problem macht, entscheiden nicht Sie für ihn. Freundschaft ist Geben und Nehmen. Und wenn...

Monika - Sie ein Ehrenamt betreiben, können Sie dort Kontakte knüpfen, es nicht nur auf die Arbeitszeit beschränken...

Monika - und wenn Sie freundlich sind, ist es doch nicht schwer, neue Leute kennenzulernen.

Monika - **Bitte wieder Sie.**

Igelchen - Ich weiß, dass Freundschaft Geben und Nehmen ist. Nur, ist es dann noch Geben und Gehmen, wenn man so eindeutig momentan einfach nicht mehr geben kann? Man erschöpft ist und das Gegenüber sich vielleicht eventuell zu viele Gedanken macht? Im Ehrenamt gehen wir meistens recht nett miteinander um und haben auch ab und zu mal Spaß, jedoch haben meine Versuche, „mehr" daraus zu machen, bisher ins Leere geführt. Mal ein Bierchen am Fluss trinken? Keine Zeit... Mal zusammen auf den Weihnachtsmarkt? Uff, ... neeeeeeeeeeeee. Dann ist man sich halt auch nicht sicher, ob man es zum x-ten Mal probieren soll.

Monika - Aber auch nicht so schnelle aufgeben. Und über die Gedanken Ihres Gegenübers sollten Sie sich wirklich keine Gedanken machen, der ist für sich verantwortlich!

Igelchen - Schaden würde es auch nicht, wenn ich nochmal einen Vorstoß mache.

Monika - Sehen Sie.

Igelchen - Noch ein Nein tut jetzt wirklich nicht mehr weh *lach*

Monika - Sie sollten die Neins auch nicht persönlich nehmen, manchmal passt es eben gerade nicht.

Igelchen - Stimmt. Ich weiß, nur irgendwann ist die Masse doch erdrückend gewesen.

Igelchen - Zumindest kann man die „normalen" Arbeitszeiten im Ehrenamt nutzen für soziale Kontakte.

Monika - Ich muss so langsam zu Ende kommen, da unsere Zeit abläuft... **Ich kann Ihnen versichern, dass mir der Chat mit Ihnen Freude gemacht hat, auch wenn ich schon mal ums Wort kämpfen musste.** Sie können sich ausdrücken, Sie haben Humor und wenn ein „Pilleken" Ihnen die Lebensqualität erleichtert und Ihnen auch die Sicht auf andere Menschen und Vorgänge wieder erhellt, dann lernen Sie bestimmt noch interessante Menschen kennen und mögen... das wären dann Freundschaften.

Igelchen - Alles gut. **Vielen Dank für Ihre Zeit. Das mit der Wortflut liegt vermutlich einfach an dem Druck auf meinem Herzen und Geist**

■ Strategie auf der Strukturebene: Rituale intervenieren

Wir möchten nun die dritte Strategie vorstellen, die dann an Bedeutung gewinnt, wenn weder auf der Kommunikations- noch auf der Beziehungsebene erfolgreich interveniert werden kann oder die Logorrhoe sich als eine „Semperrhoe" entpuppt – damit meinen wir, dass sich das Reden als permanente oder immerwährende Kontaktaufnahme äußert. Der ständige Drang zur Sprachäußerung und der Mangel an Selbstkontrolle zeigt sich hier nicht im permanenten Sprechen, sondern durch permanentes Anrufen oder ständiges Chatten. In der medienvermittelten Kommunikation gibt es viele „regelmäßige Besucherinnen und Besucher" – wie sie Steve de Shazer (1989) bezeichnet. Shazer verwendet hinsichtlich der motivationalen Ausrichtung von Klientinnen und Klienten drei unterschiedliche Gruppen: Klienten, die als „Kundinnen", als „Klagende" oder als „Besucherinnen" kommen. Wir sprechen bei dieser Gruppe auch augenzwinkernd von „loyalen Ratsuchenden", weil sie einen häufigen Kontaktwunsch haben. Es gibt dafür viele unterschiedliche Gründe – sei es Einsamkeit, Langeweile, innerer Druck, innerer Zwang oder die regelrechte Sucht nach Kontaktaufnahme. Druck, Zwang oder Sucht sind Gründe, die mitunter ein ständiges Wiederholen von Telefonanrufen oder Chatanfragen nach sich ziehen. Auch hier sind entweder Ängste oder Vergnügungsstörungen Ursache des ständigen Kontaktierens.

Das Begehren nach Kontrolle, im ständigen Kontakt zu sein, ist die versuchte Lösung, seine Problematik zu regulieren. Hier taucht das Dominanzphänomen auf: Durch die Masse ihrer Kontaktversuche wird die Erreichbarkeit für andere empfindlich reduziert. Auf Dienstleisterseite macht sich wiederum Resignation oder Hilflosigkeit breit – meistens, weil man aus Niederschwelligkeits- oder Datenschutzgründen keine geeigneten technischen Begrenzungsmöglichkeiten hat.

In pathologischen Fällen führt das Bedürfnis, die Einrichtung zu kontaktieren, zu einem regelrechten Zwangsverhalten, wobei die kontaktierte Einrichtung als Teil des Zwangsrituals instrumentalisiert wird. Vor einigen Jahren waren wir mit einem Anrufer konfrontiert, der im Laufe von wenigen Monaten seine Anrufversuche von 80 Anrufen auf über 350 Anrufe im Monat gesteigert hatte. Der Anruf dauerte meistens nicht länger als 20 bis 60 s und startete seitens des Anrufers mit dem immer gleichen, ritualisierten Satz „Blut am Kopf". Nach kurzer Gesprächszeit legte er wieder auf. Aus Sorge, dass sich die Anrufhäufigkeit noch mehr steigern könnte, haben wir eine Intervention entworfen und angewendet, die wir hier in wörtlicher Rede wiedergeben und die unmittelbaren Erfolg zeigte.

Unsere Vorannahme war, dass es sich um ein zwanghaftes Anruferverhalten handelt, das auf der Basis von Angst immer wieder nach Kontrolle und Entlastung sucht. Ziel der Interventionsstrategie war, den Anrufer in seinem Anrufhäufigkeitsverhalten zu beeinflussen und so in seinem Reiz-Reaktions-Verhalten eine Veränderung einzuleiten. Dazu haben wir eine paradoxe Intervention genutzt. Bei einem erneuten Anruf wurde er freundlich empfangen und es wurde ihm gesagt, dass heute die Leitung der Einrichtung mit ihm eine wichtige Vereinbarung schließen wolle und er deshalb in das Chef-Büro verbunden werde. Hier bekam er folgende Information:

„Lieber Anrufer, Sie rufen ja in sehr regelmäßigen Abständen bei uns an und an dem, was Sie äußern merken wir, dass es Ihnen enorm wichtig ist, uns zu kontaktieren und Sie gerne mit uns reden. Das ist uns auch wichtig. Wir merken jedoch auch, dass wir durch Ihre spontanen Anrufe nicht immer zeitlich so bereit sind oder so aufnahmefähig, wie wir uns das wünschen. Sicherlich ist Ihnen das auch schon aufgefallen. Uns ist wichtig, dass wir wirklich Zeit für Sie haben, wenn Sie sich melden. Deshalb möchten wir Sie bitten, dass Sie sich jeden Tag zwischen 08.00 und 9.00 Uhr und am Nachmittag zwischen 16.00 und 17.00 Uhr bei uns melden. Wenn Sie um 8.00 Uhr und um 16.00 Uhr bei uns anrufen, nehmen wir uns Zeit für Sie und würden dann auch gerne eine längere Zeit mit Ihnen ins Gespräch kommen. Können Sie sich das vorstellen?"

Als Reaktion kam zunächst Sprachlosigkeit und dann ein spontanes „Danke" und das wäre ja toll, dass man sich solche Gedanken um ihn machen würde. Daraufhin wurde das gleiche Zeitfenster noch einmal gesetzt und mit dem Anrufer kontraktiert.

In der darauffolgenden Zeit hat der Anrufer täglich genau in diesem Zeitfenster angerufen und seinen Anruf getätigt. In einigen Fällen hat er es auch zwischendurch probiert und indem man ihn darauf hinwies, dass er ja sein Zeitfenster habe, hat er dankend das Gespräch beendet.

3.5 Die unbeirrbaren Besserwisser – Gut gemeint ist nicht gut

Zu der Kategorie Besserwisserinnen und Besserwisser zählen Personen, die das Bedürfnis haben, möglichst oft ihr Wissen oder ihre Meinung kundzutun und dies in belehrend-aufdringlicher Art und Weise. Dies weckt den Anschein, als hätten sie in vielen Angelegenheiten mehr Wissen und Urteilsvermögen als andere. Als Gegenüber fühlt man sich in der Gesellschaft eines Besserwissers unwohl – weniger, weil man ihm oder ihr das Wissen neidet, sondern weil sie unaufgefordert die Sichtweise anderer in Frage stellen und diese abwerten. Umgekehrt, wenn sie Meinungen oder das Wissen anderer zur Kenntnis nehmen (sollen), reagieren sie gerne mit der Formel „Ja, aber…" und verschließen sich den Überlegungen anderer. Dadurch entsteht der Eindruck von Überheblichkeit oder Arroganz.

Besserwisserei gibt es nicht nur auf der sachlichen oder fachlichen Seite, sondern auch in der Art und Weise, andere in ihrem Verhalten zu kommentieren und zu bewerten. Typische Aussagen in diese Richtung sind:

„Nein, so kannst du das nicht machen, ich zeig dir, wie das richtig geht."

„Ich glaube nicht, dass Sie das so hinbekommen, ich würde es anders machen."

„Ich würde ja gerne Ihrer Empfehlung folgen, aber mir erscheint das alles viel zu kompliziert und langwierig."

Besserwisserinnen, die anderen auf die Sprünge helfen wollen, merken in ihrer gut gemeinten Art Ratschläge zu geben nicht, dass sie im Grunde ihr Gegenüber abwerten oder erniedrigen statt zu unterstützen. Besserwisser glauben sogar, dass sie mit ihrem Verhalten etwas Gutes oder Nützliches tun, schaden jedoch mehr, weil sie nicht auf ihr Gegenüber eingehen, sondern dessen Anliegen und Bedürfnisse übergehen. In diesem Zusammenhang ist die Redewendung: „Ratschläge sind auch Schläge" sehr treffend.

■ Varianten des Besserwissens

Aus diesen Überlegungen lassen sich zwei verschiedene Varianten von Besserwissenden unterscheiden: Die eine Gruppe folgt in erster Linie einer Geltungssucht, sich Anerkennung zu verschaffen, die andere Variante folgt einer Helfersucht, anderen unbedingt nützlich zu sein. Der Unterschied liegt in dem Ausmaß an narzisstischer Prägung: Die einen suchen Anerkennung, indem sie sich selbst großartig darstellen, die anderen, indem sie ihren Mitmenschen zu einem „besseren Leben" verhelfen möchten. Sie wissen in jedem Fall genau, was richtig und angemessen ist – besonders für den anderen. Die narzisstische Art des Besserwissens wirkt leicht prahlerisch, arrogant oder konkurrierend, während das komplementärnarzisstische (als die devote, sich unterordnende) Besserwissen die subtil erniedrigende Variante ist, die vermeintlich sich für den anderen einsetzt, jedoch ihm oder ihr zugleich die eigenen Fähigkeiten und Handlungskompetenzen abspricht: „Lass mich das machen, du kannst das nicht" oder „Lass mich dir helfen, damit dir nichts passiert".

Zu beiden Varianten schildern wir ein Beispiel aus der Chatbegleitung – diesmal ist die Seite der Begleiterin im Fokus der Kommunikationsschurkerei. Es wird schnell deutlich, dass sich die Begleitperson in ihrer Helferrolle besserwisserisch engagiert anstatt zu unterstützen.

Der folgende erste Chat veranschaulicht die Variante des Besserwissens durch vermeintliches „Besser-Wissen". Der Begleiterin gelingt es in diesem Beispiel durch das diagnostische und prognostische Verhalten nicht, die Ratsuchende in ihrer Not zu verstehen, weil sie die Dringlichkeit ihrer eigenen Botschaft durchsetzen will, was letztlich zum Abbruch des Kontaktes durch die Ratsuchende führt. Die Ratsuchende fühlt sich verfolgt und als krank abgestempelt und in ihrer eigentlichen Sorge völlig unverstanden. Als sie sich darüber beklagt, nimmt die Begleiterin diese Rückmeldung nicht an, sondern argumentiert damit, ehrlich sein zu wollen. Das ist besonders tragisch, weil sie mit diesem Argument ihre eigene Hypothese über den Verlauf der Krankheit als Fakt darstellt. Denn nur Tatsachen bedürfen Ehrlichkeit. Sie stilisiert so ihre Einschätzung zu einer Tatsache und ihre Ehrlichkeit besteht für sie in der unverblümten Mitteilung von vermeintlichen Fakten:

Hilda	Guten Morgen, mein Name ist Hilda. Wie kann ich Ihnen helfen?
Laura	Hallo, ich heiße Laura und ich bin 17
Laura	Ich habe Depressionen und Angstzustände & Panikattacken. Beides seit circa eineinhalb Jahren. Ich bin jetzt in der Oberstufe und wegen dem ganzen Schulstress ziemlich häufig krank. Jedes Mal wenn ich krank bin, fühle mich einfach schrecklich, hab dann auch immer eine stärkere Tendenz zu Panikattacken, bin viel schlimmer depressiv... Wie kann es schaffen, trotz Krankheit (Schmerzen) mich nicht runterziehen zu lassen? Ich hasse dieses Nichtstun, dieses Vom-Leben-abgeschnitten-Ssein. Außerdem setzt es mich unter Druck, wenn ich Schulstoff verpasse
Hilda	Wenn Sie sich das Bein gebrochen hätten, könnten Sie auch nicht zur Schule gehen. Also keine Panik. Wichtig ist, dass Sie die Depression und Angst in den Griff bekommen. Das geht nur mit Hilfe und therapeutischer Begleitung. Schule ist flexibel und es ist alles möglich
Laura	Therapie habe ich seit zwei Jahren! Mir geht es eher um diese konkreten Situationen, wenn ich merke, ich werde krank, dann nicht auszuflippen, Angst zu kriegen, depressiv zu werden
Hilda	Ok, aber der Druck durch Schule und eigene Ansprüche ist nicht hilfreich. Ihre Krankheit benötigt Zeit und ist nicht wie ein Schnupfen nach neun Tagen vorbei. Geduld lernen ist schwer (ich bin auch sehr ungeduldig), aber in dieser Situation notwendig. Die Krankheit wird noch länger dauern und damit zu leben, ist die große Lernaufgabe
Laura	Sorry, ich bin ja noch jung und vielleicht verstehe ich das falsch, aber so wie Sie hier schreiben, hört sich das an, als müsste ich mein ganzes Leben damit zurechtkommen. Das halte ich für nicht richtig. Klar, muss ich mich jetzt damit auseinandersetzen und ja, vielleicht wird es noch ein, zwei Jahre dauern, bis sie völlig verschwinden, aber danach werde ich wieder glücklich sein!
Hilda	Sie sollen auch glücklich sein. Aber psychische Krankheiten gehen nicht in bestimmten Fristen weg und sie können wie der Schnupfen immer wieder auftauchen
Laura	Wenn es mir eh schon schlecht geht, höre ich mir ungern von Menschen, die mir eigentlich helfen sollten, so eine Schwarzmalerei, nach dem Motto: „Das bleibt jetzt dein ganzes Leben so und wenn du mal wieder glücklich bist, wirst du ganz schnell wieder depressiv" an. Das ist nichts Persönliches gegen Sie, aber nächstes Mal, vertrau ich lieber auf die Menschen, die mich wirklich kennen
Laura	Wie gesagt, trotzdem danke für Ihr Bemühen, ich bin mir sicher, Sie haben es nicht böse gemeint. Schönen Tag noch
Hilda	Ich will nur ehrlich sein. Das ist nicht immer angenehm. Alles Gute

Das zweite Beispiel eines Chats zeigt die Variante, wenn die Begleitung nicht nur ihr eigenes (Besser-)Wissen in den Vordergrund stellt, sondern den Drang zu helfen, als Besserwisser. In diesem Beispiel hält der Begleiter die Problematik der Ratsuchenden schlecht aus, ist empört und will mit allen Mitteln eine Lösung erzwingen, die ihn als Mann (im Unterschied zu dem geschilderten Ehemann) moralisch großartig erscheinen lässt und seinen eigenen Selbstwert erhöht. Fatal ist, dass er die Gefühle und Zweifel der Ratsuchenden nicht gelten lassen will, sondern bemüht ist, sie zu einem bestimmten Verhalten zu überreden. Seine subtile Abwertungsstrategie, ihre

Ängste nicht gelten zu lassen, besteht darin, dass sich für die Anruferin in der Chatbegleitung durch die ungezügelte Wortwahl und Vehemenz des Begleiters genau das wiederholt, was ihr auch in ihrer Partnerschaft widerfährt: Sie wird zum Opfer und wieder „geschlagen" – zwar jetzt nicht handgreiflich, aber dafür verbal, indem ihre Gefühle bewertet werden und sie in ihrer Situation für hilflos erklärt wird:

Sally	Hallo, ich bin Sally und brauche jemanden, dem ich mich anvertrauen kann
Tobi	Dazu sind wir da. Nur Mut und los geht's
Sally	Mein Mann ist mir gegenüber gewalttätig
Tobi	Scheiße (entschuldigen Sie). Das ist für mich der Horror. Jeder Mensch ist wertvoll und verdient Respekt. Gewalt ist respektlos!
Sally	Er ist nur zu mir so… zu den Kindern ist er Gott sei Dank nicht so
Tobi	Er darf aber zu Ihnen auch nicht so sein. Haben Sie schon einmal deutlich NEIN gesagt zu diesem Verhalten?
Sally	Ja, ein Mal
Tobi	Kann es sein, dass Ihr Mann mit der Situation in der Familie überfordert ist? Dann ist eine Hilfe in Form einer Therapie notwendig. Sie selbst könnten sich Unterstützung und Hilfe in einer Beratungsstelle für Frauen suchen
Sally	Er würde nie zu einer Therapie gehen. Das machen keine „richtigen" Männer
Tobi	Ok. Aber Sie können sich Hilfe und Unterstützung holen. Damit werden Sie gestärkt und können besser reagieren. Wenn Sie stärker sind, merkt das Ihr Mann und es kann sein, dass er sein Verhalten ändert
Sally	Ich schäme mich
Tobi	Das ist jetzt kompletter Blödsinn. Sie werden geschlagen und schämen sich. Verkehrte Welt. Sie können nur Ihr Verhalten ändern. Dazu benötigen Sie Hilfe. In den Beratungsstellen für Frauen treffen Sie Frauen, die Ihnen zuhören und aus der Erfahrung gute Ratschläge geben können
Sally	Ich schäme mich, dass mir das passiert. Ich fühle mich als Versagerin, dass ich mich nicht wehren kann… aber ich denke, solange er mich schlägt, lässt er unsere Kinder in Ruhe
Tobi	Sie sollten wütend sein und sich nicht schämen. Aber genau die Kinder sind das Problem. Es gibt inzwischen gesetzliche Regelungen, damit in solchen Situationen den Männern die Polizei ein Kontaktverbot auferlegen kann. Das wird auch sehr konsequent durchgesetzt. Aber noch einmal, ohne Hilfe z. B. durch eine Beratungsstelle für Frauen kommen Sie allein nicht aus dieser beschissenen Situation heraus
Tobi	Ich bin als Mann immer wütend über Idioten, die sich so verhalten
Sally	Entschuldigen Sie, ich habe nur so Angst
Tobi	Ich kann Sie nur herzlich bitten, sich Hilfe zu suchen. Ich kann nur schwer damit umgehen, jemanden wie Sie in einer solchen Gewaltsituation zu belassen. Sie merkten, ich bin sehr betroffen
Sally	Entschuldigung, ich wollte Sie nicht betroffen machen. Ich dachte, ich kann das aushalten, bis die Kinder groß sind. Aber das schaffe ich nicht
Tobi	Sie müssen sich nicht entschuldigen. Nicht Sie sind verantwortlich, sondern der Schläger. Es ist gut, dass Sie diese Erkenntnis haben, dass Sie das nicht schaffen. Machen Sie bitte diesen kleinen Schritt und gehen zu einer Beratungsstelle

Sally	Muss ich dann Angst haben, dass man mir die Kinder wegnimmt?
Tobi	Völliger Blödsinn, nicht Sie sind eine schlechte Mutter. Der gewalttätige Vater ist der Zerstörer. Denken Sie nicht so weit. Holen Sie sich Hilfe in einem kleinen Schritt. Sie bestimmen, was weiter passiert. Die Frauen dort werden Ihnen helfen und nicht schaden wollen
Sally	Naja, ich werde es vielleicht versuchen
Tobi	Nicht drüber reden, sondern einfach tun. Ich bin sicher, Sie werden diesen Schritt nicht bereuen
Sally	Ich hoffe, Sie haben Recht
Tobi	Sie haben ein gutes Leben mit Ihren Kindern verdient. Aber Sie können nur Veränderungen herbeiführen, wenn Sie Schritte aus der Situation wagen. Ich wünsche Ihnen viel Mut dazu. Seien Sie sicher, das Leben hält für Sie sicherlich noch viele schöne Erlebnisse bereit
Sally	Das wäre schön… Ich danke Ihnen sehr, dass Sie sich meine Sorgen angehört haben
Tobi	Ich hoffe, ich konnte Ihnen etwas Mut machen und Möglichkeiten aufzeigen
Sally	Danke, tschüss

Als ein drittes Beispiel stellen wir Ihnen eine Besserwisserin vor, deren Verhalten sich als Anruferin anhand der typischen Ja-Aber-Struktur abbildet, die durch Vorannahmen, Glaubenssätze und feste Überzeugungen jeglichem Zugang verschlossen zu sein scheint. Die Anruferin ist empört und verärgert, weil sie sich durch ihre Geschwister ungerecht behandelt fühlt. Ihre Verärgerung und die Überzeugung, ungerecht behandelt zu werden, ist so stark, dass sie nicht in der Lage ist, die eigene Wahrnehmung zu reflektieren bzw. den eigenen Gefühlen nachzuspüren. Sie will ein Urteil von der Begleiterin, dass sie jedoch nur akzeptieren wird, wenn es in ihrem Sinne ist.

Anruferin	Ja, guten Tag, ich muss Sie mal dringend sprechen (aufgebrachte Stimme) … also ich möchte Ihnen mal erzählen, was ich heute erlebt habe … also ich habe totalen Stress mit meinen Geschwistern … also mit meiner ältere Schwerter vor allem … puh (wütendes Schnaufen) … ja, es war wieder wie immer … also ich hab mich fürchterlich aufgeregt und ich sitze immer dazwischen … und ich kriege immer von meiner älteren Schwester einen drauf, es war wirklich klassisch und ich möchte mal wissen, was Sie davon halten…
Begleiterin	Ich erlebe Sie als sehr aufgebracht und empört und Sie wissen nicht, wie Sie damit jetzt umgehen sollen
Anruferin	Ja wie denn auch … also ich brauche nur mal den Mund aufmachen und peng! krieg ich einen drüber … und der Kleine, also mein kleiner Bruder, der sagt sowieso nichts … der hält sich raus … aber immer schön auf der Seite meiner Schwester … und ich bin die Doofe dazwischen
Begleiterin	Sie fühlen sich zwischen den Stühlen und keiner hält zu Ihnen
Anruferin	Ich finde das so ungerecht und möchte wissen, was Sie davon halten … und ja, wenn ich mal das Problem mit unserer Mutter anspreche … ich kümmere mich ja schließlich auch … die anderen haben es ja da auch gut, die sind schön weit weg … und wenn ich dann eben mal was sage, werde ich einfach abgewatscht
Begleiterin	Konkret geht es also um ein Problem mit Ihrer Mutter und Ihre ältere Schwester scheint da kein Verständnis für zu haben?

Anruferin	Ich hätte es ja so gewollt und solle es jetzt auch so machen … das hab ich aber so nie gesagt und außerdem sind wir ja alle schließlich verantwortlich… aber nein, jetzt plötzlich bin ich die, die alles regeln soll… was halten Sie denn davon, Sie haben doch sicher auch Geschwister, was denken Sie denn darüber, wer sich kümmern muss?
Begleiterin	Ich denke, Sie sollten Ihrer Schwester einmal deutlich sagen, dass Sie ihre Hilfe benötigen und sich wünschen, von ihr unterstützt zu werden
Anruferin	Ja, aber auf dem Ohr ist sie ja taub. Wenn ich dann mal etwas sage, bekomme ich sofort die Schuld in die Schuhe geschoben … von wegen ich solle mich jetzt nicht beschweren, es wäre doch alles so besprochen worden usw.
Begleiterin	Das klingt so, als hätten Sie sich bei Ihrer Schwester beschwert, ich dachte eher daran, dass Sie ihr mal schildern, wie es Ihnen gerade mit der Situation geht und was Sie persönlich belastet
Anruferin	Ach, bei meiner Schwester können Sie sagen wie Sie es wollen, sie wird immer ein Schlupfloch finden, sich aus der Verantwortung zu stehlen und mir die Schuld in die Schuhe zu schieben. Das hab ich alles schon erlebt

■ Strategischer Umgang mit besserwisserischen Menschen

Zu allererst ist es wichtig, sich klar zu machen, dass man sich von Menschen, die alles besser wissen, nicht angegriffen fühlen muss, denn Besserwisserinnen und Besserwisser haben mit ihrem Verhalten gelernt, auf diesem Wege Anerkennung zu suchen. Das hat gar nichts mit mir als Gegenüber zu tun, sondern ist das Handlungsrepertoire des Besserwissers für diesen Moment und für diese Situation. Er oder sie hat als versuchte Lösung für die Gewinnung von Anerkennung nichts anderes zur Verfügung, als Recht zu haben, es besser zu wissen oder mit Behauptungen zu provozieren. Wenn ich das weiß, kann ich mit einer gesunden Distanz das Handeln dieses Menschen in dieser Situation betrachten. Das ist die Voraussetzung, um sich von Besserwissern nicht eingeschüchtert, abgewertet oder korrigiert zu fühlen. Für den konkreten strategischen Umgang mit Besserwissenden haben wir drei nützliche Strategien ausgemacht:

■ Siegen ohne zu kämpfen: Die Tiefenstruktur der Sprache ergründen

Bei besserwisserischen Menschen ist man leicht verführt zu argumentieren oder sich zu verteidigen. Das endet jedoch schnell in einem „Krieg der Argumente", den der Besserwisser aufgrund seiner Argumentationskompetenz meistens gewinnt und uns schachmatt setzt. Geschickter ist es, die sprachliche Struktur unter die Lupe zu nehmen und die Logik seiner Argumentation zu überprüfen, anstatt gegen sie anzugehen. Das entspricht dem Strategem „Siegen ohne zu kämpfen".

Die Semantik (die Bedeutung von Worten und Satzkonstruktionen) unserer Sprache kann drei Arten von sprachlichen Verschleierungen erzeugen – es sind: Tilgungen (Informationen fehlen), Generalisierungen (etwas wird als allgemeingültig dargestellt) und Verzerrungen (nichtzwingende Zusammenhänge werden hergestellt). Die sprachlichen Merkmale wurden ausführlich von den Begründern des Neurolinguistischen Programmierens (NLP) erforscht (Bandler und Grinder 1981). Besserwisser neigen gerne dazu, sprachlich zu generalisieren oder zu verzerren. Generalisierungen sind Sprachmerkmale wie: „immer, nur, alle, offensichtlich, logischerweise, müssen, sollen, dürfen" also Begriffe, die eine allgemeine Gültigkeit suggerieren, ohne diese näher zu beschreiben. Gegenfragen wie: „Für wen gilt das? Woran erkenne ich das? Wie erschließt sich die Logik? Was macht das notwendig? Wie kommt die Regel zustande?" sind Fragen, die die Besserwisserin zwingen, konkreter zu werden bzw. Zusammenhänge herstellen zu müssen. Häufig beendet ein Besserwisser dadurch auch seine Belehrungen, weil er merkt, dass seine Strategie um Anerkennung durch diese Gegenfragen nicht erreicht werden kann.

Verzerrungen sind Besserwisser-Formulierungen, die sprachlich noch subtiler konstruiert sind, weil sie in ganze Satzteile eingebaut sind und „Wahrheiten" semantisch erzeugen durch „Gedankenlesen" oder das Herstellen von scheinbar logischen Zusammenhängen oder Schlussfolgerungen. Zum Beispiel: „Ich weiß, dass Sie sich als Leserin jetzt gerade fragen, was genau Verzerrungen sind" ist eine Satzkonstruktion, in der ich behaupte zu wissen, was gerade in Ihnen vorgeht (Gedankenlesen). Oder: „Offensichtlich interessiert Sie dieses Buch mehr als andere Bücher über Kommunikation, die Sie früher schon in den Händen gehalten haben" suggeriert die Behauptung, dass Sie sich auch früher schon mit Kommunikation beschäftigt, aber wohl nichts Wesentliches gelernt haben.

Wenden wir die Aufdeckung von sprachlichen Mustern auf unser erstes Chatbeispiel von Laura und Hilda an, dann könnte Laura, anstatt gekränkt auf die Belehrung von Hilda zu reagieren, diese auf ihr diagnostisches Gedankenlesen hin ansprechen: „Sie haben durch Ihre Arbeit sicherlich viel Erfahrungen mit depressiven Verstimmungen. Dass Sie daraus nach wenigen Minuten unseres Kontaktes schließen, dass mein psychisches Problem auch bei mir lange anhalten wird – hat das damit zu tun, dass Sie spezialisiert sind auf das Stellen von Ferndiagnosen oder weil Sie telepathische Kräfte besitzen?".

Indem wir die Kernaussage über Depression wiederholen, bezeugen wir zunächst den „Respekt" vor der Meinung der Besserwisserin. Dann aber wird die Suggestion mithilfe einer Halbierungsfrage mit Scheinalternative entlarvt, weil natürlich niemand Telepathie kann, also nur die Fragwürdigkeit einer Ferndiagnose als Antwort bleibt. Der Besserwisserin bleibt nun nur die Möglichkeit, sich zu rechtfertigen oder sich zu korrigieren. Beides setzt das Besserwissen außer Kraft. Das konfrontierende Nachfragen ist eine wirkungsvoll schonungslose Strategie, jedoch nicht immer die angemessenste Art des Umgangs. Sie ist dann gerechtfertigt, wenn ich verhindern möcht, in eine Opferrolle zu geraten. Ein sensibleres Vorgehen mit Besserwissenden beschreibt die folgende Strategie:

- **Das Wasser trüben, um die Fische hochkommen zu lassen: Wirkung bewusst machen**

Das Strategem das Wasser zu trüben verfolgt das Ziel, den Fischen die Orientierung zu nehmen, um sie dann leichter einfangen zu können. Übertragen auf unser Thema soll mit dem folgenden Vorgehen die Macht des Besserwissens eingetrübt werden um zu erreichen, dass die Bedeutung der Kommunikation an die Oberfläche gelangen kann.

Die Strategie orientiert sich an dem Grundmodell der gewaltfreien Kommunikation nach Marschall Rosenberg (Rosenberg 2010) und beinhaltet vier Aussagen gegenüber einer besserwisserischen Äußerung: Sie umfasst meine Beobachtung, mein Gefühl, mein Bedürfnis und meine Bitte.

Übertragen auf unseren zweiten Chat kann die Ratsuchende Sally ohne zu beschwichtigen oder Vorwürfe zu machen, ihre Beobachtungen feststellten:

„Ich habe Ihnen von meinen Ängsten und von meiner Beschämung erzählt. Viel von dem, was ich geäußert habe, haben Sie sehr impulsiv kommentiert.“

Im zweiten Schritt würde Sally das Gefühl äußern, dass dies hervorruft:

„Ich fühle mich dadurch noch mehr verunsichert. Und ich bin auch verletzt…“

Dann schildert Sally das Bedürfnis, das aus ihrem Gefühl entsteht:

„Ich habe gehofft, mehr Verständnis für meine Beschämung zu bekommen.“

Und dann erst reagiert sie auf ihren Begleiter Tobi und gibt ihm die Chance, sich neu auf sie einzulassen:

„Ich wünsche mir, dass Sie meine Lage mit mehr Distanz als ich sie habe begutachten können, ohne gleich zu wissen, was für mich jetzt das Wichtigste ist.“

Unabhängig davon, ob in einem solchen Setting wie diesem die Ratsuchende überhaupt die Schlagfertigkeit und Stärke besäße, eine solche Konfrontation dem Begleiter gegenüber zu formulieren, so wird doch deutlich, dass es dem Begleiter in solch einem Falle nicht mehr möglich wäre, seine Besserwisser-Strategie weiter zu verfolgen.

Im dritten Beispiel des Gesprächs über die Geschwisterkonstellation könnte eine Ja-Aber-Trübungsstrategie der Begleitperson in etwa so formuliert werden:

1. Ich habe aufmerksam Ihrem Problem zugehört und Ihren Ärger und die Empörung deutlich gespürt, die Sie wegen Ihrer Schwester hegen.
2. Mich machen Ihre Schilderungen teils hilflos und teilweise reiben sie mich auch auf.
3. Denn ich würde gerne mehr mit Ihnen in Kontakt kommen, um zu verstehen, was Sie jetzt brauchen, um mit dem Problem weiter zu kommen. Aber das gelingt mir nicht, weil sich alles um Ihre Schwester dreht.
4. Deshalb würde ich jetzt gerne über Sie und Ihre Handlungsmöglichkeiten sprechen und nicht mehr über das Verhalten Ihrer Schwester. Können Sie sich das vorstellen oder möchten Sie doch noch gerne bei Ihrem Ärger über die Schwester verweilen?

■ Die Schlange mit dem eigenen Gift betäuben: Der „therapeutische Double-Bind“

Besserwisser haben gerne Recht und sind darin unbeirrbar. Besserwisserinnen, die selbst ein Problem haben und dieses kundtun, können es nur schlecht lösen, weil sie in der Sichtweise ihrer Problematik Recht behalten wollen und als die Ursache der Problematik immer das Gegenüber ausmachen. Die Sprachkonstruktion ist als Ursache-Wirkungszusammenhang formuliert: „Weil sich meine Geschwister so gemein solidarisieren, fühle ich mich zwischen den Stühlen rumgeschubst“. Die Ursache für meine Situation liegt immer an den und solange ich diese Sicht nicht aufgeben kann, wird es auch keine Lösung geben – es sei denn, ich könnte die anderen ändern, was natürlich nie gelingt.

Um dem Besserwisser eine andere Perspektive zu ermöglichen, bin ich genötigt, ihn in eine Situation zu bringen, in der er nicht anders kann, als meiner Idee des Perspektivwechsels zuzustimmen. Er soll mir gezwungenermaßen Recht geben. Das gelingt mit einem therapeutischen Double-Bind, einem Argument, das keine Alternative zulässt. Meine Argumente sollen keine Wahl lassen, ich muss argumentativ so ausweglos sein wie die Besserwisserin. Das ist im übertragenen Sinne das Gift, das ich nutze, um ihr Besserwissen zu betäuben.

Den therapeutischen Double-Bind haben wir auch schon im Kapitel über die Klagenden benutzt. Hier können wir im Falle der Frau mit dem Geschwisterkonflikt formulieren, indem wir zunächst die emotionale Not der Situation bestätigen und dann eine Lösung ankündigen, die wir aber der Besserwisserin gar nicht zutrauen:

„Sie haben mich gefragt, was ich von Ihrer Situation halte und ich muss sagen, sie erscheint mir als nahezu aussichtslos und ich mache mir ernsthaft Sorgen, wie Sie diesen ganzen Ärger und Frust noch aushalten sollen, wenn sich nichts ändert. Sie sind jetzt schon über fünf Minuten in unserem Gespräch empört über Ihre Schwester und der Ärger kann und will nicht nachlassen."

Ich glaube ehrlich gesagt auch nicht, dass Sie etwas an der Situation ändern können, weil Sie dem völlig ausgeliefert sind. Um etwas zu ändern, müssen Sie unabhängig sein wollen von der Macht Ihrer Schwester und ich glaube nicht, dass Sie das schaffen können. Wenn Sie das könnten, dann würden wir sicher eine Lösung finden, wie Sie Ihrer Schwester ein Schnippchen schlagen. Aber wie gesagt ich glaube nicht, dass Sie von dem Gedanken und von dem Ärger loskommen, dass Ihre Schwester alle Macht über Sie hat, denn das wäre die Voraussetzung für eine Lösung.

In dieser Intervention ist ebenfalls ein Ursache-Wirkungs-Zusammenhang suggeriert (gleiches Gift): Weil die Anruferin abhängig ist, findet sie keine Lösung für ihr Problem. Und nun ist die Anruferin in der Zwickmühle. Indem sie nicht aufhört, sich über die Schwester zu ärgern, wird sie mir mit meiner Behauptung Recht geben, dass sie ein Abhängigkeitsproblem hat. Also muss sie ihre Rechthaberei aufgeben, um mir nicht Recht geben zu müssen. Also wird sie fragen, was sie denn tun muss, um eine Lösung zu finden. Der erste Schritt für einen Perspektivwechsel durch die Betäubung des Rechthaben-Müssens.

3.6 Sexuelle Stimulation – Ich muss es immer wieder tun

Sexanrufer sind die Anrufer, die manchmal über Jahre hinweg bei der TelefonSeelsorge und anderen kostenfreien Beratungsdiensten anrufen, immer wieder die gleiche Geschichte mit minimalen Variationen erzählen und sich dabei sexuell befriedigen. Bei ihren Erzählungen handelt sich dabei um die zwanghafte Fixierung auf bestimmte sexuelle Details, die zum Erreichen sexueller Befriedigung erforderlich sind (Dechant 2018). Robert Stoller, bekannt für seine Theorien zur Dynamik der sexuellen Erregung, vertritt die Meinung, dass schon eine minimale Abweichung die sexuelle Erregung mindert (Stoller 2014). Den Sexanrufern sind ihre Absichten und Handlungen bewusst und sie wissen, dass es Hotlines für sexuelle Dienstleistungen gibt. Dennoch rufen sie beim Frauennotruf, in der TelefonSeelsorge, bei der Aidshilfe und anderen Beratungseinrichtungen an. Das Motiv ist eindeutig: Sie wollen im Verlauf des Gesprächs eine sexuelle Stimulation erreichen! Und so ist ihr Verhalten aggressiv und grenzverletzend, unabhängig davon, ob es sadistisch oder masochistisch motiviert ist (Dechant 2018).

Der Versuch der sexuellen Stimulation erfolgt verbal durch eine bestimmte Wortwahl und paraverbal durch bestimmte Stimmnuancen: fehlende Gemütserregung, affektlose Stimme, der Anrufer zögert beim Sprechen. Verbal zeigt er sich häufig naiv und unschuldig, wenn es um sexuelle Angelegenheiten geht. Er erkundigt sich, ob er über alles reden kann, hat ein peinliches Problem oder fragt: „Verstehen Sie mich?". Er schweigt viel und versucht, die Beraterin zum Sprechen zu bringen. Oder er stellt Fragen zur Sexualität. Er versucht, die Beraterin, in seltenen Fällen auch den männlichen Kollegen, nach sexuellen Informationen auszupressen, weigert sich aber, sich dafür an die passende Organisation zu wenden. In einigen Fällen gibt es auch eine sehr direkte und vulgäre Kontaktaufnahme.

Ein Berater beschreibt seine Erfahrung mit einem Sexanrufer so: *„Ein Mann begann das Gespräch mit den Worten: ‚Können Sie mir sagen, wie man ohne Partnerin leben soll?' Natürlich dachte ich zunächst an Einsamkeit, Trauer oder eine Scheidung als Motivation für den Anruf. Doch meine Bemühungen, auf eine emotionale Ebene zu gelangen und mit diesem einsamen Anrufer eine Ressource zu finden, führten in eine Einbahnstraße. Schnell kam er zur Sache und wies auf seine unausgelasteten Geschlechtsteile hin und fragte, was er nun damit machen solle? Als Mann wüsste ich schließlich, wie das zu funktionieren habe. Da war kein Ton der Einsamkeit oder Verzweiflung mehr zu hören oder spüren und ich entschied mich, dem Herrn eine Sex-Hotline zu empfehlen. Punkt!!" (Bohlen* 2017*).*

Wenn Mitarbeiterinnen einen Anrufer erkennen, der die Anrufe zur sexuellen Stimulation nutzten will, wird das Gespräch üblicherweise sofort beendet. Häufig bleibt die Beraterin mit unterschiedlichen Befindlichkeiten zurück: Sie fühlt sich ausgenutzt, manipuliert, erlebt eine Form des Machtmissbrauchs oder ärgert sich. Dies erlebt sie umso mehr, wenn sie im Gespräch zugewandt und empathisch war, also in einem assoziierten Zustand. Das Auflegen oder sofortige Beenden des Gesprächs, womöglich noch mit einem Kommentar der Empörung, Verurteilung, Zurechtweisung oder Abwehr, hilft wenig vor den schlechten Gefühlen und ist keine nützliche Strategie des Selbstschutzes. Das Gefühl, ausgenutzt worden zu sein – „verloren" zu haben, bleibt! Häufig animiert es den sexuellen Stimulationsanrufer, seinen Anruf zu wiederholen, da die Abwehrhaltung der Zuhörerin ihm bereits Lust und ein Erfolgserlebnis bereitet.

Lustverschaffung durch Machtausübung

Um sexuellen Stimulationsanrufen wirksam zu begegnen, ist es hilfreich, das eigene emotionale Erleben und die Gesprächsstrategie zu analysieren und mit Hilfe passender paradoxer Interventionen zu begegnen. In fast allen Fällen handelt es sich bei Sexanrufern emotional gesehen um eine Vergnügungsstörung: Der Sexanrufer versucht, sich Lust durch Erniedrigung, Abwertung, Grenzverletzung und Machtausübung zu verschaffen. Das Benutzen und Abwerten des Gegenübers verschafft ihm Lust. Solange seine Lust stimuliert wird, bleibt er am Ball und ruft weiter an. Sein Verhalten ist dabei eine Form von verbaler sexueller Gewaltausübung! Das missbräuchliche Verhalten wird durch unterschiedliche Strategien inszeniert – durch direktes oder indirektes Vorgehen, durch offenes oder durch verdecktes Agieren. Sexanrufer zeigen sich überwiegend auf fünf unterschiedliche Arten. Die häufigsten Inszenierungen sind:

- infantil (in erlernter Hilflosigkeit und Naivität)
- bestrafend (sadomasochistisch)
- hypnotisch (manipulativ-malerische Sprache)
- voyeuristisch-fetischistisch (beschreibend-narrativ)
- exhibitionistisch (direktiv-vulgär)

Infantile Inszenierungen zeigen sich meist in Form von Hilflosigkeit, hemmungslosem oder ausschweifendem Verhalten. Es sind Männer, die in platten Ankündigungen äußern, was sie am liebsten mit der Beraterin täten. „Können sie am Telefon bleiben, wenn ich mir jetzt einen runterhole?" – „Oh, Sie haben aber eine junge Stimme. Ich bin schon so lange allein und traurig. Können Sie bitte am Telefon bleiben, wenn ich mich jetzt befriedige?" – „Ich fühle mich so richtig alleine. Sagen Sie mir Ihren Namen?" – „Können Sie sich beschreiben? Ich möchte über Sexualität reden." – „Ich möchte mal wieder Cunnilingus erleben. Können Sie das verstehen?" – „Kann ich mit dir über alles reden?" – „Ich hab' da ein Problem. Kennen Sie Cunnilingus?" – „Ich möchte gern wissen, wie Sie aussehen?" …

3

Bestrafende (sadomasochistische) Inszenierungen zeigen sich in dem Wunsch, bestraft oder erniedrigt zu werden. Der Wunsch nach Zufügung von Schmerz ist ein Lustgewinn. Eingangssätze wie: „Ich mach nichts im Haushalt. Ist das schlimm?" – „Ich habe ein schlechtes Gewissen. Ich hab' etwas Schlimmes gemacht." sind typische Beispiele. Beraterinnen erleben immer wieder, dass vermeintliche Alltagssituationen vorgeschoben werden, z. B. die Pflegesituationen (von Mutter, Tochter…). Es geht dann ums Waschen, um das Anziehen, um Gerüche oder um das (genussvolle) Schlagen aus Wut, vorzugsweise auf den nackten Po, z. B. wenn sich die behinderte Tochter beim Anziehen anstellt – lso um „Bestrafung". Oder es wird ein Streit mit der Partnerin geschildert, wobei es letztlich um die Details des „Versöhnungssexes" geht. Fremdgehen mit der Freundin der Partnerin, der Schwiegermutter… ist auch ein Thema, mit dem Versuch, Unterschiede zur Partnerin zu schildern, körperlich und im Verhalten.

Bei weiblichen Anruferinnen geht es in den Erzählungen um Vergewaltigungen (vom Sohn, vom eigenen Schüler…), öfter mit dadurch erfolgter Schwangerschaft und Ratlosigkeit. Bislang wurden diese Vergewaltigungen von den Anruferinnen als lustvoll erlebt, mit dem Orgasmus ihres Lebens.

Hypnotische Inszenierungen zeigen sich in den ersten, immer wiederkehrenden Sätzen: „Kann ich mit Ihnen über alles reden?" – „Wie lange kann man ohne Frau auskommen?" – „Schön, dass ich durchgekommen bin! Wie geht es Ihnen??" – „Ich habe keine Partnerin und keinen Sex. Kann ich mit Ihnen darüber reden?" – „Kann Ich mit dir reden?" – „Verstehst du mich?" – „Ich habe Probleme mit meiner Frau… Wir haben schon lange keinen Sex mehr…" – Nur ein Stöhnen am Telefon. Besonders hypnotische Inszenierer beschreiben eine vermeintlich romantische Szene, die sich zunehmend sexualisiert.

Voyeuristische Inszenierungen zeigen sich unter anderem durch „In-Flagranti-Schilderungen", wo der Anrufer (vermeintlich) entsetzt ist, weil er seine Mutter mit dem Bruder oder die Schwester mit dem Vater oder, oder… beim Sex gesehen hat: „Ich hab' meine Eltern und meinen Onkel beim Sex beobachtet. Das belastet mich sehr" ist eine typische Aussage. Aber auch Fragen nach der Person der Beraterin sind typisch: „Wie ist das bei Ihnen? Sind Sie glücklich verheiratet?". Das heimliche Beobachten verschafft Lustgewinn.

Fetischistische Inszenierungen zeigen sich in langatmigen Geschichten und dann: „Meine Tochter tritt mit ihren hochhackigen Schuhen auf mir herum. Ich liebe Farben. Im Sommer lackiere ich mir gern die Nägel, schön rot…" Fetische selbst wie Schuhe, Nagellack, Windeln… sind auch immer wieder Thema. Für die sexuelle Erregung und Befriedigung werden Objekte oder Körperteile (Füße) benötigt, unter anderem Kleidungsstücke (Schuhe, Strümpfe), aber auch Gegenstände, zum Beispiel aus Satin, Gummi, Leder oder Fell.

Anrufer mit *verbal exhibitionistischer Inszenierung* gehen direkt zur Sache und starten mit: „Ich will dir in den Arsch ficken…" oder „Ich will dich von hinten nehmen…". Ziel solcher Gesprächseinstiege ist, ähnlich eines Exhibitionisten, der sich unvermittelt entblößt, verbal eine Schreck- oder Schockreaktion hervorzurufen. Die Reaktion des Gegenübers – sei es empört, sprachlos, beschämt oder schockiert – erzeugt Lust bei dem Verbalexhibitionisten. Daher ist hier empörtes Auflegen gerade keine nützliche Strategie – im Gegenteil, der Anrufer wird animiert, sein Verhalten zu wiederholen, weil seine Luststörung bedient wird.

■ Umgang mit Sexanrufern

Sexanrufer wollen einen Lustgewinn! Sie wissen, dass es kostenpflichtige Hotlines gibt, wählen aber ganz bewusst Beratungs- oder Seelsorgeeinrichtungen für ihren Lustgewinn. Die Strategie im Umgang mit Stimulationsanrufern ist die Verhinderung von Vergnügen und Lust. Das erreicht man jedoch selten durch Beenden des Gesprächs oder durch Drohen oder Ängstigen (das wirkt erfahrungsgemäß ja auch nicht bei „Rauchen ist tödlich"). Einen Sexanrufer wütend zu machen, kann, je nach Form des Lustgewinns, sich sogar luststeigernd auswirken, da er ja bewusst diese Rufnummer wählt, wohlwissend auf eine Frau zu treffen, die absolut nicht bereit ist, auf seine sexuellen Bedürfnisse einzugehen (Dechant 2018). Was wirkt, sind aktive Interventionen, nicht in seiner Inszenierung mitzumachen und sie aktiv zu durchkreuzen. Was ebenfalls hilft, ist sich selber zu distanzieren und ihm den Spaß zu verderben und seinen Lustgewinn zu verhindern. Dies kann erreicht werden, indem er entlarvt, verblüfft oder entmachtet wird! Sein Versuch, Lust zu gewinnen, wird in Ekel oder Abscheu oder Enttäuschung verwandelt, indem man gelangweilt, abgeklärt, extrem sachlich oder analytisch wirkt.

Anhand einiger Beispiele zeigen wir, wie wir bereits erfolgreich interveniert haben. Als paradoxe Intervention nutzen wir meistens die Strategeme „Die Schlange mit dem eigenen Gift töten" im Sinne eines lustvollen Konfrontierens, gepaart mit einem Hebel-Strategem:

■ Verdrehen, um etwas gerade zu bekommen: den Verbalexhibitionisten konfrontieren

Bei dieser Strategie geht es darum, den direkten Verbalisierungen der sexuellen Wünsche die Lust zu nehmen. Wichtig ist, dass die Konfrontation unmittelbar gelassen, gelangweilt oder ernüchternd formuliert wird. Sie kann beliebig in Richtung Ekel und Abstoßung gesteigert werden:

- **Anrufer** (laut und eindringlich): „Ich will meinen Schwanz bei dir reinstecken."
- **Begleiterin** (bedauernd): „Ach herrje, ich glaube, da hätten Sie keine große Freude bei mir. Ich werde nächstes Jahr 82 und sehe entsprechend aus, Sie wissen, das ganze Programm: Zellulitis, Inkontinenz usw. Und dann habe ich auch noch einen entsetzlichen Mundgeruch, wegen der Vitamine, die ich gegen mein Augenleiden nehmen muss."
- **Anrufer** legt auf.

Eine andere Beraterin hat folgende Strategie ausprobiert: *„Der bekannte Anrufer war dran und startet: ‚Mein Schwanz steckt bei dir schon im Arsch'. Die Antwort: ‚Kann nicht sein, da ist nur mein Windelhöschen. Außerdem finde ich Sie ziemlich langweilig und ich bin fett und potthässlich.' Absolute Ruhe am anderen Ende der Leitung – dann sagt er: ‚Du spinnst doch total' und legt auf. Ein sehr gutes Gefühl, denn ich glaube, er war richtig geschockt von meiner Ansage."*

Eine zweite Vorgehensweise, etwas zu verdrehen, um es gerade zu biegen, funktioniert bei expressiven Sexanrufern, wenn sie zu der infantilen Gruppe gehören. Die folgende Intervention, von der eine Beraterin berichtete, folgte einer starken Konfrontation aus dem „Eltern-Ich", das den Sexanrufer in seinem freien Kind-Ich herausfordert. Sie berichtet: *„Der ‚Ich will dich ficken'-Anrufer war gestern dran. Ich habe ihn sofort gefragt, wer ihm das Recht gibt, mich zu duzen. Kurze Pause am anderen Ende* *und dann wiederholt er seinen Satz, aber in der Höflichkeitsform! ‚Ich will Sie in den Arsch ficken' Das klang so grotesk, dass ich innerlich (!) so lachen musste und mich dadurch super distanzieren konnte. Und während ich mich noch fange, wiederholt er den ‚höflichen" Satz. Ich reagiere mit dem Zusatz: „Nee, das ist mir viel zu kindisch' und lege ruhig auf. Das war mal ein wohltuendes Ende."*

- **Das Wasser trüben, um die Fische zu fangen: den Hypnotiseur konfrontieren**

Die Trübung des Wassers geschieht sprichwörtlich dadurch, dass man die blumig-wulstige Sprache des sexuellen Hypnotiseurs durch Sach- und Informationsfragen zerstört. Die hypnotische Sprache des Sexanrufers in unserem Beispiel ist meditativ, sinnesspezifisch und wirkt einlullend-blumig. Ziel des Sexanrufers ist, die Begleitperson in die Geschichte mit hineinzunehmen. Die Beraterin verhindert dies durch Zwischenfragen: „Was für Blumen stehen denn da? Wieviel Uhr ist es? Wird es auch schon dunkel?". In einem zweiten Schritt kann man die „idyllischen" Schilderungen des Sexanrufers auch durch „ab-turnende" Kommentare eintrüben. Ein Beispiel:

- **Anrufer:** „Kennen Sie das Gefühl, an einem lauen Spätnachmittag über die Felder zu streifen und sich von der untergehenden Sonne bescheinen zu lassen? Haben Sie auch schon mal einen aufkommenden Gewitterregen erlebt, wie die Tropfen warm und nass auf den Körper treffen? Ein schönes Gefühl, wenn die Tropfen auf nackte Haut fallen und herunterrinnen. Es kitzelt ein wenig und lässt einen tief durchatmen..."
- **Begleiterin:** „Ich vermeide immer Regentropfen auf der Haut wegen der vielen Stickoxide in der Luft. Zusammen mit Wasser kann Säure entstehen und zu hässlichen Verätzungen auf der Haut führen."

Hier die Erfahrung einer Beraterin: *„Heute rief er wieder an und versuchte, mich einzulullen mit seiner Geschichte. Ich habe ihm immer dazwischengeredet mit meinen analytischen Fragen und seine Schilderungen angezweifelt und in Frage gestellt. Er wurde zunehmend genervter und hat dann aufgelegt. Nach einer Weile hat er wieder angerufen. Ich erkannte ihn gleich an der Stimme und ich fragte ihn sofort: ‚Erzählen Sie mir die gleiche Geschichte noch mal, weil Sie hoffen ich sei jemand anders oder weil Sie glauben ich sei dement?' Daraufhin hat er aufgelegt und nicht wieder angerufen. Ich hatte endlich das Gefühl, nicht mehr reingezogen zu werden, sondern ihn und seine Story erfolgreich abzuwehren."*

- **Lügend die Wahrheit sagen: Sexanrufer irritieren**

Manche Sexanrufer lassen sich nur schwer abschütteln oder rufen trotz ablehnenden Erfahrungen immer wieder an. Das ist besonders bei Einrichtungen bekannt, die Anonymität und Verschwiegenheit zusichern. Diese für Menschen in Not oder in Krisensituationen so wichtige Vertraulichkeit macht es Sexanrufern leicht, sich in Sicherheit zu wiegen und ihrem Vergnügungsdrang nachzugehen. Dem kann man durch Sanktionen oder Regeln entgegenwirken, die die Funktion haben, sein Vergnügen zu zerstören.

Beispiel 1 – Verschreibung

„Wenn Sie Ihren Fetisch erfolgreich ausüben wollen ist es wichtig, dass Sie das regelmäßig und unter voller Kontrolle tun. Am besten, Sie beschäftigen sich mit Ihrem Fetisch mindestens dreimal am Tag, jeweils 25 Minuten lang. Und ganz wichtig ist: Bevor Sie zum Hörer greifen, warten Sie genau eine Minute und zählen langsam bis 60, damit Sie ausreichend auf den Anruf vorbereitet sind."

Beispiel 2 – Sanktionieren

„Wir sind dankbar für Ihren Anruf. Ihr Anruf wird gerade registriert, um ihn an die zuständigen Behörden weiterzuleiten." Oder: „Wir registrieren gerade Ihren Anruf, weil wir an einer Studie für Sexualstörungen teilnehmen. Wenn Sie dies nicht möchten, legen Sie jetzt auf."

Bei der Anwendung von „Lust-Entmöglichungs-Strategien", wie sie hier beschrieben werden, ist es wichtig, dass Sie nicht gekränkt, genervt oder auf Rache aus sind. Dem anderen den „Spaß" zu verderben. sollte nicht aus einer moralisch-abwertenden Haltung heraus stattfinden. Dies würde das Täter-Opfer-System umkehren und Sie als potentielles Opfer würden zur Täterin oder zum Täter. Sie würden unweigerlich in das sogenannte Drama-Dreieck rutschen, welches 1968 von dem Psychologe **Stephen Karpman** entwickelt wurde. Es geht vielmehr darum, dass Sie mit einer inneren Haltung von Interesse für das Kommunikationsverhalten bei gleichzeitiger Rollendistanz (d. h. Sie fühlen sich nicht persönlich angesprochen) den Manipulationsversuchen des Anrufers entgegenwirken.

Literatur

Bandler R, Grinder J (1981) Metasprache und Psychotherapie. Die Struktur der Magie, Bd 1. Junfermann, Paderborn

Bohlen K (2017). Einsamkeit hat viele Namen. 24/7 – Z TelefonSeelsorge 2. tsew, S 12

Dechant F (2018) Erotischer Hass am Telefon. 24/7 – Z TelefonSeelsorge 6. tsew, S 29

De Shazer S (1989) Wege der erfolgreichen Kurztherapie. Klett-Cotta, Stuttgart

Parton S (2015) The science of happiness. Why complaining is literally killing you. Forschungsportal PsychPedia.de. ► http://www.curiousapes.com/the-science-of-happiness-why-complaining-is-literally-killing-you

Rosenberg M (2010) Gewaltfreie Kommunikation. Eine Sprache des Lebens. Junfermann, Paderborn

Stoller R (2014) Perversion. Die erotische Form von Hass. Psychosozial-Verlag, Gießen

Selbstsorge und Selbstmanagement

B. Knatz, S. Schumacher, *Mediale Dialogkompetenz*,
https://doi.org/10.1007/978-3-662-58721-8_4

4.1 Einleitung

Es ist kein Geheimnis: Menschen in beratenden und helfenden Berufen werden häufiger mit schweren Schicksalen anderer Menschen konfrontiert. Die Begegnung mit dem Leid anderer Menschen hinterlässt Spuren, wir sind ja keine Zuhörmaschinen oder ein Chatbot. (Chatbots sind Programme, die anhand von Texterkennung reagieren und so ein Gespräch simulieren). Zur Beantwortung von Fragen nutzen sie programmierte Routinen, Datenbanken, Internet-Recherchen und die künstliche Intelligenz. Chatbots können Fragen beantworten oder Hilfestellung geben. Das Risiko, an einer psychischen oder psychosomatischen Störung zu erkranken, ist nicht von der Hand zu weisen. In einer von der Justus-Liebig-Universität Gießen durchgeführten Studie wurden die gesundheitlichen Folgen unangemessener Stressbewältigung bei Ärztinnen und Psychologen in Klinik und Praxis untersucht. Die gewonnenen Erkenntnisse lassen sich zweifellos auch auf die beratenden und helfenden Berufe übertragen. So gaben mehr als die Hälfte der befragten psychotherapeutisch Tätigen an, dass sie sich von ihrem Beruf gesundheitlich beeinträchtigt sehen. Der Verband Freier Psychotherapeuten, Heilpraktiker für Psychotherapie und Psychologischer Begleiter e. V. berichtet, dass in Amerika Süchte, Depressionen, Ängste, Phobien und psychosomatische Erkrankungen bei Psychotherapeutinnen und Psychotherapeuten häufiger als bei dem Durchschnitt der Normalbevölkerung anzutreffen sind (▶ https://www.vfp.de/verband/verbandszeitschrift/alle-ausgaben/28-heft-03-2005/203-die-helferfalle-endstation-burn-out.html online verfügbar 30.3.2018).

Beraterinnen und Begleiter sind häufig der Kommunikationsschurkerei (▶ Kap. 3) ausgesetzt. Gerade die Menschen, die in der Interaktion anstrengend und herausfordernd sind, zehren an uns und rauben Energie. Und bei fehlenden Bewältigungsstrategien steigt die Anfälligkeit, ausgelaugt und erschöpft zu sein.

Eine andere Ursache für Erschöpfung liegt in den eigenen hohen Ansprüchen. Jörg Fengler, einer der bekanntesten Burnout-Psychologen in Deutschland, schreibt, dass sich Menschen in helfenden Berufen in ihrem Handeln häufig an einem hohen Ideal orientieren, an dem die eigene Praxis dann eher unzulänglich und dürftig erscheint (Fengler 2008).

Aber auch zunehmender Arbeitsstress und Leistungsdruck gehen nicht spurlos an uns vorbei. Die Fehlzeiten infolge psychischer Erkrankungen nehmen seit Jahren zu. Laut einer aktuellen Studie der Deutschen Angestellten-Krankenkasse (DAK) gab es noch nie so viele Ausfalltage wegen psychischer Erkrankungen wie 2016. Die Zahl der Fehltage hat sich in den letzten 20 Jahren verdreifacht. Nach Aussagen von Gesundheitsexpertinnen und -experten leidet etwa jeder vierte Mensch irgendwann in seinem Leben an einer psychischen Störung, und davor sind auch Beraterinnen und Begleiter nicht gefeit (▶ https://www.heilpraxisnet.de/naturheilpraxis/jeder-vierte-mensch-leidet-irgendwann-in-seinem-leben-an-einer-psychischen-stoerung-20160116542 52).

Beraterinnen und Begleiter im Dienstleistungssektor und in der Krisenhilfe sind, ähnlich wie Mitarbeitende der Feuerwehr, Polizistinnen und Polizisten, Seelsorgerinnen und Seelsorger, mit Menschen konfrontiert, denen ein großes Unglück widerfahren ist und die häufig traumatisiert sind. Alle Menschen haben in ihrem Leben traumatische Erlebnisse in unterschiedlicher Schwere erfahren. Die Traumaforschung geht davon aus, dass das Risiko einer Traumatisierung steigt, wenn wir selber leidvolle Erlebnisse zu verdauen haben. Von einem traumatischen Ereignis erzählt zu bekommen, kann dann vielleicht nur noch der berühmte Tropfen sein, der das Fass zum Überlaufen bringt.

Die Beratung der traumatisierten Menschen kann dann eine sekundäre Traumatisierung auslösen. Hier stellt die Empathiefähigkeit, die für Beraterinnen und Begleiter eines der wichtigsten Schreibwerkzuge und „Mundwerkzeuge" ist, ein erhöhtes Risiko dar: Empathische Beraterinnen und Begleiter sind in der Lage, sich das Leid der Anrufenden oder der Schreibenden vorzustellen, im Sinne von: „Ich sehe was du sagst!".

Häufig hören wir, dass wir uns dies alles nicht so zu Herzen nehmen dürfen und Abstand gewinnen müssen. Das ist leicht gesagt! Realisierbar ist dies nur durch eine gute Selbstfürsorge. Belastende Situationen nicht an sich heranzulassen, funktioniert nicht von alleine.

Wir brauchen die Fähigkeit, für uns zu sorgen, uns zu schützen, uns abzugrenzen, für uns einzutreten und um Hilfe zu bitten. Wir brauchen einen achtsamen Umgang mit uns, um die eigenen Bedürfnisse wahr *und* ernst zu nehmen.

Daneben sind kollegialer Austausch, Supervision und Fortbildungen wichtig. Es gelingt nicht, mit allem selbst fertig zu werden. Und es bedarf spezieller Problem- und Bewältigungsstrategien, um eine innere Distanz zu den äußeren Belastungsschilderungen zu schaffen. Und diese Strategien wollen eingeübt werden. In diesem Kapitel stellen wir Ihnen einige nützliche und praktisch erprobte Strategien und Übungen dazu vor!

4.2 Das Bewusstheitsrad – Aufhören, in trüben Gewässern zu fischen

Was empfinden Sie, wenn Sie sich viel Mühe gegeben haben und der Chatter Ihnen schreibt: „Sie verstehen mich eben nicht!"? Was denken Sie, wenn eine Anruferin mitten im Gespräch auflegt? Was erleben Sie, nachdem Sie einige Male mit einem zwölfjährigen Mädchen gechattet haben, die sich gar nicht beruhigen kann? Sie hatte vor einigen Wochen ihr Smartphone auf der Schultoilette liegen lassen. Eine andere Schülerin hatte es gefunden, ein Foto ihres Geschlechts gemacht und es an alle Kontakte, einschließlich der Eltern und Großeltern auf dem Smartphone des Mädchens geschickt.

Wie oft nehmen Sie sich die Zeit innezuhalten und zu spüren, was gerade in Ihnen passiert? Welche Gefühle Sie haben? Was denken Sie? Was war Ihre Absicht so und nicht anders zu handeln? Wir kennen es alle: Häufig achten wir nicht genügend auf das, was in uns vorgeht, was wir denken, was wir fühlen, was wir uns wünschen. Manchmal hoffen wir, uns besser zu verstehen, achtsamer mit unseren Wahrnehmungen, Deutungen, Gefühlen, Absichten und Handlungen zu sein.

Ein hilfreiches Instrument, um „Verborgenes" ins Bewusstsein zu rufen, ist das Bewusstheitsrad. Es hilft, die eigene Wahrnehmungsfähigkeit zu schulen, unsere Sinne zu schärfen, wahrzunehmen, wie wir die Daten interpretieren, die unsere Sinne liefern.

Es ist „die Grundlage, um die Verbindung zu dem Menschen herzustellen, der Ihnen ein erfolgreiches Kommunizieren garantieren kann – zu Ihnen selbst" (Miller et al. 1988). Das Bewusstheitsrad veranschaulicht, was Kommunikation in uns auslöst.

■ Das Bewusstheitsrad

schafft Distanz zu unseren inneren Erkenntnissen, es hilft uns zu verstehen, weshalb wir etwas so und nicht anders gemacht haben. Das Verstehen ermöglicht uns eine Entscheidung zu treffen, wir haben eine Wahl und sind nicht zwangsgesteuert. Mit

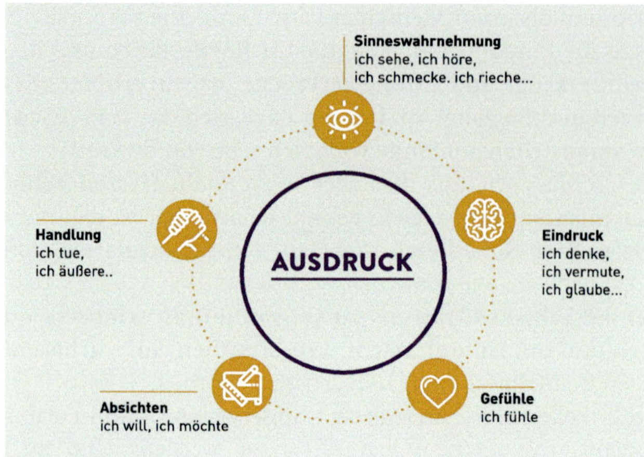

Abb. 4.1 Das Bewusstheitsrad

Hilfe des Bewusstheitsrades können wir unsere Sinneswahrnehmungen entdecken, unsere Deutungen als unsere Deutungen verstehen, unsere Gefühle erspüren, unsere Absichten identifizieren, die schließlich unsere Handlungen bestimmen. Mit dem Bewusstheitsrad können wir mündliche und schriftliche Kommunikationssituationen analysieren, um klarer in unserer Kommunikation zu werden und unser Gegenüber besser zu verstehen. In jeder (kommunikativen) Situation gibt es fünf Informationsarten, wie Abb. 4.1 zeigt.

▪ Sinneswahrnehmungen

Unsere Wahrnehmung wird durch unsere Sinnessysteme bestimmt. Wie viele Sinne wir haben ist umstritten. Unstrittig sind die bekannten sechs Sinne:

1. der Sehsinn, die visuelle Wahrnehmung mit den Augen
2. der Geruchssinn, die olfaktorische Wahrnehmung mit der Nase
3. der Gehörsinn, die auditive Wahrnehmung mit den Ohren
4. der Tastsinn, das kinästhetische Fühlen mit der Haut
5. der Geschmackssinn, die gustatorische Wahrnehmung mit der Zunge
6. der Gleichgewichtssinn, mit dem Gleichgewichtsorgan im Innenohr

Wir bevorzugen unterschiedliche Sinnessysteme. Dies spiegelt sich in unserer Wortwahl und unseren Redewendungen. Menschen, die visuell geprägt sind, machen sich ein Bild, schauen mal, geben einen Einblick, haben die klaren Vorteile vor Augen oder den Durchblick verloren. Die Auditiven unter uns finden, dass der Ton die Musik macht, es sich gut anhört und sie wollen nicht auf taube Ohren stoßen. Die Kinästhetikerinnen bewegt etwas, es geht ihnen schlecht, sie begreifen rasch, wollen den Durchbruch schaffen oder finden es wohlig und weich. Der Olfaktorische hat die Nase voll, riecht den Braten oder es duftet nach mehr. Menschen, die eher eine gustatorische Wahrnehmung haben, finden etwas ganz nach ihrem Geschmack oder ihr Gegenüber süß. Ein visueller Typ wird im bewussten Gedächtnis mehr visuelle Informationen gespeichert haben, als Erinnerungen an Geschmäcker oder Gerüche. Haben Sie schon herausgefunden, auf welchem Kanal nehmen Sie wahr?

- **Deutungen (Gedanken, Interpretationen)**

In jeder Begegnung, in jedem Moment sammeln wir Informationen und nehmen unendlich viele Daten auf. Wenn wir diese Daten nicht in einen Bedeutungszusammenhang stellen, würden wir desorientiert oder verrückt werden. Wir geben bewusst und unbewusst den aufgenommenen Informationen eine Bedeutung: Wir deuten sie. Die Bedeutung leiten wir aus unseren Erfahrungen, Erinnerungen, Erwartungen, Glaubenssätzen, Haltungen und aus unserem Wissen ab. Dabei übersehen wir leicht, dass unsere Deutung immer eine Interpretation des Wahrgenommenen ist. Paul Watzlawick unterscheidet diesen Zusammenhang von Wahrnehmung und Interpretation als Wirklichkeit erster Ordnung bzw. die Deutung als Wirklichkeitszuschreibung zweiter Ordnung (Watzlawick 2010). Ein klassisches Beispiel für die Wahrnehmung auf erster Ordnung ist ein Glasgefäß, das zur Hälfte mit Wasser gefüllt ist, was sich visuell und gustatorisch feststellen lässt. Aus der Zuschreibungsebene der zweiten Ordnung sagen nun die einen, das Glas sei halb voll, während die anderen sagen, dass Glas sei halb leer. Und eigentlich ist es halb voll mit Wasser und mit Luft ☺

Wenn wir uns klar machen, dass es unsere Interpretation ist und diese auch verzerrt sein kann, eröffnet sich ein Horizont für alternative Interpretationen, die nützlicher oder sinnvoller sein können. Wir fischen nicht mehr in dem trüben Wasser der Deutungen, sondern haben zumindest eine Taschenlampe dabei. Stellen Sie sich vor, sie kommen aus einer Familie, der es wichtig war, die Vornamen vollständig auszusprechen. Spitznamen zu geben war verpönt. Man legte Wert darauf, mit dem richtigen Namen angesprochen zu werden. Nun arbeiten Sie in einem Team, in dem sich die Kolleginnen und Kollegen gegenseitig Spitznamen geben und sich entsprechend anreden. Jedes Mal, wenn Ihre Kollegin Sie statt Bettina „Bettchen" oder „Betti" oder „Bettinchen" nennt, stehen Ihnen die Haare zu Berge und Sie haben gar keine Lust mehr, mit ihr zu reden, während die Kollegin nicht nachvollziehen kann, warum Sie so „schmallippig" sind.

- **Gefühle**

Wie in dem ► Abschn. 1.5 beschrieben, unterscheiden wir verschiedene Bedeutungskategorien mit dem Begriff „Gefühl".

1. Gefühle im Sinne des kinästhetischen Fühlens
2. Grundgefühle im Sinne des reinen emotionalen Erlebens wie Angst, Wut, Schmerz und Vergnügen
3. Eine Mischform von Emotion und Kognition, die sich **einem** Grundgefühl zuordnen lässt. Diese Gefühle lassen sich am besten mit dem Begriff „Zustand" umschreiben.
4. Es lassen sich auch noch weitere subjektiv erlebte Zustände unterscheiden, die häufig als Gefühl beschrieben werden, aber auch wieder mentalen Zuständen entsprechen.

Wichtig für unsere seelische Gesundheit ist es, die eigenen Gefühle wahrzunehmen. So kann Kontakt zu meinem Inneren und damit auch meinem Gegenüber entstehen. Unsere Gefühle sind emotionale Reaktionen auf das, was wir erleben. Sie sind ein Barometer und geben uns schnellere Informationen und Hinweise als unser Denken. Oft sind sie verbunden mit körperlichen Anzeichen; z. B. schwitzen wir, wenn wir nervös sind, erröten, wenn wir verlegen sind oder es wird uns schlecht, wenn wir Angst haben. Mehr dazu haben wir in dem ► Abschn. 4.4 geschrieben. Wir fühlen permanent etwas, sind uns dieser Gefühle jedoch nicht immer bewusst.

■ Absichten, Wünsche

In der Beratung und Begleitung wollen wir informieren, stärken, emotional stabilisieren oder trösten. Wir wollen, dass die Frau den schlagenden Mann verlässt oder dass der Junge den Trainer anzeigt, der ihn sexuell belästigt. Wir alle verfolgen im (Berufs-) Leben Absichten. Wir haben Ziele, Vorsätze, Sehnsüchte und Wünsche. Egal ob wir uns unserer dieser bewusst sind oder nicht, lassen sie sich in zwei Arten einordnen: Die Absicht, etwas zu sein und die Absicht, etwas zu tun (Miller et al. 1988).

Die Absicht, etwas zu sein ist weniger offenkundig als die Absicht, etwas zu tun. Wir denken nicht darüber nach, wie wir in einer Situation sein wollen, sondern tun etwas. Ohne in den Blick zu nehmen, was wir sein wollen. Die wichtigste Frage, die wir uns dabei stellen und beantworten sollten, heißt: „Was will ich eigentlich? – und uneigentlich!"

■ Handlungen (Interventionen)

Handeln ist überlegtes oder unüberlegtes Tun. In manchen Situationen ist der Autopilot eingeschaltet und wir überlegen gar nicht mehr, ob wir genau das tun wollen, was wir tun. Bei anderen Gelegenheiten planen wir generalstabsmäßig. Im Sinne des Bewusstheitsrades ist es wichtig, gleichzeitig Beteiligte und Beobachter unser selbst zu sein. So können wir unsere Verhaltens -und Handlungsmuster erkennen und entscheiden, ob wir sie beibehalten oder etwas anderes ausprobieren wollen.

Im Alltag ist es oft schwierig, sich Zeit zu nehmen, mit aller Bewusstheit wahrzunehmen. Es besteht die Gefahr, dass wir unsere Sinneseindrücke, unsere Gefühle, unsere Absichten, unsere Handlungen nicht wahrnehmen oder nicht beachten.

■ Übung macht die Meisterin und den Meister;-)

Zur ersten Übung haben wir ein Quiz entwickelt, mit dem Sie überprüfen können, wie bewusst Sie wahrnehmen. Ordnen Sie dafür jeder Aussage einem Informationsbereich – Sinneswahrnehmung, Deutung, Gefühl, Absicht oder Handlung – zu.

Aussage	Informationsbereich
Ich wünschte, du würdest mich mehr wertschätzen	
Ich bin unglücklich	
Das ist viel für einen Tag	
Es tut mir leid, dass wir nicht zu deinem Geburtstag kommen können	
Ich habe meine Eltern im letzten Monat jeden Sonntag angerufen	
Meine Schwester hat mir eine Whatsapp im letzten Monat geschickt	
Ich war in dieser Woche dreimal schwimmen	
Ich checke eben meine Mails, während wir das besprechen	
Ich möchte etwas für unsere Beziehung tun	
Sie wirkte in letzter Zeit gleichgültig	

Aussage	Informationsbereich
Manchmal fühle ich mich schlecht, wenn ich bei Freunden bin	
Meine operierte Schulter schmerzt	
Das bedeutet einen Wetterumschwung	
Die Wetter-App für morgen zeigt keine Veränderung	
Ich hoffe, sie ist wieder falsch.	

Antworten:
1.Absicht; 2. Gefühl; 3. Deutung; 4. Gefühl; 5. Handlung; 6. Sinneswahrnehmung; 7. Handlung; 8. Handlung; 9. Absicht; 10. Deutung; 11. Gefühl; 12. Sinneswahrnehmung; 13. Deutung; 14. Sinneswahrnehmung; 15. Absicht. (Miller et al. 1988)

Nachdem Sie nun das Quiz „bestanden" haben, wollen wir Sie einladen, eine Situation oder ein Ereignis in den Fokus zu nehmen und sich diese mit Hilfe des Bewusstheitsrades anzuschauen. Der beste Weg, sich mit dem Rad vertraut zu machen, ist, sich selbst zu erproben. Stellen Sie sich das Bewusstheitsrad als innere Kamera vor, die Ihnen ein Bild gibt. Die Kamera nimmt ein Rad mit sechs Teilen, davon fünf Speichen und eine Nabe, auf. Nehmen Sie ein Thema oder ein Ereignis, dass Sie beschäftigt und setzten es in die Mitte, an die Nabe. Wie es gehen kann, zeigen wir Ihnen in folgendem Beispiel auf.

Seit einigen Wochen fühlt sich Michaela angespannt und unzufrieden. Sie ist 50, arbeitet halbtags in einer Schwangerenkonfliktberatungsstelle, ist seit 27 Jahren verheiratet und hat zwei erwachsene Kinder, die weiter weg leben. Michaela bedrückt:
- ihre Beratungsarbeit, es gibt keine Abwechslung,
- dass Sie keine Lust für neue Hobbys hat,
- dass Ihre Ehe so dahinplätschert, es gibt keine Aufregung mehr und
- dass sie ihre Kinder wenig sieht.

Von den vier Punkten ist ihr ihre Arbeitssituation am wichtigsten. So schrieb sie auf, was sie in den letzten Wochen gemacht hat (Handlungen):
- Ich komme mindestens einmal in der Woche zu spät.
- Ich mache jeden Tag dasselbe.
- Ich habe seit Monaten keine neuen Projekte gemacht.
- Ich biete keine Gruppen an.
- Ich beteilige mich wenig in den Teambesprechungen.

Im Bereich Sinneswahrnehmungen schrieb sie:
- Die Warteliste wird immer länger.
- Ständig ist eine Kollegin krank.
- Mein Mann hat mich schon ermutigt, zum Jobcenter zu gehen oder mich im Internet nach einer neuen Arbeit umzusehen.

Im Bereich Deutungen fiel ihr ein:
- Niemand bemüht sich im Team um mich.
- Die Klientinnen sind so anspruchsvoll geworden.
- Meine Chefin schätzt mich nicht.
- Die neue Kollegin ist so abweisend zu mir.

Sie überlegte weiter und konzentrierte sich auf ihre Gefühle:
- Ich bin enttäuscht.
- Ich bin unzufrieden.
- Ich begeistere mich nicht mehr.

Zum Schluss machte Michaela sich Gedanken um ihre Absichten und teilte sie in den Bereich „Was will ich sein" und „Was will ich tun" auf:
- eine Weiterbildung in Angriff nehmen
- Gruppen anbieten
- die Klientinnen fragen, wie zufrieden sie mit der Beratung sind
- sich im Team einbringen
- die Moderation für die übernächste Fallbesprechung anbieten
- mit ihrer Chefin reden
- einen Monat lang ein Positiv-Tagebuch führen (siehe Hinweis unten)

Auf die Frage „Was will ich sein" findet sie folgende Antworten:
- Ich möchte von meiner Arbeit wieder mehr erfüllt sein.
- Ich möchte wieder Freude haben.
- Ich möchte kreativer werden.

Nachdem Michaela, mithilfe des Bewusstheitsrades sich klar geworden ist, was sie möchte spricht sie in der nächsten Teamsitzung die Idee einer Gruppe, die sie anbieten will, an. Eine Gruppe für Frauen, die sich überfordert mit dem Muttersein fühlen und es bereuen, das Kind bekommen zu haben. Zudem bittet sie ihre Chefin um ein Mitarbeiterinnengespräch und übernimmt in der Fallbesprechung die Moderation.

Hinweis

Das Positiv-Tagebuch ist ein Instrument aus der Verhaltenstherapie, um sich schöne und erfreuliche Erlebnisse des Tages ins Bewusstsein zu holen. Leider behalten wir mehr die negativen Vorkommnisse im Gedächtnis, die positiven vergessen leicht. Aufgrund von unseren erlernten Erfahrungen und Einstellungen konzentrieren wir uns mehr auf Negatives oder katastrophisieren und blenden die schönen und positiven Ereignisse und Begegnungen, das Gelungene, aus. Doch so, wie wir gelernt haben, diese Seite zu sehen, können wir auch lernen, den schönen Seiten mehr Aufmerksamkeit zu geben. Indem Sie sich jeden Abend zehn Minuten Zeit nehmen und aufschreiben, was Sie an diesem Tag Angenehmes, Wohltuendes, Entspanntes, Witziges erlebt haben, bleibt dieses eher im Gedächtnis. Sie können Erinnerungsverzerrungen reduzieren, negatives Denken unterbrechen, ihren Fokus auf Positives und Gelungenes lenken. Sie können dafür ein feines Heft und einen Stift nutzen, es aber auch auf ihrem Smartphone machen. Auf der Seite: ► https://schreibenwirkt.de/stimmungs-app/ finden Sie einige deutschsprachige Apps.

4.3 Ein Nein ist allemal besser als ein Ja – Angemessen Nein-Sagen

Beraterinnen und Begleiter lernen mitfühlend, sensibel, verständnisvoll und freundlich zu sein. Es gehört zu unserem elementarsten Handwerkszeug oder besser gesagt Mundwerkszeug. Wir sind empathisch und spüren häufig die Wünsche und die Erwartungen unseres Gegenübers, auch zwischen den Zeilen. In diesem Rahmen ist ein Nein nicht gerade eine leichte Aufgabe. Vielleicht kennen Sie das sofort einsetzende schlechte Gewissen, wenn Sie mal NEIN sagen? Und vielleicht auch die Sorge, dass sich das Gegenüber abgelehnt fühlt und Sie befürchten, dass er auflegen könnte oder den Chat verlässt.

Stellen Sie sich folgende Situation vor: *Eine 17-jährige Ratsuchende schreibt nach 45 min im Chat zum ersten Mal über ihre erlebte Vergewaltigung. Sie wissen, jetzt brauchen Sie eigentlich noch mindestens eine halbe Stunde Zeit mit ihr. Sie hatten allerdings schon drei schwierige Chats an diesem Tag und gedacht, dass dieser letzte Chat in fünf Minuten endet und Ihr Feierabend in zwanzig Minuten. Danach sind Sie mit Ihrer Freundin zum Schwimmen verabredet. Ihre Freundin ist nett und verständnisvoll und wird es Ihnen nicht übelnehmen, wenn Sie das gemeinsame Schwimmen aufgrund des schwierigen Chats absagen. Tun Sie es?*

Wir alle kennen solche Situationen und müssen entscheiden, ob wir unserer „moralischen" Pflicht nachgehen oder unserem „Vergnügen". Wahrscheinlich ist Ihnen das Sprichwort „Erst die Arbeit, dann das Vergnügen" geläufig und wirkt tief und intensiv, wie ein Glaubenssatz. Wie schwierig es ist, sich von Glaubenssätzen zu verabschieden, ist bekannt. Neben diesem Glaubenssatz wirken weitere, zusätzliche Ingredienzen, die es schwer machen, Nein zu sagen: das Bedürfnis nach Anerkennung und Wertschätzung und die Angst vor Konflikten und Kritik. Wir wollen niemanden vor den Kopf stoßen, verärgern oder gar verletzen. Wir sollten uns auch nicht so wichtig nehmen! Wir wollen doch nicht als egoistisch gelten. Wir fürchten die Konsequenzen; ob vermutete oder reale. Wer „nein" sagt, setzt Grenzen und übt dadurch auch Macht aus. Wollen wir das? Manchmal ist es von Vorteil, nicht nein zu sagen. Wir geben die Verantwortung für uns ab, sind nett und hilfsbereit. Nett zu sein ist allemal besser, als anzuecken. Wenn viel mehr Menschen nett und freundlich wären, sähe die Welt doch besser aus;-).

■ Das geht doch in Ordnung so, oder!?

Wie in ► Abschn. 4.4 beschrieben, haben wir Menschen nicht nur unterschiedliche Stress-Reaktionen, sondern auch unterschiedliche Grenzen. Was die Eine als Grenzüberschreitung wahrnimmt, ist für den anderen ein spannendes Kontaktangebot. So kann eine Begleiterin es plump und unangemessen finden geduzt zu werden. Für den Kollegen ist es gar kein Thema. Dafür ärgert es ihn umso mehr, wenn er nach seinem Alter und Familienstand gefragt wird, wovon sich seine Kollegin überhaupt nicht belästigt fühlt. Sie versteht, dass Ratsuchende dies wissen wollen.

Unsere Grenzen haben mit unseren Werten, Überzeugungen und Einstellungen zu tun. Vielleicht kennen Sie es: Eine Ratsuchende nimmt es mit der Pünktlichkeit nicht so genau. Fast jedes Mal ruft Sie zehn Minuten später als vereinbart an. Sie ärgern sich, denn „Pünktlichkeit" ist ein Wert, der Ihnen wichtig ist. Sie lassen niemanden warten und möchten auch nicht warten. Was tun Sie? Der Anruferin mitteilen, dass Sie sich über Ihre Unpünktlichkeit ärgern? Das könnte zur Folge haben, dass sie nicht mehr anruft. Oder Sie beschimpft. Oder Sie als eine etwas zwanghafte, wenig empathische Begleiterin tituliert. Auf jeden Fall könnte es unangenehm werden. Das wissen Sie. Und vielleicht entscheiden Sie sich, nichts zu sagen. So schlimm sind die zehn Minuten auch nicht. Sie sind sicher, dass die Anruferin später anruft und können in der Zeit etwas anderes machen. Ihnen werden wahrscheinlich genügend Dinge einfallen, die Ihnen zeigen, dass es nicht so wichtig ist, Ihren Ärger anzusprechen, sozusagen das Nein über das Verfügen Ihrer Zeit, eine Grenze zu der permanenten Verspätung. Sie glauben, wenn Sie die Verspätung ansprechen, würden Sie, provokativ ausgedrückt, sich selbst und die eigenen Bedürfnisse in den Mittelpunkt stellen und nicht die der Ratsuchenden.

Wenn dies nicht ständig vorkommt, werden Sie keine nennenswerte Beeinträchtigung davontragen. Die Dosis macht das Gift. Erst wenn Sie häufig Ihre Bedürfnisse hinten anstellen, ja sagen wenn Sie nein meinen, kommen Sie von Ihren eigenen Zielen ab. Das macht unzufrieden, laugt aus und kann langfristig in einen Erschöpfungszustand oder auch zum Burnout führen.

Im Sinne der Selbstfürsorge braucht es eine innere Achtsamkeit, um die eigene Grenze, ein Nein, zu spüren. „Was geht mir zu weit? Wodurch fühle ich mich bedrängt oder überrumpelt? Wann habe ich das Gefühl, mich verteidigen zu müssen? In welchen Situationen fühle ich mich hinterher schlecht, weil ich etwas getan habe, was ich nicht wollte? Wann sage ich vielleicht und meine nein? Wann verspanne ich mich?"

In der Supervision erzählte ein Kollege von einer Kundin aus dem Online-Coaching. Die Kundin arbeitet für ein deutsches Unternehmen in Tokio und nutzt das Online-Coaching seit einem halben Jahr. Sie hat bisher alle Termine wahrgenommen und pünktlich die Rechnungen bezahlt. Einen Tag vor dem nächsten Coachingtermin schrieb sie, dass sie den Termin nicht einhalten kann. Sie beendet die Absage mit den Worten: „Das ist doch kein Problem für Sie, oder?!" In den allgemeinen Geschäftsbedingungen des Coachs steht, dass eine Terminabsage, die später als fünf Tage erfolgt, in Rechnung gestellt wird. Der Kollege hatte sich über die verspätete Terminabsage geärgert, wollte aber die Kundin nicht verprellen. Die zahlte einen angemessenen Stundensatz, überwies die Rechnungen pünktlich und war dankbar für die Unterstützung. So hat er ihr geschrieben, dass es kein Problem für ihn sei. In der Supervision wollte er wissen, wie er in Zukunft mit solchen „Fällen" umgehen kann, denn es hatte ihn mehr beschäftigt und geärgert, als er dachte. Es war doch ein Problem!

■ Lob der Grenze

Auch wenn die digitale Welt grenzenlos ist, wir sind es nicht. Nicht nur unsere zeitlichen Ressourcen sind begrenzt, auch unsere emotionalen und physischen. Unsere Grenzen schützen uns. Sie sorgen dafür, dass wir uns nicht überfordern. Manchmal halten sie Enttäuschungen oder Schmerzen ab. Wenn wir wissen, was wir wollen, unsere Prioritäten kennen und uns klar machen, dass eine Grenze wichtig ist, wird es leichter, sie zu setzten. Grenzen anzusprechen, hat mit der eigenen Wahrnehmung zu tun: „Bis hier hin und nicht weiter". Manchmal spüren wir es körperlich; uns wird schlecht, wir verspannen uns. Manchmal empfinden wir es emotional: Wir werden wütend, ärgerlich, traurig oder ekeln uns. Grenzen anzusprechen, heißt auszusprechen, was wir nicht wollen! Das eine oder andere Mal ist es einem Nein verbunden.

▪ Fallen

In unserem Gegenüber lösen wir nicht unbedingt Freude aus, wenn wir eine Grenze setzten. Oft wird er versuchen uns umzustimmen, so dass wir doch noch machen, was er will, er wird versuchen uns zu manipulieren. Beispielhaft stellen wir Ihnen vier gängige Manipulierungsstrategien vor:

- Eine Methode ist das „Blöd-Spiel“: Unser Gegenüber erklärt sich als zu dumm oder zu ungeschickt für etwas. In der dazugehörigen Schmeichelkomponente werden wir als feinsinnig, klug oder geschickt hingestellt (Sachse 2007). „Sie sind die Einzige, die mich wirklich versteht!“ oder „Sie können das doch so gut!“
- Eine weitere beliebte Variante ist es, uns ein schlechtes Gewissen zu machen: „Das können Sie mir jetzt nicht antun!“ Oder „Von Ihnen als Beraterin der TelefonSeelsorge hätte ich dies jetzt nicht gedacht!“
- Dann gibt es die Menschen, die uns versuchen zu manipulieren, indem sie sich mit uns verbünden wollen: „Wir sind doch aus dem gleichen Holz geschnitzt!“ oder „Wir verstehen uns doch!“ (Konnerth 2013).
- Und es gibt diejenigen, die einfach etwas behaupten: „Ihre Kollegin hat mir aber Ihre private Telefonnummer gegeben!“ „Das machen doch alle so!“ Je überzeugender jemand auftritt, desto eher glauben wir ihm.

Nachdem Sie nun einige Spielvarianten der Manipulation kennen, zeigen wir nun (Gegen)Strategien, um darauf zu antworten. Im Sinne von Joachim Ringelnatz:

» *Humor* ist der Knopf, der verhindert, dass uns der Kragen platzt (Joachim Ringelnatz).

▪ Humor ist, wenn man trotzdem lacht!

Eine davon ist Humor! „Doch wie wird man humorvoller?“, werden Sie sich jetzt fragen. „Es gibt drei Dinge, die man beachten muss, um garantiert witzig zu sein. Leider ist uns keines davon bekannt…“.

Humor ist eine Haltung dem Leben gegenüber und hat mit einer inneren Distanzregelung zu tun, die dazu beiträgt, Dinge zu relativieren und gelassener zu werden. Humor wird den meisten von uns nicht in die Wiege gelegt, sondern muss sich entwickeln (Bukowski 2001). Humor hat immer mit Widersprüchlichkeit und Absurdität zu tun: groß – klein, Schein – Sein, Reden – Verhalten, Vordergrund – Hintergrund (Steidel 2012). Humor heißt, einen Perspektivenwechsel zu machen. Deutlich wird dies in jüdischen Witzen, die, wie Carlo Schmid schreibt, „eine heiter hingenommene Trauer über die Gegensätze dieser Welt ist. Der jüdische Witz zeigt, dass in einer Welt voller Logik – die Gleichungen, nicht stimmen“. Vielleicht kennen Sie diesen Witz: „Ein Ingenieur kommt in ein Städtchen und bestellt beim jüdischen Schneider eine Hose. Die Hose wird nicht rechtzeitig fertig und der Ingenieur fährt weg. Jahre später kommt er wieder hin – da bringt ihm der Schneider die Hose. Ingenieur: ‚Gott hat die Welt in sieben Tagen erschaffen, und Sie brauchen sieben Jahre für eine Hose!‘ Der Schneider streicht zärtlich über die Hose: ‚Ja. Aber schauen Sie sich an die Welt – und schauen Sie sich an diese Hose!‘“ ► http://www.maschiach.de/content/blogsection/11/70/10/10/.

Mit Humor kann man Dinge sagen, ohne jemanden gleich zu verletzen oder anzugreifen. Unser manipulierendes Gegenüber erzeugt häufig einen Leidensdruck in uns. Wir können uns noch nicht angemessen wehren oder eine Grenze setzen. Mit Humor kann das gelingen, da wir dann nicht als kleinlich oder zickig, egoistisch oder unempathisch tituliert werden oder uns so fühlen.

Konkret können Sie auf die Schmeichelmanipulation: „Sie sind die Einzige, die mich wirklich versteht!" oder „Sie können das doch so gut!" antworten: „Sie schmeicheln mir, danke für das Kompliment. Was ich auch noch kann, ist nein zu sagen". ☺

Auf die „Schlechtes-Gewissen-machen-Manipulation": „Das können Sie mir jetzt nicht antun!" Oder „Von Ihnen als Beraterin der TelefonSeelsorge hätte ich dies jetzt nicht gedacht!" könne, Sie antworten: „Da bin ich froh, dass ich Sie noch überraschen kann" oder „Da bin ich aber froh, dass ich Ihnen noch etwas Neues zeigen konnte".

Eine Antwort auf die „Verbrüderungsmanipulation": „Wir sind doch aus dem gleichen Holz geschnitzt!" oder „Wir verstehen uns doch!" könnten Sie antworten: „Wir verstehen uns wirklich so gut, dass ich weiß, Sie verstehen mich, dass ich jetzt nein sage".

Und auf die Behauptung: „Ihre Kollegin hat mir ihre Telefonnummer gegeben!" „Das machen doch alle so!" oder „Sie sind aber jetzt kleinlich!" ist die Antwort: „Wie gut, dass Sie wissen, dass ich etwas Besonders bin". Recht humorvoll.

▪ Strategien: abschrecken – versüßen – entschleunigen

Wenn die humorvolle Strategie nicht passt oder Ihnen nichts einfällt, gibt es noch drei weitere Strategien: abschrecken, versüßen und entschleunigen.

Sie schrecken ab:

„Sie sind die Einzige, die mich wirklich versteht!"
Aber passen Sie gut auf, die meisten sind später enttäuscht, wie wenig ich wirklich verstanden habe.
„Das können Sie mir jetzt nicht antun!"
Doch, das kann ich, dafür bin ich bekannt!
„Ihre Kollegin hat mir Ihre Telefonnummer gegeben!"
Hat Sie Ihnen auch meinen Terminkalender geschenkt?
„Sie sind aber jetzt kleinlich!"
Das ist aber pingelig, wenn Sie das jetzt kleinlich finden!

Sie versüßen die Ablehnung mit einem Kompliment.

„Sie sind die Einzige, die mich wirklich versteht!"
Oh danke, ich wusste gar nicht, dass ich ein/e Frauenversteher/in (Männerversteher/in) bin!
„Sie können das doch so gut!"
Ja, und weil ich das schon kann, dürfen Sie jetzt mal üben!
„Das können Sie mir jetzt nicht antun!"
Doch, ich kann! Weil ich Ihnen das zutraue!!
„Von Ihnen als Beraterin der TelefonSeelsorge hätte ich dies jetzt nicht gedacht!"
Ja, ich werde häufig unterschätzt – da haben sich schon viele über mich gewundert!

Sie entschleunigen – das temporäre Nein-Sagen

„Sie können das doch so gut!"
Was kann ich denn, was Sie nicht könnten?
„Von Ihnen als Beraterin der TelefonSeelsorge hätte ich dies jetzt nicht gedacht!"
Was fühlen Sie denn über mich wenn Sie schon nicht an mich denken?

„Wir sind doch aus dem gleichen Holz geschnitzt!"
Ach wie gut, dann müssten wir uns ja verstehen!
„Wir verstehen uns doch!"
Zumindest verstehen wir uns **noch** oder könnte sich das bald ändern?
„Ihre Kollegin hat mir Ihre Telefonnummer gegeben!"
Sie wollen also ein dienstliches Gespräch über mein privates Telefon führen?
„Das machen doch alle so!"
An wen denken Sie, wenn Sie „alle" sagen?
Wenn Sie irgendwann ein vorwurfsvolles „Das ist aber nicht nett!" ernten, probieren Sie befreit aus, ein „Danke!" zu sagen.

4.4 „Beam me up, Scotty" – Achtsamkeit und inneres Stressmangement

Manchmal wünscht man sich, wie Captain Kirk, seinem Chef-Ingenieur zu sagen: „**Scotty,** beam me up, there is no intelligent life here!" Leider gibt es in unserer Welt keinen Scotty, der uns aus belastenden oder herausfordernden Situationen wegbeamen könnte. Das müssen wir selber tun;-) Wir selbst sind verantwortlich für unser Stressmangement und unsere Achtsamkeit.

Wir sind, wie in der Einleitung dieses Kapitels beschrieben, mehr als andere Berufsgruppen belastenden und herausfordernden Dialogen ausgesetzt und haben viel mit menschlichem Leid zu tun. So ist es wichtig, dass wir achtsam mit uns sind und lernen, Stress abzubauen. Bekanntermaßen haben Menschen unterschiedliche Stressreaktionen. Was bei der einen Beraterin Stress hervorruft, kann bei der anderen ein müdes Lächeln erwirken. Die Vorstellung, eine Rede vor vielen Leuten zu halten, lockt bei einigen Menschen Glücksgefühle hervor und bei anderen Panikattacken. Dies hat immer mit der eigenen Gewichtung und den Erfahrungen zu tun. Wenn Sie den Vortrag als Möglichkeit sehen, anderen Menschen wertvolle Erkenntnisse mitzuteilen, wird er Ihnen Freude machen. Wenn Sie in Betracht ziehen, dass ein Vortrag nur dafür da ist, sich vor versammelter Mannschaft zu blamieren, wird die Vorstellung eher Panik auslösen. Wie wir eine Situation wahrnehmen, ist entscheidend für die Art, wie wir den damit verbundenen Stress erleben. Diese individuelle Art der Stressbewältigung ist erlernt, beigebracht und abgeschaut. Und das ist die gute Nachricht: wir können einen anderen Umgang mit Stress lernen!

▪ Ablauf einer Stressreaktion in vier Phasen

Stress ist eine individuelle Reaktion auf Ereignisse, wie zum Beispiel auf belastende Gespräche oder herausfordernde Chats, Termindruck oder unangenehme Kolleginnen und Kollegen. Unser Körper reagiert mit einer sogenannten Stressreaktion, die aus vier Phasen besteht, wie sie Hans Selye, der „Vater der Stressforschung", beschrieb (Seyle 1991). Die Stressreaktion erfüllt zunächst eine ganz natürliche und nützliche Funktion. Der gesamte Organismus konzentriert sich auf die Bewältigung eines zentralen Problems. Ohne diese Reaktionsfähigkeit wären wir in vielen Situationen handlungsunfähig.

- **Schockphase**

Im ersten Auslöse- und Schreckmoment stellt unser Körper alle Aktivitäten und Wahrnehmungen, die in diesem Augenblick nicht lebensnotwendig sind, zurück. Jetzt dreht sich alles darum, angemessen auf die äußere Bedrohung zu reagieren, wegzulaufen oder anzugreifen. Das Gehirn schlägt Alarm. Impulse des Hypothalamus (Steuerzentrum im Zwischenhirn, Schaltstelle zwischen dem Nerven- und Hormonsystem) führen zunächst einmal zu einer Denkblockade („Ruhe vor dem Sturm"). Nachdenken könnte in einer bedrohlichen Situation zu viel Zeit in Anspruch nehmen oder sogar tödlich sein.

- **Alarmphase**

Der Körper mobilisiert seine Reserven und stellt seine gesamten Kräfte zur Bewältigung der bevorstehenden Aufgabe bereit. Um unseren Körper darauf vorzubereiten, werden die Stresshormone Adrenalin, Noradrenalin, Kortisol und Kortison ausgeschüttet. Die Folge: Wir bekommen Herzklopfen, unser Herz schlägt schneller, um möglichst viel sauerstoffreiches Blut zu den Muskeln zu transportieren. Unsere Atmung beschleunigt sich. So wird das Blut mit mehr Sauerstoff versorgt. Unsere Blutgefäße verengen sich. So tritt weniger Blut aus, falls wir uns bei einer Angstreaktion verletzen und die Schmerzempfindlichkeit nimmt ab.

Die Muskelspannung wird erhöht. Wir spüren diese Anspannung manchmal als ein Zittern. Wir beginnen zu schwitzen. Unser Körper, der sich auf Flucht oder Angriff vorbereitet, beginnt bereits jetzt mit der Kühlung, die ihm der Schweiß verschafft.

Die Verdauung wird heruntergefahren. Auf diese Weise hat der Körper mehr Blut und Energie für die Muskeln zur Verfügung. Um möglichst schnell und wendig zu sein, ist es gut, wenn der Körper möglichst leicht ist. Das ist der Grund, warum wir in Angstsituationen das Gefühl bekommen, aufs Klo zu müssen.

In Sekundenbruchteilen bringen die Nebennierenhormone Atmung, Kreislauf, Muskulatur und Stoffwechsel auf Hochtouren. So pumpt das Herz mehr Blut in die Muskeln und deckt deren erhöhten Zucker- und Sauerstoffbedarf. Die Hormone schalten gleichzeitig alle nicht lebensnotwendigen Funktionen (z. B. Verdauungsprozesse und Sexualfunktionen) vorübergehend ab. Zur Steigerung der Wahrnehmungsfähigkeit erweitern sich die Pupillen. Alle für die Abwehr der Gefahr wichtigen Organe sind bestens versorgt, sogar das Blut gerinnt leichter, so dass bei einer Verletzung die Wunden schneller schließen. Alle Energie ist auf die bevorstehende Handlung ausgerichtet und drängt darauf, eingesetzt und verbraucht zu werden.

- **Widerstandsphase**

Jetzt setzt sich der Mensch aktiv mit der Stresssituation auseinander. In der Bewältigung der bedrohlichen Situation, sei es nun durch aktive Beseitigung oder durch Flucht aus der Gefahrenzone, werden die bereitgestellten Energien verbraucht. In dieser Handlungs- und Abwehrphase baut der Körper die Stresshormone ab, die durch die Alarmreaktion ausgeschüttet wurden. Hält die Stresssituation jedoch an, bleibt der Körper im Alarmzustand und kann schädliche Folgen nicht verhindern.

- **Erschöpfungsphase**

Ah, endlich überstanden! Nach einer Weile baut der Körper die Stresshormone wieder ab. Es folgt die Anpassungsreaktion. Die Erregung klingt ab. Kreislauf- und

Stoffwechselfunktionen kehren in die Normallage zurück, Verdauungsvorgänge werden wieder angeregt. Oft spüren wir in diesem Moment Übelkeit. Und so erklärt sich der Ausspruch: „Mir ist schlecht vor Angst." Unser Körper erholt sich langsam von der Anspannung.

Wer jedoch ständig unter Stress leidet, kann sich nicht mehr richtig entspannen, ist müde und ohne Antrieb. Dauerstress kann zu ernsthaften körperlichen und psychischen Problemen führen. Häufige Auswirkungen sind Konzentrationsmangel, Schlaflosigkeit, Magen- und Darmprobleme, ein geschwächtes Immunsystem, Herz-Kreislauf-Erkrankungen oder motorische Störungen. Es gilt also vor allem, diese negativen Folgen der dauerhaften Stressreaktionen zu verhindern.

Dafür ist es wichtig zu wissen, dass diese negativen Folgen in Abhängigkeit von der individuellen Einschätzung der Situation unterschiedlich stark auftreten.

Stress erhöht die Erregbarkeit der Nerven; das führt dazu, dass immer weniger Reize notwendig sind, um z. B. eine Angstreaktion auszulösen. Man wird mit der Zeit immer schreckhafter und kommt so in einen Teufelskreis, aus dem ohne Hilfe der Ausstieg schwer ist. Dauerstress erschöpft nicht nur die Energievorräte des Körpers.

■ Dauerstress

Er wirkt sich auf drei Ebenen aus:

1. Auf die kognitive Ebene (Denk- und Wahrnehmungsprozesse). Konzentrationsprobleme, Leere im Kopf und Abnahme der Kreativität sind Anzeichen dafür.
2. Auf emotionaler Ebene zeigen sich Gefühlszustände wie Niedergeschlagenheit, Gereiztheit, Unsicherheit oder Angst.
3. Auf der körperlichen Ebene treten Nervenbeschwerden, Kreislaufprobleme und Beeinträchtigungen des Bewegungsapparates auf.

Wenn Sie ständig unter Zeitdruck stehen, sich nach Feierabend nicht mehr aufraffen können, Sie eigentlich keinen Sinn mehr sehen in dem, was Sie tun, Sie unter Schlafproblemen leiden, das Gefühl haben, den Herausforderungen nicht gewachsen zu sein und sich ständig Sorgen machen, ist es höchste Zeit, etwas für sich zu tun.

Dabei helfen neben Meditation und autogenem Training Achtsamkeitsübungen. Atemübungen, Bewegung und die gezielte Steuerung der Gedanken schaffen eine emotionale Distanz zu krisenhaften Situationen. Sara Lazar vom Massachusetts General Hospital in Boston und Britta Hölzel vom Bender Institute of Neuroimaging der Universität Gießen haben in einer Studie nachgewiesen, dass bereits nach achtwöchigen Meditationskursen Veränderungen in Hirnregionen, die für die Emotionsregulation zuständig sind, zu sehen waren (▶ https://www.aerzteblatt.de/nachrichten/44508/Wie-Meditationen-das-Gehirn-veraendern).

■ „Stress lass nach" mit dem Bodyscan

Eine konkrete Achtsamkeitsmeditation ist der Bodyscan. Diese Achtsamkeitsmeditation verbessert die Körperwahrnehmung, stärkt die Körper-Geist-Beziehung und fördert die Konzentrationsfähigkeit und innere Ruhe. Der Bodyscan ist eine Grundübung aus Mindfulness-Based Stress Reduction (MBSR) und ist ein weltweit bekannter ganzheitlicher Ansatz zur Stressbewältigung. Bei dieser Achtsamkeits-Übung wird die Aufmerksamkeit nacheinander auf verschiedene Bereiche des liegenden Körpers gerichtet wird. Sie ist eine gute Übung für mehr Achtsamkeit im

Alltag! (Deutsches Fachzentrum für Achtsamkeit: ► https://dfme-achtsamkeit.de/body-scan-mbsr-lieben-lernen/

Während des gezielten Körperscannens tauchen Körperempfindungen, Gedanken, innere Bilder, Gefühle und Impulse auf. Diese Empfindungen können sowohl angenehm als auch unangenehm sein. In unserem Alltag sind diese fiesen Gefühle lästig und wir tun einiges dafür, sie zu ignorieren. Bekanntermaßen lösen die Ignorierungsstrategien die Ursachen und Probleme nicht wirklich. Der Bodyscan ist sozusagen ein Gegenprogramm: Wir begegnen unseren Empfindungen in vollem Bewusstsein und haften weder an Angenehmem an, noch schieben wir Unangenehmes weg. Diese Achtsamkeitsmeditation lehrt uns, bei der jeweiligen Erfahrung zu bleiben und alle damit verbundenen Körperempfindungen, Gedanken, Gefühle und Impulse anzuschauen und zu erforschen. „Auf diese Weise wird der Geist trainiert, automatisch-unbewusstes Reaktionsverhalten zu verringern. Diese Fähigkeit, nicht mehr wie ferngesteuert auf jeden Reiz anzuspringen, überträgt sich auf unser Alltagsverhalten. In schwierigen Situationen können wir so besser einen kühlen Kopf behalten und bewusst darüber entscheiden, wie wir damit umgehen möchten" (Kirch 2011).

- **Und jetzt geht es los**

Nehmen Sie sich etwa eine halbe Stunde Zeit.

Achten Sie darauf, dass Sie nicht gestört werden! (Handy aus!!!)

Legen Sie sich auf eine bequeme Unterlage und schließen die Augen. Ihre Handflächen liegen neben dem Körper und zeigen nach oben.

Spüren Sie Ihr Gewicht, nehmen Sie wahr, an welchen Stellen Ihr Körper auf der Unterlage aufliegt und atmen Sie ruhig und gleichmäßig. Mit jedem Ausatmen lassen Sie Ihren Körper lockerer werden und mehr und mehr in die Unterlage einsinken.

Konzentrieren Sie sich ein paar Minuten auf Ihre Atmung. Spüren Sie, wie der Atem ein- und ausströmt und wie sich Ihre Bauchdecke hebt und senkt.

Gehen Sie mit Ihrer Aufmerksamkeit in Ihren linken großen Zeh. Nehmen Sie alle Empfindungen in dem Zeh wahr. Fühlt er sich warm oder kalt an? Spüren Sie eine Berührung zu Ihren Socken oder ein Kribbeln? Gehen Sie mit Ihrer Aufmerksamkeit nach und nach alle Zehen Ihres linken Fußes durch und nehmen Sie auch die Zwischenräume wahr.

Lenken Sie Ihre Atmung gezielt in die Region Ihres Körpers, in die Sie gerade hineinspüren. Stellen Sie sich vor, wie Ihr Atem über die Nase einströmt, durch den Körper und Ihr linkes Bein bis zu Ihren Zehen fließt und beim Ausatmen wieder durch den Körper zurückfließt, bis er wieder aus der Nase austritt.

Ihre Aufmerksamkeit wandert nun zu Ihrem linken Fuß. Nehmen Sie alle Empfindungen in Ihrer Ferse, Ihrem Knöchel und Ihrer Fußsohle wahr.

Gehen Sie weiter nach oben und wiederholen das Ganze mit Ihrem Unterschenkel, Ihrem Knie und Ihrem Oberschenkel. Lenken Sie Atmung gezielt in den jeweiligen Körperteil.

Spüren Sie den Unterschied zwischen Ihrem linken und rechten Bein. Wie fühlen sich Ihre Beine im Vergleich an?

Wiederholen Sie nun die Übung mit dem rechten Bein und beginnen wieder bei Ihrem großen Zeh.

Konzentrieren Sie sich dann auf alle Empfindungen in Ihrem Becken und den Hüften. Atmen Sie bewusst in diese Bereiche und stellen sich vor, wie sie sich mit Sauerstoff füllen.

Dann lenken Sie Ihre Aufmerksamkeit auf Ihren unteren Rücken. Nehmen Sie Wirbel für Wirbel wahr. Nehmen Sie dann Ihren Bauch und auch die Organe wahr. Wenn Sie an einer Stelle eine stärkere Empfindung spüren, können Sie dort auch länger verweilen und Ihre Atmung gezielt dorthin leiten.

Wandern Sie mit Ihrer Aufmerksamkeit weiter am Körper nach oben zu Ihrem oberen Rücken und zu Ihrer Brust. Spüren Sie, wie sich Ihr Brustkorb mit der Atmung hebt und senkt und wie Ihr Herz schlägt.

Fahren Sie nun mit den Armen fort. Lenken Sie ihre Aufmerksamkeit auf Ihre Fingerspitzen, die Handflächen und Handrücken, dann weiter zu den Unterarmen, den Ellbogen und den Oberarmen.

Richten Sie Ihre Aufmerksamkeit als Nächstes auf Ihre Schultern, Ihren Nacken und Ihren Hals.

Nehmen Sie alle Empfindungen in Ihrem Gesicht wahr. Wie fühlt sich Ihr Kiefer an? Ist er angespannt oder locker? Wie fühlen sich Ihre Lippen und Zähne an? Was spüren Sie in der Nase, in den Augen, in den Ohren und in Ihrer Stirn? Wandern Sie weiter nach oben, bis Sie am Scheitelpunkt angelangt sind.

Stellen Sie sich vor, wie mit jedem Ein- und Ausatmen die Atemluft durch Ihren ganzen Körper fließt, vom Kopf bis zu den Füßen und wieder zurück. Ihr ganzer Körper wird dabei mit frischer Energie und Sauerstoff versorgt.

Nehmen Sie Ihren Körper noch einmal als Ganzes wahr!

Öffnen Sie langsam Ihre Augen, strecken und räkeln Sie sich und kommen wieder an.

(Quelle: ▸ https://einfachmeditieren.net/body-scan-anleitung/)

Achtsamkeit stellt sich nicht von jetzt auf gleich ein, es braucht Übung. Lassen Sie sich doch jeden Tag von Ihrem Smartphone an diese Übung erinnern. ☺

4.5 Möge die Macht mit dir sein – Beziehungsresilienz fördern

Im Dialog mit schwierigen Kommunikationspartnerinnen und -partnern kann es vorkommen, dass wir uns blockiert fühlen oder dass negative Gefühle einen angemessenen Umgang verhindern. Das ist besonders der Fall, wenn wir es mehrfach oder immer wieder mit denselben Kommunikationsschurken zu tun haben. Wir spüren vielleicht Wut auf die Person oder fühlen uns unter Druck, haben Angst vor dem erneuten Kontakt oder sind energielos und ausgelaugt. Die Schwierigkeit liegt darin, das wir diese Gefühle – sind sie einmal an einen Chat-Kontakt oder an eine Person geknüpft –kaum abschütteln können. Wann immer wir an die Person denken, tauchen diese Blockadegefühle auf. Wir haben es dann mit einem Mangel an Resilienzfähigkeit zu tun – wir sind nicht mehr flexibel, nicht elastisch und nicht veränderungsfähig.

Der Begriff Resilienz stammt ursprünglich aus der Physik und bedeutet so viel wie Elastizität oder Flexibilität. Beispielsweise braucht die Konstruktion eines Flugzeugflügels Elastizität. Jeder hat vermutlich schon beobachtet, dass ein Flügel aufgrund seiner Bauweise in der Lage ist zu schwingen. Er ist elastisch und das macht ihn flugfähig.

In der Entwicklungspsychologie bezeichnet Resilienz zunächst die Widerstandsfähigkeit von Kindern, sich trotz belastender Umstände und Bedingungen normal zu entwickeln. Allgemein betrachtet ist Resilienz die Fähigkeit von Menschen, auf Lebenssituationen und Anforderungen flexibel und angemessen zu reagieren. Stressreiche, frustrierende, schwierige oder belastende Situationen werden ohne psychische Beeinträchtigung gemeistert (Pietsch und Schumacher 2009).

Wir beschäftigen uns in diesem Kapitel mit innerpsychischer Resilienz, indem wir zwei Übungen vorstellen, die Elastizität und innere Beweglichkeit fördern, Blockaden lösen und uns gewissermaßen aus der „Problem-Trance" „herausbeamen". Sie bilden ein wirksames Gegengift für toxische Kontakte und verleihen neue Handlungsmacht.

Bei der ersten Übung handelt es sich um ein Resilienz-Mantra, das darauf abzielt, sich seiner positiven Haltungen und Werte neu zu vergewissern. Die zweite Übung leitet dazu an, den Blickwinkel einer Situation zu erweitern, die Perspektive zu wechseln und die Selbstwahrnehmung zu erweitern.

▪ Das Resilienz-Mantra

In dem Grundlagenkapitel ► Abschn. 1.5 „ABC der Gefühle" war bereits von den vier Grundgefühlen und Motivationsmomenten die Rede, die bei all unserem Handeln immer eine entscheidende Rolle spielen. Dieses Konzept möchten wir hier noch einmal aufgreifen, um dazu eine wirksame Entspannungstechnik vorzustellen. Alles, was wir tun und was uns auf Dauer Motivation verleiht, verläuft in vier zyklischen Phasen von Neugier, Ernüchterung, Ausdauer und Erfolg (Dyckhoff und Grochowiak 1996). In all diesen Phasen besteht die Gefahr der Blockade, wenn wir in unseren Basisgefühlen verletzt werden. Der Dialog kann stagnieren und wir werden zunehmend hilflos:

- Bei dem Aspekt der *Neugierde* können wir im Kontakt dahingehend stecken bleiben, dass wir jegliches Interesse an der Person verlieren. Wir fühlen uns demotiviert, gelangweilt, wir können uns nicht aufraffen, bzw. lassen uns für gar nichts mehr begeistern. Allein der Gedanke an diesen Menschen lässt in uns Lustlosigkeit aufkommen.
- Im Kontakt mit Menschen, die uns *ernüchtern* besteht die Gefahr, in der Enttäuschung zu versinken. Wir bejammern den Kontakt, beklagen uns über die Person, sind frustriert und fühlen uns dabei wie gelähmt oder ausgelaugt. Wir erleben uns als Opfer und dem Gegenüber ausgeliefert.
- Wenn wir in der Phase der *Ausdauer* blockieren, sind wir überengagiert, so dass wir uns für alles ein Bein rausreißen. Wir werden instrumentalisiert oder benutzt. Wir machen dabei mit, weil wir es nicht merken oder weil wir es für notwendig halten. Ein häufiges Motiv für dieses Überengagement ist das Bedürfnis nach Kontrolle mit dem Ziel, möglichst gut oder perfekt zu sein.
- Wenn wir in Kontakten in der Phase des *Erfolgs* stecken bleiben, dann hat das mit unserer eigenen Unsicherheit zu tun. Wir versagen uns den selbstbewussten Umgang, weil wir denken, es reiche nicht, wir seien nicht gefällig genug, nicht ausreichend hilfreich gewesen oder sogar schuldig oder verantwortlich für die schlechte Beziehung.

In all diesen Blockadesituationen ist es schwierig, sich am eigenen Schopfe herauszumanövrieren. Es lässt sich kein Hebel umlegen, der die schlechte Stimmung auflöst oder die missmutigen Gedanken verändert. Das liegt unter anderem daran, dass die beklemmenden Gefühle von inneren Stimmen angefeuert werden, die unsere Stimmung und Blockade aufrechthalten. Erinnern Sie sich an eine solche Blockadesituation und achten Sie darauf, was Ihnen durch den Kopf geht. Häufig sind es innere Botschaften wie: „Du kriegst es eh nicht hin" – „Du bist ja selber schuld" – „Bei der hast du sowie keine Chance" – „Der will dich nur fertigmachen" – „Der will dich wieder nur niedermachen" – „Wenn ich mich mehr anstrengen würde, dann würde es auch besser laufen" – „Der ist gestört" usw.

Alle diese inneren Botschaften haben eines gemeinsam: Sie konstruieren einen scheinbaren „Ursache-Wirkung-Zusammenhang", der suggeriert, dass entweder ich oder die Andere Schuld an der Blockade sind. Also entweder bin ich nicht o.k. oder der Andere ist nicht o.k. oder sogar wir sind beide nicht o.k. Diese Konstruktion von Wirklichkeit bestätigt und verstärkt zugleich unser Blockadegefühl. Jenen „inneren Flüchen" können wir nur entkommen, wenn wir positive, unterstützende und ressourcevolle Botschaften entgegensetzen. Dazu haben wir das folgende Mantra entwickelt. Es erfüllt zweierlei Funktionen: Zum einen überschreibt es die negative Selbstbestätigung, zum anderen aktiviert es die Bewegung des Motivationskreislaufs und hebt so die Blockade auf.

Das Emotions-Motivations-Mantra hat das Ziel, sich jede Phase über eine positive Botschaft bewusst zu machen und die vier Momente miteinander zu verknüpfen, so dass der Kreislauf wieder in Bewegung kommt und den Automatismus unterbricht, in der Verletzungszone stecken zu bleiben. Die folgende ◘ Abb. 4.2 zeigt die vier Momente mit ihrer zugehörigen Mantra-Botschaft:

◘ **Abb. 4.2** Der Resilienz-Kreislauf als Werte-Mantra

- **Die Anwendung des Resilienz-Mantras**

1. Das Mantra auf ein Aufnahmegerät aufsprechen
   Nutzen Sie ein Aufnahmegerät (z. B. die Diktierfunktion ihres Smartphones) und sagen Sie die vier Mantra-Sätze nacheinander mindestens 25mal auf! Achten Sie beim Sprechen darauf, nicht monoton zu reden sondern so, dass Ihre Stimme die Aussage der vier Botschaften stimmlich unterstützt. Geben Sie Energie in Ihre Stimme! Sprechen Sie langsam, betont und deutlich! Lassen Sie zwischen jedem Satz eine Pause von ca. 5–6 s! Wenn Sie 30-mal aufsagen, können Sie auch die Sprechpausen im Laufe der Runden zunehmend verkürzen.
   Lassen Sie zu Beginn der Aufnahme eine Sprechpause von zehn Sekunden, damit Sie nach dem Einschalten etwas Zeit haben bevor es losgeht.
2. Sich in Position begeben
   Stellen Sie sich an einen ruhigen Ort, wo Sie ungestört sind. Legen Sie nun um sich herum vier Karten, die Sie mit „1. Neugier", „2. Ernüchterung", „3. Ausdauer", „4. Erfolg" beschriften! Sie sollten so liegen, dass Sie jeweils mit einer Vierteldrehung nach rechts oder links immer eine Karte weiter kommen. Ordnen Sie diese entweder im Uhrzeiger- oder gegen den Uhrzeigersinn, je nachdem, ob Sie sich lieber links- oder rechtsum drehen möchten.
3. Die Situation präparieren
   Stellen Sie sich nun vor die Karte „Neugier"! Schließen Sie die Augen und denken Sie an die Blockadesituation, die Sie bearbeiten möchten – ein Telefonat, ein Chat oder einen anderen Dialog Ihrer Wahl. Holen Sie die Erinnerung an sich ran und erleben Sie mit allen Sinnen (Sehen, Hören, Spüren) diese Situation, bis Sie wieder das Blockadegefühl erfahren. Achten Sie darauf, immer nur eine Blockadesituation zu „behandeln"! Wechseln Sie während der Übung nicht Ihre Erinnerung oder tauschen sie durch eine andere aus. Sie können, wenn Sie wollen, die Übung mit beliebig vielen Erinnerungen wiederholen, aber immer nur einer pro Durchgang!
4. Das Mantra durchlaufen
   Schalten Sie nun Ihr Aufnahmegerät an und legen es so hin, dass Sie die Sätze deutlich verstehen können und kehren wieder zu Ihrer Erinnerung zurück. Wenn es losgeht hören Sie den ersten Satz, der zu der Position Neugier gehört, „Vertraue dem Moment". Wenn Sie nach fünf Sekunden den zweiten Satz hören (Löse dich von Ungeduld), drehen Sie sich zeitgleich nach rechts oder links (je nachdem), wo Ihre 2. Karte („Ernüchterung") liegt. Beim nächsten Satz machen Sie wieder eine Vierteldrehung usw. Während der gesamten Übung drehen Sie sich also mehrfach um die eigene Achse. Mit zunehmender Routine werden Sie die Drehmomente immer ruhiger und dynamischer machen können. Bleiben Sie in jedem Fall in einer gleichmäßigen und ruhigen Kreisbewegung! Achten Sie darauf, dass der gesprochene Satz immer zu der Karte passt, vor der Sie stehen! Atmen Sie dabei ruhig und gleichmäßig aus und ein! Bleiben Sie während der gesamten Übung mit Ihrer Aufmerksamkeit bei der erinnerten Blockadesituation! Wenn die Aufnahme abgelaufen ist, nehmen Sie sich noch etwas Zeit, vor der Erfolgskarte stehenzubleiben! Überprüfen Sie, wie das Mantra ihren Gefühlszustand bezüglich der Situation verändert hat.

Die zu erwartende Veränderung durch die Übung sollte das Gefühl der Beruhigung und Gelassenheit erzeugen. Sie sollten sich wieder beweglicher fühlen, wenn Sie an die

Situation denken. Im besten Fall hat sich auch Ihre innere Haltung gegenüber der Person oder der Situation verändert. Nutzen Sie diesen befreiten Moment sich zu überlegen, wie Sie sich im nächsten Dialog verhalten können, um einer Blockade entgegen zu wirken.

4.6 Der Meta-Spiegel – Beziehung neu kalibrieren

In Blockadesituationen haben wir häufig einen Tunnelblick. Es ist ähnlich, als würden wir an die Wand einen dicken roten Punkt malen und fortwährend auf diesen Punkt starren. Je länger wird starren, umso unflexibler wird unser Blickwinkel. Alles was außerhalb es roten Punktes liegt, nehmen wir nicht mehr wahr. Der Meta-Spiegel beruht auf der Veränderung von Wahrnehmungsperspektiven und soll Elastizität in der Wahrnehmung einer Probleminteraktion erwirken. Dabei wird unterschieden zwischen meinem Erleben (Position 1), dem Erleben meines Gegenübers (Position 2) und der Beobachtungsposition (3). Häufig sind in Konflikten die Position 1 und 2 in einem Stresszustand und die Position 3 kann dann nicht eingenommen werden. Dies erreicht die Übung durch die Hinzunahme weiterer Außenperspektiven.

Der Meta-Spiegel ist ein Format zur Selbstreflexion und zur Veränderung des inneren Dialogs und des äußeren Umgangs mit anderen. Es beruht auf dem Wechsel von Perspektiven und Wahrnehmungspositionen (Ich – Du – Beobachterin). Robert Dilts gehörte zu der Arbeitsgruppe um John Grinder und Richard Bandler, die Gründer des NLP, und war an der Weiterentwicklung beteiligt. Er hat die drei Perspektiven um eine – den sogenannten Meta-Mirror – ergänzt (Dilts 1996). Insbesondere bei der Analyse persönlicher Konfliktsituationen eignet sich das Format, da man abwechselnd in die eigene Wahrnehmung und in die der anderen Person schlüpft und somit sich, wie auch den oder die Andere von außen beobachtet. Dadurch erlangt man mehr Empathie für die unterschiedlichen Positionen und gewinnt an Flexibilität für alternative Herangehensweisen.

Im Meta-Spiegel trete ich einen Schritt zurück und erlebe, wie das Problem, dass ich mit anderen Menschen erfahre, in Wirklichkeit nur Spiegel meiner eigenen inneren Kommunikation ist. Es ist nicht die andere Person, die Quelle oder Lösung des Problems wäre. Ausgehend von dieser Einsicht kann ich dann mein inneres System neu ordnen. Mit dieser Neuordnung (Rekonstruktion der subjektiven Wirklichkeit) verändert sich gleichfalls das äußere System und so die Beziehung zum Gegenüber. Das Konzept löst Ursache-Wirkung-Mechanismen auf, indem die Situation und Person neu kalibriert (d. h. geeicht) werden. Die Übung trainiert sowohl das Verhältnis von Nähe und Distanz als auch die Veränderung der Wahrnehmungsperspektive.

■ Das Vorgehen bei der Übung Meta-Spiegel

1. Die Positionen mit Bodenankern kennzeichnen
   Entscheiden Sie, welche Konfliktsituation Sie mit der Übung bearbeiten möchten. Dann legen Sie Kärtchen in unterschiedlichen Farben auf den Boden: eine für Sie, eine in passendem Abstand für Ihr Konfliktgegenüber und eine weitere Karte seitlich zwischen diesen beiden als Beobachter-Position. Behalten Sie eine zusätzliche vierte Karte in der Hinterhand.

2. Die eigene Perspektive wahrnehmen
   Stellen Sie sich auf das Kärtchen von sich und denken Sie an die problematische Situation (ein Konflikttelefonat, ein Problemchat usw.). Bleiben Sie bei dieser Situation und wechseln Sie nicht während der Übung in eine andere.
   Erinnern Sie nun den Konflikt aus Ihrer Erinnerung mit allen Sinnen: Was sehen (lesen) Sie, was hören Sie, welche Gedanken erinnern Sie, welche Gefühle tauchen auf…? Erinnern Sie so viel Sie können und achten Sie darauf, was genau in Ihnen die Blockade auslöst. Wenn Sie alles beobachtet haben, treten Sie einen Schritt zur Seite und lösen Sie sich von der Intensität.
3. Die Perspektive des Gegenübers einnehmen
   Stellen Sie sich nun auf das Kärtchen Ihres Gesprächs- oder Chatpartners und erinnern Sie die Konfliktsituation – diesmal jedoch aus der Perspektive Ihres Gegenübers. Wie hören Sie als Gegenüber Ihre eigene Stimme und Ihre eigenen Worte am Telefon? Wie nehmen Sie sich hörend wahr? Oder im Chat: Wie liest sich auf dem Bildschirm das, was Sie geschrieben haben?. Wie kommt das an, wenn man auf der anderen Seite Ihr Geschriebenes liest? Wie wirken Sie aus der Sicht des oder der anderen? Imaginieren Sie die Sichtweise des Gegenübers und versuchen, sich nach und nach von dieser Seite aus wahrzunehmen. Stellen Sie sich vor, Sie könnten Ihre eigene Stimme im Headset hören oder Ihr eigenes Geschriebenes würde im Chat auf dem Bildschirm erscheinen. Fühlen Sie sich zugleich ein in die Art und Weise, die Sie von Ihrem Gegenüber kennen. Wie fühlt es sich an, in der Haut Ihres Gegenübers zu stecken, in den Schuhen zu stehen, die Körperspannung und Energie des Gegenübers im eigenen Körper wahrzunehmen? Was können Sie wahrnehmen, lernen, erfahren, entdecken, was Sie vorher nicht ahnen konnten? Wenn Sie alles beobachtet haben, treten Sie wieder einen Schritt zur Seite und lösen Sie sich von der Intensität.
4. Die Außenperspektive einnehmen
   Betreten Sie nun die Karte mit der Außenperspektive. Imaginieren Sie die Konfliktsituation – allerdings ohne sich gefühlsmäßig damit zu verbinden. Bleiben Sie außen vor, als wären Sie der Kameramann oder die Kamerafrau, die den Chat oder das Telefonat gefilmt haben. Was fällt Ihnen auf? Wie ist die Interaktion der beiden? Welchen „Beziehungstanz" sehen Sie im Dialog? Achten Sie darauf, das Sie unbeteiligt bleiben und beobachtend entdecken, wie der Blockadezustand entsteht! Beobachten Sie alle Details! Wenn Sie merken, dass es Ihnen schwerfällt neutral zu bleiben, sondern Sie parteilich (meistens parteilich für die eigene Situation) sind, dann nutzen Sie eine weitere Außenposition.
5. Die Meta-Perspektive einnehmen
   Legen Sie die Karte, die Sie noch in der Hand haben, in einiger Entfernung zu dem gesamten Schauplatz auf den Boden und stellen Sie sich darauf. Wenden Sie sich nun der Beobachterposition zu (Kärtchen 3) – so, als würden Sie dort gerade noch stehen und die Situation beobachten. Beobachten Sie sich selbst, wie Sie gerade vor wenigen Sekunden die Konfliktsituation aus der neutralen Position beobachtet haben. Was haben Sie dort beobachtet? Was haben Sie dort gedacht? Wie nehmen Sie sich dort war? Welche Gedanken und Gefühle erzeugen diese Parteilichkeit, die Sie davon abhält, neutral und unabhängig zu beobachten? Wie erleben Sie sich in der Beobachterposition, wenn Sie sich selbst beobachten? Was können Sie lernen? Was können Sie Neues über sich entdecken?

6. Erfahrungen einsammeln
   Halten Sie nun fest, was Sie in dieser 4. Position Wichtiges über sich gelernt haben und gehen Sie zurück auf die 3. Position. Beobachten Sie die Szene noch einmal und nehmen auch hier alles Wichtige mit, aus dem Sie etwas lernen konnten. Gehen Sie nun noch einmal auf die Position 2 (Ihr Problemgegenüber) und sammeln Sie alle wichtigen Erfahrungen zu dieser Position ein. Gehen Sie nun zurück auf Ihre eigene 1. Position und überprüfen Sie, was sich durch den Prozess verändert hat!

4.7 Gut, dass wir darüber geschrieben haben – Schreiben für die Psychohygiene

Als Beraterinnen und Berater sind wir, wie in der Einleitung geschrieben, mit Menschen konfrontiert, denen ein großes Unglück widerfahren ist, die schwere Situationen durchmachen oder die durch ihre soziale Interaktion eine Herausforderung sind. So ist es wichtig, gut für uns zu sorgen! Eine bewährte Form der Selbstfürsorge ist das Schreiben.

Wie alle kennen Gefühle, die uns belasten und die uns nicht schlafen lassen. Rainer Maria Rilke, Franz Kafka, Carl R. Rogers, Anaïs Nin, Virginia Woolf und Christa Wolf schrieben in diesen Situationen. Alle erzählten, dass das Schreiben eine therapeutische Selbstanalyse sei und sie erleichtere. Wenn wir unsere Gefühlszustände verschriftlichen, beschäftigen wir uns intensiver mit ihnen. Wir konzentrieren uns, denken nach, finden Wörter für Situationen, in denen wir sonst sprachlos sind. Max Frisch war der Meinung, dass Schreiben zur ehrlichen Auseinandersetzung mit den eigenen Gedanken und zum mutigen Bekenntnis der individuellen Ansicht vor sich selbst und vor anderen ist. Man gewinnt Abstand von augenblicklichen Gefühlen und einen Zugang zu seinem Ich: „Schreiben heißt, sich selber lesen" (Frisch 1975).

Schreiben hilft beim Reflektieren und Verarbeiten von emotionalen Krisen, Schwierigkeiten und Ängsten. Es ist ein Lösungsansatz, der an jedem Ort anwendbar ist und von jedem als Selbstanalyse- und Selbstcoachinginstrument genutzt werden kann. *„Das war ein langer Brief. Danke, dass ich mit Ihnen reden konnte. Es tut so gut"*, schrieb uns eine Ratsuchende.

Die therapeutische Wirkung des Schreibens ist mittlerweile gut erforscht und durch zahlreiche wissenschaftliche Studien belegt. James W. Pennebaker hat bereits in den 1980er-Jahren Schreibinterventionen zur Bewältigung von emotionalen Belastungen und Traumata und zur Stärkung der allgemeinen Resilienz entwickelt.

▪ Menschen beschäftigen sich intensiver mit ihren Ängsten und Gefühlen, wenn sie diese verschriftlichen

Der Schreibprozess hilft, Geschehnisse nach außen zu bringen und schafft somit eine Distanz zum Erlebten. Diese Distanz schafft eine andere Perspektive, und das trägt bekanntermaßen mit zur Problemfindungslösung bei. Wenn wir unsere Emotionen aufschreiben, finden wir Wörter für Situationen, in denen wir sonst vielleicht sprachlos sind.

Wer schreibt, liest sich selbst und schaut beim Denken zu. Es ist falsch, dass sich beim Schreiben nur das Sprachliche abbildet. Beim Schreiben wird auch etwas Bildhaftes und Vorbewusstes auf das Papier oder den Bildschirm geholt. Durch das

Schreiben werden Gefühle bewusst. Was vorher im Kopf herumschwirrt, steht nun aufgeschrieben und nachlesbar da.

Im Alltag kommen wir oft zu kurz, weil wir wenig Zeit für uns haben. Sich hinzusetzen und zu schreiben gibt uns Zeit, bietet eine Form der Entschleunigung und Reflexion (Knatz 2013). Das Schreiben verschafft Raum. Eine Ratsuchende beschrieb es folgendermaßen: *„Ich kann mir mal alles von der Seele schreiben, bin den ersten Druck los, habe wieder Luft zum Atmen, kann meine Situation noch einmal in Ruhe überdenken. Ich kann emotionaler reagieren, enthemmter schreiben und mich auch intensiver beschweren".*

- **Schreiben ist eine bewusste Ausdruckshandlung**

bei der wir nicht nur handeln, sondern gleichzeitig unser Ergebnis anschauen können. Emotionen und Erinnerungen aufzuschreiben heißt, sich zu konzentrieren und intensiv nachzudenken, ein selbstreflexiver Prozess. Die Tatsache, Gedanken und Probleme aufgeschrieben zu haben ist, von großem Nutzen: *„Seit ich schreibe, geht's mir viel besser, denn ich muss mein Problem und meine Sorgen relativ genau beschreiben. Dabei denke ich noch mal über alles nach und mir wird vieles viel klarer…"*, schrieb ein Ratsuchender.

- **Schreiben ist eine Form der Selbstreflexion**

und kann zu unbewussten Entdeckungen führen. Wenn ich schreibe, bin ich allein und ermögliche mir in diesem geschützten Rahmen einen ungehemmteren, offenen und vielleicht auch ehrlicheren und damit tieferen Zugang zu mir und meinen Gefühlen.

- **Schreiben hat eine befreiende Wirkung**

und ist ein Ventil, um aufgestaute Gefühle zu befreien und zu bewältigen, eine Form der Entlastung. Es hilft, quälende Gedanken loszulassen und Abstand zu gewinnen, schwierige Zeiten und Krisen besser zu meistern. Vor einiger Zeit erreichte uns eine Mail mit folgendem Inhalt: *„Hallo, es ist 6 Uhr morgens und ich bin schon seit Stunden wach. Ich wache häufig nachts auf und schaffe es nicht mehr einzuschlafen. Es beginnt immer harmlos. Ich mache mir irgendwelche Gedanken, steigere mich dann aber wahrscheinlich sehr rein, bekomme dann Panik, sehe mein ganzes Elend und habe dann heftige Weinanfälle… Ich habe mich nun wieder ein bisschen durch das Schreiben beruhigt".*

- **Schreiben ist ein kreativer Prozess**

Sich-Raum-Geben, alles was kommt zuzulassen ohne es zu bewerten. Dies gelingt, da niemand unterbricht oder eine Resonanz auf die eigenen Gedanken gibt, sie eventuell beurteilt. Dieses Sich-Raum-Geben kann dazu beitragen, andere kreative Lösungen für die Probleme zu finden. Wir können Inhalten andere Bedeutungen geben, sie neu zusammenführen, Geschehnisse anders denken und gewichten und sie somit auch mit anderen Gefühlen besetzten.

- **Schreiben schafft Distanz und Problemstrukturierung**

Durch die Notwendigkeit, das eigene Erleben darzustellen, begeben wir uns in eine Erzähl- oder Berichtsposition, die in sich schon eine Distanz schafft. Wir schreiben aus der Perspektive einer anderen Innenperson, wir sind sozusagen Erzählerin oder Berichterstatter. Und damit können wir uns von dem Vorgefallenen emotional distanzieren. Die Erzählerin oder der Berichterstatter wählt aus, was wichtig und aufschreibenswert ist und auch was nicht. Sie entscheiden, welchen Gedanken oder Auslegungssträngen sie nachgehen und welche sie vernachlässigen. Beim Schreiben findet so eine Distanzierung und Problemstrukturierung statt.

- **Schreiben ist ein Weg, sich aktiv zu erleben und eigene Ressourcen zu entdecken**

Es macht möglich, sich einem Thema anzunähern, es zu umkreisen, ihm einen Rahmen zu geben. Schreiben filtert, schält heraus, kondensiert: Schreibende finden Worte, Begriffe, Be-schreibungen und Um-schreibungen, die dem Erlebten entsprechen. Und dabei erleben wir uns (wieder) aktiv. Starre und Verharren werden aufgelöst. Es findet wieder Bewegung satt.

- **Schreiben schafft Zugang zum „Drinnen" und zum „Draußen"**

Der Schreibprozess hilft, Geschehnisse und Umstände nach außen zu bringen und schafft so eine Distanz zum eigenen Erleben. Diese Distanz ermöglicht eine Problemfindungslösung, da ein neuer erweiterter Blickwinkel entsteht. Der Schreibprozess kann aber auch helfen, Geschehnisse und Umstände nicht nur aus dem „Drinnen" der Gefühle, sondern auch aus dem „Draußen" der Distanz, Sachlichkeit und Komplexität zu betrachten.

- **Und jetzt ganz konkret!**

Wenn Sie sich emotional belastet fühlen, in einer Krise sind, immer wieder über ein Thema sinnieren oder davon träumen oder es Sie nicht schlafen lässt, nehmen Sie sich Zeit für die folgende Übung. Sie brauchen an vier aufeinanderfolgenden Tagen jeweils zwanzig Minuten Zeit um zu schreiben. Dabei ist es egal, ob Sie mit Stift und Papier schreiben oder auf dem Tablet oder PC. Richten Sie es so ein, dass Sie in dieser Zeit ungestört sind. Wenn Sie zu Hause keinen Ort haben, gehen Sie in eine Bibliothek, in ein Café oder in den Park. Wichtig ist, dass niemand mitliest: Das Geschriebene ist nur für Sie! Achten Sie darauf, dass Sie sich nach den zwanzig Minuten noch etwas Zeit für sich nehmen.

4.7.1 Schreibanweisung für den ersten Tag

Heute ist der erste Tag von vier Schreibtagen! Das heutige Ziel ist, Ihre tiefsten Gedanken und Gefühle zu dem belastenden Ereignis aufzuschreiben. Versuchen Sie beim Schreiben loszulassen und das Ereignis in all seinen Facetten auf Ihr Leben auszuloten. Schreiben Sie über das Ereignis. Schreiben Sie über das Ereignis selbst, wie Sie sich fühlten, als es eintrat und wie Sie sich jetzt fühlen, wenn Sie daran denken.

Wenn Sie mögen können Sie es auch mit anderen Bereichen Ihres Lebens verknüpfen. In welchem Zusammenhang steht es mit Ihrer Kindheit, mit der Beziehungen zu Ihren Eltern und anderen nahen Menschen? Wie ist es mit den Menschen verbunden, die Sie in Ihrem Leben am meisten geliebt oder gefürchtet haben oder auf die Sie am meisten wütend sind? In welchem Bezug steht es zu Ihrem derzeitigen Leben, was Freundinnen und Freunde, Familie, Partnerschaft betrifft? Wie ist das Ereignis damit verknüpft, wer Sie in der Vergangenheit waren und wer Sie zukünftig gern sein wollen?

Beim heutigen Schreiben ist es wichtig, dass Sie sich wirklich öffnen und Ihren tiefsten Gefühlen und Gedanken nachgehen. *Schreiben Sie kontinuierlich die zwanzig Minuten.*

4.7.2 Schreibanweisung für zweiten Tag

Heute, am zweiten Tag, besteht Ihre Aufgabe darin, Ihre tiefsten Gefühle und Gedanken genauer zu betrachten. Sie können über das gleiche Ereignis schreiben wie am ersten Tag, Sie können aber auch ein anderes Ereignis nehmen. Die Schreibanweisung für heute ist ähnlich wie die vom ersten Tag. Versuchen Sie heute, das Belastende zu allen möglichen Bereichen Ihres Lebens in Beziehung zu setzen.

Es ist wichtig zu erkennen, dass emotional belastende Ereignisse alle Aspekte des Lebens beeinflussen können. Dazu gehört das Verhältnis zu Angehörigen, Freundinnen und Freunden. Aber auch die Frage, wie man sich selbst sieht und von anderen gesehen wird und wie man mit der Arbeit zurechtkommt. Erkunden Sie, wie dieses Ereignis Ihr Leben im Allgemeinen beeinflusst und inwieweit Sie selber dazu beitragen.

Beim heutigen Schreiben ist es wichtig, dass Sie sich wirklich öffnen und Ihren tiefsten Gefühlen und Gedanken nachgehen. *Schreiben Sie kontinuierlich die zwanzig Minuten.*

Gedanken nach dem Schreiben: Unterscheidet sich Ihr heutiger Text von dem des ersten Tages? Haben sich Themen verschoben? Hat sich Ihre Art zu schreiben verändert? Wie wirkt sich das Schreiben auf Ihre Stimmung aus?

4.7.3 Schreibanweisung für dritten Tag

Heute, am dritten Schreibtag, fahren Sie damit fort, das Thema oder die Themen der beiden vorangegangenen Tage konzentrierter zu erkunden. Oberflächlich betrachtet ist die Aufgabe heute ähnlich wie die der beiden ersten Tage. Wichtig ist, dass Sie nicht wiederholen, was Sie geschrieben haben. Beleuchten Sie Ihr Thema von unterschiedlichen Perspektiven und Blickwinkeln. Was denken und fühlen Sie während des Schreibens? Wie beeinflusst es Ihr Leben gerade? Erlaube Sie sich heute, die tieferen Ursachen zu erkunden, die Sie verletzlich machen.

Schreiben Sie kontinuierlich die zwanzig Minuten.

■ Gedanken nach dem Schreiben

Vergleichen Sie, was Sie an den drei Tagen geschrieben haben. Was ist von dem, was an die Oberfläche gekommen ist, besonders wichtig für Sie? Haben Ihre Gefühle Sie beim Schreiben überrascht? Hat das Schreiben neue Gedanken ausgelöst? Studien haben gezeigt, dass dieser dritte Tag besonders bedeutsam ist. Viele kommen hier bei kritischen Inhalten an, die sie zuvor vermieden haben. Während man die ersten Tage die Zehen in das heiße Bad streckt, springt man heute ganz hinein. Andere wiederum öffnen sich am ersten Tag am meisten. Diese Gruppe neigt dazu, am dritten Tag an Fahrt zu verlieren. Beides ist ein Zeichen wachsender Gesundheit.

Morgen ist Ihr letzter Schreibtag. Denken Sie heute schon darüber nach, wie Sie die verschiedenen Stränge Ihrer Geschichte miteinander verbinden. Und jetzt dürfen Sie sich verwöhnen!

4.7.4 Schreibanweisung für den vierten Tag

Heute ist Ihr letzter Schreibtag. Erkunden Sie genau wie an den vergangenen Tagen Ihre tiefsten Gefühle und Gedanken zu Ihrem aufwühlenden Erlebnis und Problemen. Treten Sie innerlich einen Schritt zurück und denken Sie an die Ereignisse, Probleme, Gedanken und Gefühle, die Sie in Ihren Texten offenbart haben. Schließen Sie heute Lücken und sprechen Sie Dinge an, die Sie bisher noch nicht erwähnt haben. Was denken und fühlen Sie heute? Was haben Sie durch emotional aufgewühlte Ereignisse in Ihrem Leben verloren, gewonnen, dazugelernt? Wie werden sich diese vergangenen Ereignisse auf Ihre Gedanken und Handlungen in der Zukunft auswirken?

Lassen Sie los, und seien Sie ehrlich mit sich. Tun Sie Ihr Bestes, Ihre Erfahrungen zu einer Geschichte zu verbinden, die Sie mit in die Zukunft nehmen!

Schreiben Sie kontinuierlich die zwanzig Minuten.

- **Gedanken nach dem Schreiben**

Der heutige Tag beendet Ihr viertägiges Schreibprojekt. Viele Schreibende empfinden den letzten Tag als am wenigsten angenehm. Wenn das auch bei Ihnen so ist, könnte es ein Zeichen sein, dass Sie es leid sind, sich mit dem emotional belastenden Ereignis zu beschäftigen und Sie lieber mit anderen Aspekten Ihres Lebens fortfahren wollen. Auch wenn Sie den Drang verspüren sollten, sich nun Ihre Texte durchzulesen, lassen Sie ein wenig Zeit (mindestens drei bis vier Tage) verstreichen!

Auswertung!
(Schreibübungen adaptiert nach Pennebaker 2010)

4.8 Geht gar nicht – Wenn Ratsuchende völlig andere Werte haben

Das Gespräch beginnt mit Schweigen. Der Anrufer tastet sich vorsichtig, vielleicht etwas misstrauisch an die Begegnung heran. Seine Hilflosigkeit wird spürbar, sein Ringen um Worte für etwas, für das es eigentlich keine Worte gibt. Dem Anrufer fällt es nicht leicht, über seinen Drang zu sprechen, sich Kindern sexuell zu nähern. – Kaum jemand ist gesellschaftlich so geächtet wie Menschen mit pädophilen Neigungen. Schon zu Beginn des Gesprächs fällt der Satz: „*Ich verstehe, wenn Sie nicht mit mir sprechen wollen …*".

Für uns ist die Unsicherheit groß. Muss man wie sonst „beim Anrufer bleiben"? Oder muss man nicht vielmehr zum Anwalt der hilflosen Opfer werden? Hinzu kommen Gefühle wie Ärger, Abscheu und blankes Unverständnis: „Wie kann er nur?".

Ein anders Beispiel:

Svenja	Ich werde in der Schule gemobbt
Beraterin	Oh
Svenja	Seit vier Wochen bin ich mit einem Jungen zusammen, den meine Klassenkameradinnen und -kameraden nicht leiden können. Seitdem mobben sie mich, wo sie nur können
Beraterin	Bevor du mit diesem Jungen zusammen warst, haben sie dich nicht gemobbt?

Svenja	Nein, sie meinen, er sei ein Nazi
Beraterin	Wie kommen sie darauf?
Svenja	Sie haben gesehen, dass er ein paar rechte Seiten bei Facebook gelikt hat und ab und zu ausländerfeindliche Artikel teilt
Svenja	Aber da ist doch nichts dabei. Ich kann so gut mit ihm reden, wir haben schon bevor wir uns das erste Mal getroffen haben, ganz offen über alles gechattet
Beraterin	Und gefallen dir die Seiten, die er likt?
Svenja	Ach, mir ist das nicht so wichtig. Ich war letztes Wochenende mit ihm auf einem total schönen Treffen, wo neue Mitglieder aufgenommen werden. Und ich habe mir überlegt, auch Mitglied zu werden
Beraterin	Was hat dir da gefallen?
Svenja	Dass alle zusammenhalten und es war eine voll schöne Stimmung mit Musik und Fackeln
Beraterin	Waren auch andere Mädchen dabei?
Svenja	Von der Feier gibt es ein Youtube-Video, das habe ich geteilt und seitdem ist es noch schlimmer mit dem Mobbing geworden
Beraterin	Was genau?
Svenja	Ein Mitschüler hat mich Nazischlampe genannt und eine andere Klassenkameradin hat sich woanders hingesetzt, sie sagt, ich stinke
Beraterin	...

Auch hier gibt es eine Verunsicherung. Wie kann ich das junge Mädchen begleiten, wo sich ihre Ansichten überhaupt nicht mit meinem Demokratieverständnis übereinbringen lassen. Ich bin seit Jahren in der Antifabewegung tätig, und ihre „Naivität" macht mich wütend.

Im Dialog, am Telefon oder im Chat treffen zwei Menschen mit unterschiedlichen Werten, Überzeugungen und Präferenzen aufeinander. Themen wie Politik, Sexualität, Ethik oder Religion bieten besonderen Zündstoff. Häufig hilft die Rolle, eine Distanz zur Anruferin oder zum Chatter herzustellen und „profimäßig" zu begleiten. Wenn es aber an die eigenen Werte geht und diese von den Ratsuchenden missachtet werden, ob bewusst oder unbewusst, wird es schwierig, empathisch zu bleiben. Eigentlich ist es unmöglich, und wir wollen lieber das Handtuch schmeißen!

Doch dürfen wir das?

Ja, wir dürfen und das ohne schlechtes Gewissen! Wir sind keine Roboter!

Wir arbeiten mit unserer Resonanz auf das Gegenüber. Und auf diese zu achten ist kompetent. Es hilft weder der Anruferin noch dem Chatter, wenn wir gezwungenermaßen im Dialog bleiben. So wird es keinen Kontakt und keine unterstützende Beziehung geben.

Wie in ► Abschn. 1.4 ist es erforderlich, authentisch und stimmig zu sein. Und dies sind wir, wenn wir freundlich und klar das Gespräch oder den Chat beenden. Begleitung und Beratung ist niemals werteneutral, sondern wertebewusst!

■ Was sind eigentlich Werte?

Werte (Wertvorstellungen) sind allgemein erstrebenswerte, moralisch oder ethisch als gut befundene spezifische Wesensmerkmale einer Person innerhalb einer

Wertegemeinschaft. Aus den präferierten Werten und Normen resultieren Denkmuster, Glaubenssätze, Handlungsmuster und Charaktereigenschaften. Wichtige kollektive Werte sind in Geboten, Verfassungen, Satzungen oder Katechismen von Nationen oder Glaubensgemeinschaften zusammengefasst und werden so zu Normen. Normen wirken als Stabilisatoren des sozialen Handelns.

Werte sind grundlegend und haben Einfluss auf unsere Einstellungen (Schlöder 1993). Ein Wert zeigt sich bereits in unserem Verhalten. Wir reden nicht nur darüber, wir leben ihn! Werte sind beständig in unseren Verhaltensmustern zu erkennen (Kirschenbaum 2014). Wertvorstellungen spiegeln unsere Kultur wider (Hofstede 1992). Wenn Sparsamkeit für Sie ein Wert ist, zeigt sich das in Ihrem Verhalten und Sie leben die Sparsamkeit.

Seit 2009 gibt es einen Werte-Index (► http://werteindex.de). Auf der Datenbasis von rund vier Millionen veröffentlichten Meinungen aus sozialen Netzwerken, Blogs, Foren und Communities wird dieser Werte-Index erhoben. Er zeigt, wie häufig und in welchem Kontext deutsche Internet-User grundlegende Werte der Gesellschaft besprechen, wie z. B. Ehrlichkeit, Gerechtigkeit, Sicherheit, Einfachheit, Erfolg, Selbstverwirklichung, Gesundheit, Transparenz, Nachhaltigkeit.

Werte entstehen sowohl aus Idealen als auch aus Mangelerscheinungen. Wenn etwas fehlt, das eine Lebensqualität verhindert, wird es wertvoll; z. B. Gesundheit, die in Zeiten von Krankheit einen besonders hohen Stellenwert hat.

■ Abweichende Wertvorstellungen

Zurück zur Begleitung und Beratung von Menschen, die ganz andere Werte haben als wir.

Wir lernen, Menschen in ihrer Unterschiedlichkeit anzuerkennen. Das betrifft abweichende, fremde und andersartige Meinungen, Ideen, Normen, religiöse Überzeugungen und Gewohnheiten. Wir können diese tolerieren, solange wir sie mit unseren Werten vereinbaren können. Es gibt aber Situationen, in denen Anrufende und Chattende unsere Werte verletzten oder missachten, ob bewusst oder unbewusst. Sie überschreiten damit unsere Grenze, die uns schützt (► Abschn. 4.3).

Häufig passieren die Grenzüberschreitungen bei den oben genannten Themen mit religiösen, politischen oder sexuellen Inhalten. Es ist falsch, in solchen Fällen zu tun, als ob wir diese Diskrepanzen und Überschreitungen nicht merken würden. Es bringt auch nichts, uns zu verteidigen oder zu einem Gegenangriff aufzurüsten (Noyon und Heidenreich 2013). Kompetent ist es, die eigenen Grenzen wahrzunehmen und danach zu handeln. In manchen Fällen heißt das, der Anruferin oder dem Chatter freundlich klar zu machen, dass sie/er bei uns nicht richtig ist.

Unter welchen Bedingungen wir arbeiten können und unter welchen Bedingungen auch nicht, entscheiden wir auf dem Hintergrund unseres Wissens und unserer Wertmaßstäbe. Wenn wir das Gespräch oder den Chat ablehnen, ist es kompetent, eine Alternative anzubieten. Im Falle des pädophilen Anrufers gibt es ein Angebot der Charité: „Kein Täter werden", an welches Sie verweisen können. Das Präventionsprojekt, das vom Institut für Sexualwissenschaft und Sexualmedizin angeboten wird, stellt Therapieplätze für Menschen zur Verfügung, die auf Kinder gerichtete sexuelle Fantasien haben, aber keine Übergriffe begehen wollen und therapeutische Hilfe suchen ► https://sexualmedizin.charite.de/forschung/kein_taeter_werden/.

Das Mädchen, das sich in einen Nazi verliebt hat, könnten Sie an die Online-Beratungsstelle gegen Rechtextremismus verweisen. Sie sieht sich als Begleitung für Menschen, die sich durch antidemokratische Aktivitäten in ihrem Umfeld verunsichert und eingeschränkt fühlen ► https://www.online-beratung-gegen-rechtsextremismus.de/unser-ansatz/.

▪ Missbräuchliche Anrufe und Chats

Neben den Ratsuchenden, die völlig andere Werte haben, gibt es auch Anrufer und Chatterinnen, die ganz bewusst unsere Rolle demontieren wollen. In der Regel üben sie in unterschiedlichen Formen Gewalt aus:

- Akustische Gewalt – lautes Schreien, Brüllen, Pfeifen, Trillern, welches zu physischen Schmerzen oder Verletzungen führen kann.
- Verbale Gewalt – Beleidigen, Beschimpfen, Demütigen, Abwerten, Fäkalsprache.
- Emotionale Gewalt – „Wenn du hier fertig bist, warte ich auf dich, ich weiß wo ihr seid…" oder: „Ich bin pädophil und habe gerade einen Jungen bei mir und ich merke, wie mir so langsam die Zügel durchgehen…".
- Sexuelle Gewalt – Anrufende, die den Dialog zur Stimulation nutzten.
- Strukturelle Gewalt – eine Clique von mehreren Schülern ruft mit unterschiedlichen Themen an mit der Idee, wer die „Telefon-Tante" am besten „verarscht" (Rösler 2012).

Jeder dieser Formen der Gewaltausübung sollten Sie ein klares Nein und die Beendigung des Dialoges entgegensetzten.

Neben den gewalttätigen Anrufern und Chatterinnen gibt es wie in ► Abschn. 3.1 beschrieben die Kommunikationsschurkinnen, die die Kommunikation vergiften. Sie hinterlassen ein dumpfes Gefühl von Müdigkeit, Selbstzweifeln oder unterschwelliger Wut. Wann immer Sie merken, dass Sie anfangen sich zu rechtfertigen, zu rationalisieren, zu bagatellisieren, zu generalisieren, auszurasten, zu drohen oder sich taub zu stellen, halten Sie einen Moment inne und reflektieren, ob Ihr Verhalten nicht durch eine „giftige Person" ausgelöst wurde. Wenn alle Gegengifte, Techniken und Strategien, die Sie in unserem Buch lesen konnten, nicht zu einer Besserung beitragen, sollten Sie auch hier den Dialog beenden.

▪ Eigene Werte in Relation setzen

Wenn wir Dialoge ablehnen oder nicht bereit sind sie fortzuführen, bleibt häufig ein schales Gefühl zurück. Wir verstehen nicht, wie man solch eine Denkweise oder ein solches Verhalten an den Tag legen kann. Demgegenüber stehen meine eigenen Wertvorstellungen, die einen Dialog unmöglich machen. Wenn Sie bei sich Wertvorstellungen entdecken, die Sie oft mit anderen in einen Konfrontationskurs bringen, könnte es hilfreich sein, die eigenen Werte einem „Relativitäts-Check" zu unterziehen. Das bedeutet, den eigenen hohen Wert nicht absolut zu setzen, sondern in Relation zu anderen, meist dichotomen (gegenteiligen) Werten zu setzten. Das gelingt am besten mit dem Wertequadrat, wie es Paul Helwig (1967) entwickelt hat.

Angenommen, Sie wären im Dialog mit dem oben beschriebenen Mädchen gewesen, dass wegen ihrer Freundschaft zu einem rechtsextremen Menschen gemobbt wird und Sie hätten die Schwierigkeit, Ihre eignen Wut zu regulieren, weil sie das Verhalten des Mädchens so unglaublich naiv und leichtgläubig fänden. Welchen Wert entdecken Sie bei sich als Gegenwert zu Naivität? Vielleicht Kritikfähigkeit? Oder Reflektiertheit? Und welche Ansage würden Sie diesem Mädchen am liebsten machen? Vielleicht „Augen auf bei der Männerwahl“? In jedem Fall ist Ihre Werteorientierung völlig gegenteilig zu der des Mädchens. Wir übersehen bei Wertekonflikten oft, dass wir unseren eigenen Wert als Tugendwert formulieren und den Wert des Gegenübers als entwertende Übertreibung. Wenn wir uns beispielsweise selber als sparsam einschätzen und so Sparsamkeit ein wichtiger Wert ist, sehen wir in unserem „feindlichen Gegenüber“ den Verschwender. Wenn wir uns selber als kontaktfreudig wahrnehmen und ein zurückhaltendes Gegenüber vor uns haben, bezeichnen wir dieses als verschlossen. Und wenn wir uns wie oben für reflektiert halten, erleben wir im Gegenüber die pure Naivität.

Bei Wertekonflikten gelingt es uns nicht, die gegenüberliegende Werte-Tugend also den Ressource-Wert wahrzunehmen. Im Falle meiner eigenen Sparsamkeit wäre das beim anderen die Großzügigkeit, im Falle der Kontaktfreudigkeit wäre mein Gegenüber distanzwahrend und statt Naivität könnten wir als Ressource-Wert die Unvoreingenommenheit formulieren. Gleichzeitig müssen wir beachten, dass wir in einer Wertepolarisierung selbst auch in eine Überzeichnung oder Übertreibung geraten können: Aus Sparsamkeit wird dann Geiz, aus Kontaktfreudigkeit Distanzlosigkeit und aus kritischer Reflektiertheit wird der Vorbehalt.

Das Wertequadrat besteht aus vier Seiten: Dem Wert und dem positiven Gegenwert, sowie der abwertenden Übertreibung des Gegenwertes und der eigenen Werteübertreibung. Wenn es gelingt, innere Abwertungen und Übertreibungen in positive Wertekategorien einzuordnen, fällt es leichter, im Dialog zu sein. Umgekehrt, wenn es im Dialog nicht gelingt, die positiven Gegensatzwerte anzuerkennen und im Gegenüber die zugeschriebenen abwertenden Übertreibungen, ist ein gelingender Dialog unmöglich. Die Grenze der Dialogfähigkeit kann auf beiden Seiten liegen: Wenn der Sexanrufer oder ein pädophiler Chatter seine Kontaktfreudigkeit allein als Distanzlosigkeit lebt und kommuniziert, ist ein Dialog nicht möglich. Und umgekehrt, wenn eine Begleiterin ihre begleitende Unterstützung als abwertende Übertreibung im Sinne übergriffiger Belehrung kommuniziert, wird mit äußerster Sicherheit der Dialog durch den Ratsuchenden abgebrochen (◘ Abb. 4.3).

4.9 Den grauen Star entfernen – Der Nutzen von Supervision

Als grauer Star werden Linsentrübungen bezeichnet, die das Sehen beeinträchtigen. Strahlungen, Krankheiten, Reaktionen auf Medikamente oder Traumata können Ursachen sein. Ohne Behandlung schränkt grauer Star das Sehvermögen erheblich ein, bis hin zum Blindwerden. Operation und Nachbehandlung machen es möglich, dass fast 90 % der Menschen einen Teil oder ihre komplette ursprünglichen Sehleistung wiedererlangen.

Auch in Beratungssituationen kann unser Blick getrübt sein. Wenn diese Trübung nicht behandelt wird, sind wir eingeschränkt – und damit auch in unserer Dialogkompetenz. Was für den grauen Star die Operation ist, ist für den Dialog die Supervision! Die deutsche Gesellschaft für Supervision und Coaching (► www.dgsv.de) hat ein Verzeichnis von Evaluationen und wissenschaftlichen Arbeiten zusammengestellt, welches den Nutzen von Supervision dokumentiert. Die Studie bezieht sich auf 46 Forschungsprojekte mit mehr als 4700 befragten Supervisandinnen und Supervisanden. Deutlich

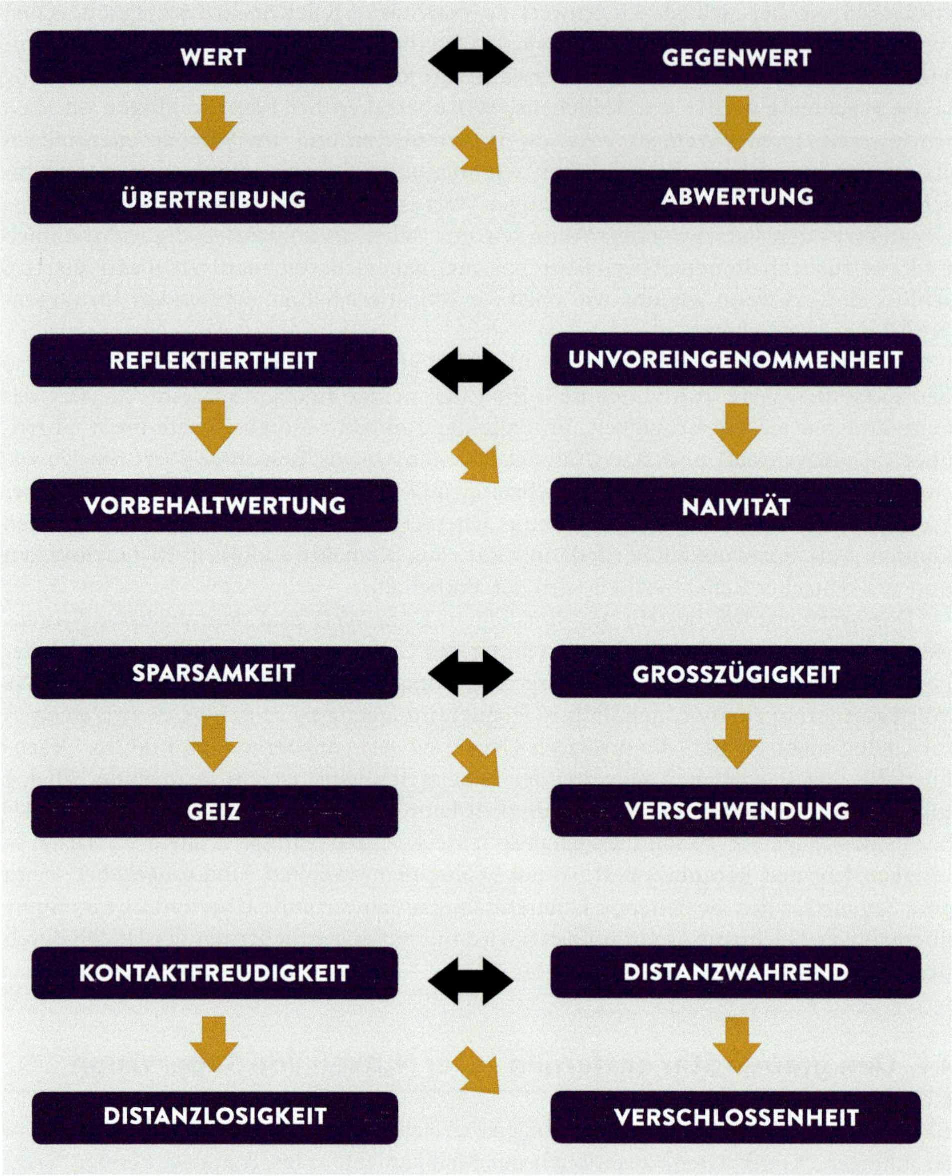

Abb. 4.3 Das Wertequadrat

wird, dass Supervision sich „rechnet". Durch Supervision verbessern sich Arbeitsleistung, Arbeitsorganisation und Arbeitszufriedenheit ► https://d-nb.info/1006968954/34.

▪ Was ist Supervision?

In den Bewerbungsgesprächen zur ehrenamtlichen Mitarbeit in der TelefonSeelsorge erklären wir den Ablauf der Ausbildung und die spätere begleitende Supervision. Ein junger Bewerber fragte uns vor einiger Zeit, was er sich denn konkret unter

Supervision vorzustellen habe. Sei das so, dass dann alle einen guten Joint rauchen und „super Visionen" haben? Angeregt durch sein Bild, erklärten wir ihm, dass Supervision neue Sichtweisen im Hinblick auf eigenes Gesprächsverhalten eröffnen kann, vielleicht wie ein Joint, nur anders;-).

Supervision ist ein Beratungsformat, welches sich für den seelischen Gesundheitsschutz und die eigene Psychohygiene als hilfreich erwiesen hat. In der Supervision ist die Bezogenheit und Reflexion der Berufsrolle Bestandteil der Beratung! Unabhängig davon, ob die Rolle ehrenamtlich oder bezahlt ausgeübt wird und auch in welchem Bereich. Das kann im psychosozialen Feld sein oder im medizinischen und therapeutischen Bereich, in Callcentern oder im Medienbereich. Ein kompetenter Dialog schließt immer die Auseinandersetzung mit der eigenen Person und die Weiterentwicklung der Beratungsfähigkeiten ein. In der Supervision wird das eigene Beratungsverhalten hinterfragt und die Kommunikation analysiert. Supervision vermittelt Wissen und bietet Möglichkeiten zum Perspektivwechsel. Damit eröffnen sich neue Möglichkeiten.

Beispiel: *Am Hörer ist eine ältere Dame, die sich über ihre Hausmitbewohner ärgert und beschwert. Sie schimpft und schimpft ohne Punkt und Komma. Man könnte meinen sie holt nicht einmal Luft. Ich komme nicht zu Wort. Nach einigen erfolglosen Versuchen meinerseits, ihren Redefluss zu stoppen, bemerkt sie vorwurfsvoll: ‚Sie sagen ja gar nichts, hören Sie mir überhaupt zu?' Anstatt meine Antwort abzuwarten, schimpft sie weiter, jetzt auf die Ausländer. Als Adolf noch was zu sagen hatte, als die Frauen noch geschützt auf die Straße gehen konnten, das waren noch Zeiten. Dann: ‚…nie hört mir jemand zu und jetzt auch noch der Reinfall bei der TelefonSeelsorge! Ihr seid doch schließlich dafür da…' Ich komme nicht dazwischen. Ich erhalte auch keine Gelegenheit mehr, ihr mitzuteilen, was ich von ihrem Ärger und ihrem Gefühl des Alleingelassenwerdens verstanden habe. Mit dem Hinweis, sich an höherer Stelle zu beschweren, legt sie erbost auf. Ich fühle mich total überrumpelt* (eine Beraterin der TelefonSeelsorge).

Kontaktabbrüche bei Telefonaten und im Chat sind keine Seltenheit. Oft ist es nicht einfach, sie zu verkraften. Manchmal werden sie als Kritik an der Person und ihrer Kompetenz empfunden. In Supervisionen erleben wir, dass die abrupten Kontaktabbrüche Beraterinnen und Begleiter in einen „schlechten" Gefühlszustand bringen. Manche schämen sich, andere haben Schuldgefühle und wieder andere sind wütend. Noyon & Heidenreich regen an, sich nach einem Kontaktabbruch nicht in Selbstvorwürfen zu verlieren und das eigene berufliche Selbstwertgefühl zu untergraben. Sie empfehlen, die Abbrüche zu reflektieren. Es könnte auch ganz anders sein als gedacht (Noyon und Heidenreich 2013).

▪ Evaluierung von Supervision

Stellvertretend für die oben genannten Evaluationen und wissenschaftlichen Arbeiten zeigen wir zwei Arbeitsfelder auf, in denen der Nutzen von Supervision dokumentiert wurde: die Arge (die Arbeitsgemeinschaft aus Arbeitsamt und Sozialamt) und die Aidshilfe, die beide auch telefonische Beratung anbieten.

In einem Untersuchungszeitraum von zwei Jahren sind Mitarbeiterinnen und Mitarbeiter der Argen befragt worden. Vier Supervisionsgruppen mit jeweils 7–8 Teilnehmenden, sind per Fragebogen evaluiert worden. Die Ergebnisse waren folgende: „Durch die Förderung neuer Sichtweisen verbesserte sich die Qualität der Fallbearbeitung und alternative Handlungsmöglichkeiten konnten entwickelt werden.

Die Kooperationskompetenz wurde ausgebaut und der fachliche Austausch hat sich intensiviert. Auch die Prozessberatungskompetenz sowie die Reflexionskompetenz wurden gefördert. Die Supervisand*innen erfuhren eine Stärkung ihrer Handlungssicherheit sowie eine psychische Entlastung" (Wettlaufer 2007).

Eine weitere Untersuchung fand über zwei Jahre mit Aids-Fachkräften wie Ärztinnen, Krankenpflegekräften, Pädagogen, Psychologinnen, Sozialarbeitern statt. 377 Fragebögen wurden ausgewertet. „Die befragten Fachkräfte erlebten in der Supervision emotionale Unterstützung und Entlastung in Bezug auf Verantwortungsübernahme, Grenzziehung und Schuldgefühle. Die kritische Selbstbetrachtung in der Supervision ermöglichte Klarheit über Verstrickungen, eigene Gefühle, Verhaltens- und Erlebnismuster. Die befragten Supervisand*innen hoben die Strukturierung der klientenbezogenen Fallarbeit und die Hilfen zur Gesprächsführung hervor. Supervision erhöhte die Kompetenz für die klientenbezogene Arbeit und war in diesem Projektzusammenhang vor allem personenbezogen wirksam. Supervision führte auch zur Verbesserung der Kommunikation und erwies sich als ein stabilisierender Faktor für Arbeitsgruppen und Teams" (Filsinger und Schäfer 1993).

Zusammengefasst: Mit Hilfe von Supervision wurden die Qualität der Arbeit verbessert, Handlungsmöglichkeiten erweitert, Kommunikationsfähigkeiten und Kooperationskompetenz ausgebaut. Die Beraterinnen und Berater erfuhren eine Stärkung in ihrer Handlungssicherheit und eine psychische Entlastung. Doch wie geht Supervision eigentlich?

■ Wie läuft eine Supervision ab?

Exemplarisch stellen wir Ihnen auch hier zwei Beispiele vor. In dem ersten erzählt eine Beraterin, wie sie Supervision erlebt. In dem zweiten Beispiel geht es um einen Perspektivwechsel, den die Supervisorin eingebracht hat.

Die Beraterin: Am Morgen denke ich: Gut, dass ich heute zur Supervision kann. Dieses Gespräch von letzter Woche liegt mir immer noch im Magen. Eigentlich bin ich sicher, dass ich richtig reagiert habe. Warum fällt es mir dann immer wieder ein? Nachmittags in unserer Supervisionsgruppe denke ich: Wie vertraut wir schon alle sind! Seit einem Jahr treffen wir uns zur Supervision. In der Eingangsrunde, im Blitzlicht sage ich: „Eigentlich geht's mir gut. Ich hatte da nur ein kleines Problem im letzten Dienst. Ist aber nicht wichtig – wirklich."

Das Blitzlicht ist vorbei und eine Kollegin sagt: „Nun erzähl!" Wie – was – ich? ‚Ich hab' doch gesagt, dass es wirklich überhaupt nicht wichtig war. Na gut, dann erzähle ich eben:

„Also – ich hatte im letzten Dienst dieses Gespräch. Ein Mann am Telefon. Sein erster Satz: ‚Da haben wir aber Glück, dass Sie eine Frau sind, beim Mann hätte ich gleich aufgelegt.'

Nach dieser Einleitung legt er los; er sei es leid, sein Leben. Immer war alles tragisch und schwarz! ‚Ja – auch die Kleidung. Ich trage Schwarz – immer Schwarz – ganz schwarz, nicht wie diese Verlierer, die zur schwarzen Hose eine blaue Jacke tragen. Wenn, dann richtig.' Er hat keine Lust mehr zu leben. Macht sich Gedanken über seinen Suizid, überlegt verschiedene Methoden. Erzählt, welche er schon ausprobiert hat –‚leider erfolglos', sagt er, und schließt triumphierend – scheint mir – ‚und gehangen hab ich auch schon'. Meine Entgegnung: ‚Für Sie hat der Suizid scheinbar eine sportliche Dimension.'

Klack – er hat aufgelegt, das Gespräch abgebrochen. Wo ist nun der Haken?“

In einer ersten Runde überlegen die Kolleginnen und Kollegen, wie sie das Gespräch gehört haben. Ich erfahre Unterstützung, Verständnis. Das tut gut. In der zweiten Runde fragt die Supervisorin: „Was fällt Euch noch ein?“ Andere Ideen tauchen auf. Jede und jeder überlegt, wie sie oder er reagiert hätte. Welche anderen Möglichkeiten es noch gibt. In der dritten Runde fragt sie mich: „Was hast du im ersten Satz gehört? Was hat das mit der eigenen Geschichte zu tun?“

Nach der Supervision denke ich: Gut, dass meine Ausflüchte nicht geholfen haben. Jetzt bin ich klüger. Ich konnte erfahren, dass das Gespräch schon nach dem ersten Satz beendet war. Hab’ deutlich gespürt, dass ich dem Anrufer zeigen wollte, dass er mich nicht benutzen kann, obwohl – oder gerade weil – ich eine Frau bin. Viel Stoff zum Nachdenken, und keiner hat mir in Lehrermanier mein Verhalten erklärt. Ich konnte die Situation und mich darin deutlicher sehen. Ich hatte die Chance, es selbst zu erfahren – hatte die Zeit nachzuspüren, nach welcher Choreographie wir uns bewegt haben. Kann ein bisschen darüber lächeln, wie „tapfer ich in dem Gespräch meinen Mann gestanden hab“ – obwohl der Anrufer doch gar nicht mit einem Mann sprechen wollte. Wenn ich noch mal mit ihm telefoniere, möchte ich wissen, ob er stolz darauf ist, dass alles schwarz ist, oder traurig darüber. Wenn er nicht mehr anruft, ist es auch in Ordnung. Dieses Gespräch verfolgt mich nicht mehr (Vitte 2004).

Nun das zweite angekündigte Beispiel aus einer Supervision in der Erziehungsberatung. Der Berater stellt folgenden Fall vor: Eine Mutter klagt, dass ihre sechzehnjährige Tochter nicht mehr in die Schule geht. Sie wird dort gemobbt. Passiert war Folgendes: Die Tochter hatte sich in einen Mitschüler verliebt und ihm dies über eine persönliche Nachricht bei Facebook mitgeteilt. Der Junge hat die Mitteilung öffentlich gepostet. Alle anderen Schülerinnen und Schüler haben die persönliche Nachricht, die nun öffentlich auf seiner Seite stand, gelesen und das Mädchen gefragt, wie blöd sie eigentlich sei, so etwas zu schreiben. Sein Posting hat einen kleinen Shitstorm für das Mädchen ausgelöst. Daraufhin hat sie den Schulbesuch eingestellt. Es folgten die üblichen Schritte: Gespräche mit der Rektorin, mit den Eltern der Mitschülerinnen und Mitschüler… Das Mädchen ging weiter nicht zur Schule. Der Berater hatte keine anderen Ideen, als die, welche die Mutter schon unternommen hatte. Auch seine

Abb. 4.4 Facebookposting

Kolleginnen und Kollegen, von denen fast alle nicht bei Facebook sind, hatten keine Idee, wie man vorgehen könnte, so dass das Mädchen wieder zur Schule geht. Der Berater war hilflos und brachte den Fall in die Supervision. Die Supervisorin nahm Facebook als Kommunikationsplattform mit in den Blick und eröffnete eine weitere Perspektive, da die „altbewährten" Ideen zu nichts geführt hatten. Was wäre, wenn Mutter und Tochter ein Posting für Facebook entwickeln. Das Posting müsste um wahrgenommen zu werden viele Likes erzeugen. Die erhält man in der Regel, wenn es emotional, witzig oder prägnant ist und noch ein passendes Bild hat. So könnte das Mädchen aktiv werden und käme aus der Opferrolle (◘ Abb. 4.4).

Literatur

Bukowski P (2001) Humor in der Seelsorge – Eine Animation. Vandenhoeck & Ruprecht, Göttingen
Dilts R (1996) Visionary leadership skills. Creating a world to which people want to belong. Dilts Strategy Group, California
Dyckhoff K, Grochowiak K (1996) Der Neugier-Erfolgs-Loop. Junfermann, Paderborn
Fengler J (2008) Helfen macht müde, Leben lernen. Klett Cotta, Stuttgart
Filsinger D, Schäfer J (1993) Supervision in der AIDS-Arbeit. Ergebnisse einer wissenschaftlichen Begleituntersuchung. Psychologisches Institut der FU Berlin. Gefördert vom Bundesministerium für Gesundheit
Frisch M (1975) Montauk. Eine Erzählung. Suhrkamp, Frankfurt a. M.
Helwig P (1967) Charakterologie. Herder, Freiburg
Hofstede G (1992) Die Bedeutung von Kultur und ihren Dimensionen im Internationalen Management. In: Kumar B. Haussmann H (Hrsg) Handbuch der internationalen Unternehmenstätigkeit. Erfolgs- und Risikofaktoren. Märkte, Export, Kooperations- und Niederlassungsmanagement. Beck, München, S 303–325
Kirch D (2011) Handbuch Stressbewältigung: Lernen Sie in fünf Schritten, den Tiger zu zähmen. Mankau, Murnau
Kirschenbaum H (2014) Werte klären in Psychotherapie und Beratung: Strategien für das Einzel- und Gruppensetting. Beltz, Basel
Konnerth T (2013) Kleine Oasen der Ruhe genießen: Atempausen für den Alltag. Herder Spektrum, Freiburg
Knatz B (2013) Handbuch Internetseelsorge. Randome House, Gütersloh
Miller S, Nunnally E, Wackman B, Saline C (1988) Gespräche selbstsicher und ebenbürtig führen. mvg, Landsberg
Noyon A, Heidenreich T (2013) Schwierige Situationen in Therapie und Beratung: 30 Probleme und Lösungsvorschläge. Beltz, Basel
Pennebaker J (2010) Heilung durch Schreiben – Ein Arbeitsbuch zur Selbsthilfe. Hofgrefe, Bern
Pietsch, G, Schumacher, S (2009) Personalentwicklung und Resilienz: Das Resilienztraining „P4C Prevention for Crisis". In: Laske S,Orthey A, Schmid M (Hrsg) Handbuch Personal Entwickeln. Deutscher Wirtschaftsdienst, Köln
Rösler A (2012) Rechtsgutachten: Das telefongestützte Angebot der TelefonSeelsorge, Datenschutzrechtliche Einordnung unter Berücksichtigung des Persönlichkeitsrechts der Mitarbeitenden. Ilmenau
Sachse R (2007) Wie manipuliere ich meinen Partner – aber richtig. Klett-Cotta, Stuttgart
Schlöder B (1993) Werte und Werthaltungen – Eine sozialpsychologische Untersuchung des Konzepts sozialer Werte und des Wertwandels. Leske + Budrich, Opladen
Seyle H (1991) Stress beherrscht unser Leben. Heyne, München
Steidel U (2012) Humor in der Seelsorge – Wie geht das? Auf Draht 81: Lindauer, München
Vitte B (2004) Supervision, wie ich sie erlebe im Angebot Hoffnung. Seltmann, Lüdenscheid
Watzlawick P (2010) Wie wirklich ist die Wirklichkeit? Wahn – Täuschung – Verstehen. Piper, München
Wettlaufer A (2007) Bin ich hier Polizist oder Komplize? Fallsupervision in SGB II – Arbeitsgemeinschaften (ARGE). Organisationsberatung – Supervision – Coaching, Neue Praxisansätze in der Supervision, 2/2007. VS Verlag, Wiesbaden

Weiterführende Literatur

Ahlers C (2017) Vom Himmel auf Erden: Was Sexualität für uns bedeutet. Random House, Gütersloh
Beck K (2006) Computervermittelte Kommunikation im Internet. Wissenschaftsverlag, München
Becker S, Hauch M, Leiblein H (2009) Sex, Lügen und Internet. Sexualwissenschaftliche und psychotherapeutische Perspektiven. Psychosozial-Verlag, Gießen
Belardi N (2002) Supervision. Grundlagen, Techniken, Perspektiven. Beck, München
Boeckh A (2008) Methodenintegrative Supervision. Ein Leitfaden für Ausbildung und Praxis. Klett-Cotta, Stuttgart
Bohus M, Reicherzer M (2012) Ratgeber Borderline-Störung, Informationen für Betroffene und Angehörige. Hogrefe, Göttingen
Breithaupt F (2017) Die dunklen Seiten der Empathie. Suhrkamp, Berlin
Bucay J (2010) Liebe mit offenen Augen. Fischer, Frankfurt a. M.
Caplan G (1961) An approach to community mental health. Grune & Stratton, New York
Cohen D (1997) Carl Rogers. A critical biography. Constable, London
Cohn R (1975) Von der Psychoanalyse zur Themenzentrierten Interaktion. Klett-Cotta, Stuttgart
Dechant F (2005) Das ist doch kaum zu glauben – Inszenierungen am Telefon. Auf Drah 60. Lindauer, München
De Shazer S (1989) Der Dreh. Überraschende Wendungen und Lösungen in der Kurzzeittherapie. Auer, Heidelberg
Dorrmann W (2002) Suizid – Therapeutische Interventionen bei Selbsttötungsabsichten. Pfeiffer bei Klett-Cotta, Stuttgart
Engel F (2004) Beratung und Neue Medien. In: Nestmann F, Engel F, Sickendiek U (Hrsg) Das Handbuch der Beratung. Bd 1: Disziplinen und Zugänge. DGVT, Tübingen, S 497–509
Eppstein S (2014) Cognitive-experiental theory. An integrative theory of personality. University Press, Oxford
Etzersdorfer E, Fiedler G, Witte M (2003) Neue Medien und Suizidalität, Gefahren und Interventionsmöglichkeiten. Vandenhoeck & Ruprecht, Göttingen
Fatzer G (2005) Supervision und Beratung. EHP, Köln
Fleming J (1989) Erst die Pflicht, dann das Vergnügen. Goldmann, München
Glass L (2003) Mit mir nie wieder. Oesch, Zürich
Glattauer D (2006) Gut gegen Nordwind. Paul Zsolnay, Wien
Groddeck N (2002) Carl Rogers. Wegbereiter der modernen Psychotherapie. Wissenschaftliche Buchgesellschaft, Darmstadt
Groh J (2015) Think positive: Tagebuch. Groh, München
Heimes S (2015) Schreib es dir von der Seele. Kreatives Schreiben leicht gemacht. Vandenhoeck & Ruprecht, Göttingen
Heimes S (2012) Warum Schreiben hilft. Die Wirksamkeitsnachweise zur Poesietherapie. Vandenhoeck & Ruprecht, Göttingen
Hornschuh J (1995) Telefonisch vermittelte Kommunikation. In: Wieners J (Hrsg) Handbuch der Telefonseelsorge. Vandenhoeck & Ruprecht, Göttingen
Huber M (2003) Trauma und die Folgen, Trauma und Traumabehandlung, Teil 1. Junfermann, Paderborn
Huber M (2006) Der innere Garten: Ein achtsamer Weg zur persönlichen Veränderung. Junfermann, Paderborn
Jaeggi E (2002) Und wer therapiert die Therapeuten? Klett-Cotta, Stuttgart
Jerold J, Kreisman H (2005) Ich hasse dich – verlass mich nicht: Die schwarzweiße Welt der Borderline-Persönlichkeit. Kösel, München
Jordan K, Fromberger P, Müller J (2013) Neurobiologie der Sexualität und sexueller Störungen. In: Briken P, Berner M (Hrsg) Praxisbuch sexuelle Störungen. Thieme, Stuttgart
Kernberg O, Dulz B, Eckert H (2005) WIR – Psychotherapeuten über sich und ihren „unmöglichen" Beruf. Schattauer, Stuttgart
Knaevelsrud C, Wagner B, Böttche B (2017) Online-Therapie und -Beratung: Ein Praxisleitfaden zur onlinebasierten Behandlung psychischer Störungen. Hogrefe, Göttingen
Knatz B (2006) Methodische Konzepte der Telefonseelsorge im Internet. In Weber T (Hrsg) Handbuch der Telefonseelsorge. Vandenhoeck & Ruprecht, Göttingen, S 173–181
Knatz B (2016) Nebenwirkung der Internetkommunikation. Auf Draht 93. Lindauer, München
Knatz B, Schumacher S (2004) Angebot Hoffnung. Seltmann & Söhne, Lüdenscheid

Knatz B, Krause H, Schmidt-Kaehler S (2006) Formen der Patientenberatung. In: Schaeffer D, Schmidt-Kaehler S (Hrsg) Lehrbuch Patientenberatung. Huber, Bern, S 177–199
Lelord F, Andrè Ch (2008) Der ganz normale Wahnsinn: vom Umgang mit schwierigen Menschen. Aufbau-Taschenbuch, Berlin
Lichtenberg GC (2005) Sudelbücher. DTV, München
Liessmann KP (2012) Lob der Grenze. Kritik der politischen Unterscheidungskraft. Paul Zsolnay, Wien
Marson J (2014) Zu nett für diese Welt? Wer Nein sagen kann, hat mehr vom Leben. Goldmann, München
Maturana R (1982) Erkennen: Die Organisation und Verkörperung von Wirklichkeit. Ausgewählte Arbeiten zur biologischen. Vieweg, Wiesbaden
McLeod J (2004) Counselling – eine Einführung in Beratung. Dgvt, Tübingen
Miller A (1983) Du sollst nichts merken. Suhrkamp, Frankfurt a. M.
Nardone G (2003) Calvacare la propria tigre: Gli stratagemmi nelle arti marziali ovvero come disolvere problemi difficili attraverso soluzioni templi. Ponte alle Grazie, Mailand
Nardone G (2007) Pirouetten im Supermarkt. Strategische Interventionen für Therapie und Selbsthilfe. Carl Auer, Heidelberg
Niazi-Shahabi R (2011) Nett ist die kleine Schwester von Scheiße: Danebenbenehmen und trotzdem gut ankommen. Piper, München
Palfrey J, Gasser U (2008) Generation Internet. Die Digital Natives – Wie sie leben – Was sie denken – Wie sie arbeiten. Hanser, München
Peseschkian N (2009) Das Alter ist das einzige Mittel für ein langes Leben. Fischer, Frankfurt a. M.
Prior M (2003) MiniMax-Interventionen: 15 minimale Interventionen mit maximaler Wirkung. Carl-Auer, Heidelberg
Pühl H (2009) Handbuch der Supervision 3 – Modelle, Praxis, Perspektiven. Leutner, Berlin
Rechenberg-Winter P (2015) Leid kreativ wandeln: Biografisches Schreiben in Krisenzeiten. Vandenhoeck & Ruprecht, Göttingen
Riemann F (1961) Grundformen der Angst. Eine tiefenpsychologische Studie. Reinhard, München
Sachse R (2013) Persönlichkeitsstörungen verstehen: Zum Umgang mit schwierigen Klienten. Psychiatrie Verlag, Köln
Sachsse U (2004) Traumazentrierte Psychotherapie. Schattauer, Stuttgart
Schärf C (2012) Schreiben Tag für Tag Journal und Tagebuch. Duden, Mannheim
Schmidbauer W (1985) Die Angst vor Nähe. Rowohlt, Reinbeck
Schneider W (2011) Wörter machen Leute. Piper, München
Schulte B, Schulte-Steinicke B, von Werder L (2011) Die heilende Kraft des Schreibens. Patmos, Ostfildern
Schulz von Thun F (1981) Miteinander reden 1 – Störungen und Klärungen. Allgemeine Psychologie der Kommunikation. Rowohlt, Reinbeck
Schulz von Thun F (1989) Miteinander reden 2 – Stile, Werte und Persönlichkeitsentwicklung. Differentielle Psychologie der Kommunikation. Rowohlt, Reinbeck
Schulz von Thun F (1998) Miteinander reden 3 – Das innere Team und situationsgerechte Kommunikation. Rowohlt, Reinbeck
Schumacher S (1998) Wenn Sprache sich entfaltet: Sprache, Theologie und Spiritualität. In: Baumann U (Hrsg) Glaubenswelten. Zugänge zu einem Christentum in multireligiöser Gesellschaft. Otto Lembeck, Frankfurt a. M.
Schumacher S (2007) Emotional Health – Seelische Gesundheit. Zur Wirksamkeit der medienvermittelten Krisen- und Konfliktbegleitung in der TelefonSeelsorge. In: Hilberath B-J, Kuschel K-J (Hrsg) Theologie im Gespräch. Eine Agenda für die Zukunft. Otto Lembeck, Frankfurt
Schumacher S (2016a) Wahrheit ist die Erfindung eines Lügners. Oder: Wie wirklich ist die Wirklichkeit? Auf Draht 93. Lindauer, München
Schumacher S (2016b) For Life To Go On. Telefonseelsorge als Teil einer weltweiten Initiative für Krisenintervention und emotionalen Beistand. In: Hauschildt E, Blömeke B (Hrsg) Telefonseelsorge interdisziplinär. Vandenhoeck & Ruprecht, Göttingen, S 199 ff.
Sigusch V (1984) Vom Trieb und von der Liebe. Campus, Frankfurt
Sigusch V (2005) Praktische Sexualmedizin. Eine Einführung. Deutscher Ärzte-Verlag, Köln
Sonneck G (1995) Krisenintervention und Suizidverhütung. UTB, Wien
Storch M, Krause F (2003) Selbstmanagement – ressourcenorientiert. Huber, Bern
Varela F (1982) Die Psychologie der Freiheit. Psychologie heute. Beltz, Weinheim, S 9
Vetter B (2007) Sexualität: Störungen, Abweichungen, Transsexualität. Schattauer, Stuttgart
vom Scheidt J (2006) Kreatives Schreiben – HyperWriting. Allitera, München

Von Förster H, Pörksen B (2008) Wahrheit ist die Erfindung eines Lügners: Gespräche für Skeptiker. Carl Auer, Heidelberg
Von Kleist H (1998) Über die allmähliche Verfertigung der Gedanken beim Reden. Der Zweikampf und andere Prosa. Reclam, Ditzingen
Von Werder L (1986) … triffst Du nur das Zauberwort. Eine Einführung in die Schreib- und Poesietherapie. Neue Wege in der Therapie. Psychologie Verlags Union, Weinberg
Wandhoff H (2016) Was soll ich tun? Eine Geschichte der Beratung. Coriln, Köln
Watzlawick P (1974) Lösungen – Zur Theorie und Praxis menschlichen Wandels. Huber, Bern
Watzlawick P (1977) Die Möglichkeit des Andersseins – Zur Technik der therapeutischen Kommunikation. Huber, Bern
Watzlawick P (1983) Anleitung zum Unglücklichsein. Piper, München
Watzlawick P (1998) Münchhausens Zopf oder Psychotherapie und „Wirklichkeit". Huber, Bern
Watzlawick P (2016) Die erfundene Wirklichkeit – Wie wissen wir, was wir zu wissen glauben. Beiträge zum Konstruktivismus. Piper, München
Weinhardt M (2009) E-Mail-Beratung: Eine explorative Studie zu einer neuen Hilfeform in der sozialen Arbeit. VS Verlag, Wiesbaden
Wild B (2012) Humor in Psychiatrie und Psychotherapie. Neurobiologie – Methoden – Praxis. Schattauer, Stuttgart
Wolfers M (2016) Freunde fürs Leben. Von der Kunst, mit sich selbst befreundet zu sein. adeo, Asslar
Yalom I (2010) Der Panama-Hut oder: Was einen guten Therapeuten ausmacht. btb, Gütersloh
Yalom I (2017) Wie man wird, was man ist. Memoiren eines Psychotherapeuten. btb, München
Zimmermann L (2004 Jugendberatung im Internet – Was geht und was geht nicht im Net? Books on demand, Norderstedt

Printed by Printforce, the Netherlands